El hombre prehistórico
es también una mujer

El hombre prehistórico es también una mujer

Una historia de la invisibilidad de las mujeres

Marylène Patou-Mathis

Traducción del francés de
Maria Pons Irazazábal

Lumen

ensayo

Papel certificado por el Forest Stewardship Council®

Título original: *L'homme préhistorique est aussi une femme.
Une histoire de l'invisibilité des femmes*

Primera edición: septiembre de 2021
Primera reimpresión: octubre de 2021

© 2020, Allary Éditions
Esta edición se ha publicado gracias al acuerdo con Allary Editions y su agente oficial
2 Seas Literary Agency, y su coagente SalamiaLit, Agencia Literaria
Agency and co-agent SalmaiaLit, Agencia Literaria
© 2021, Penguin Random House Grupo Editorial, S. A. U.
Travessera de Gràcia, 47-49. 08021 Barcelona
© 2021, Maria Pons Irazazábal, por la traducción

Penguin Random House Grupo Editorial apoya la protección del *copyright*.
El *copyright* estimula la creatividad, defiende la diversidad en el ámbito de las ideas y el conocimiento,
promueve la libre expresión y favorece una cultura viva. Gracias por comprar una edición autorizada
de este libro y por respetar las leyes del *copyright* al no reproducir, escanear ni distribuir ninguna
parte de esta obra por ningún medio sin permiso. Al hacerlo está respaldando a los autores
y permitiendo que PRHGE continúe publicando libros para todos los lectores.
Diríjase a CEDRO (Centro Español de Derechos Reprográficos, http://www.cedro.org)
si necesita fotocopiar o escanear algún fragmento de esta obra.

Printed in Spain – Impreso en España

ISBN: 978-84-264-1009-2
Depósito legal: B-9.000-2020

Compuesto en M. I. Maquetación, S. L.

Impreso en Noves Gestions 2014, S. L.
Barberà del Vallès (Barcelona)

H410092

Yo no critico a los hombres. Critico dos mil años de civilización que han gravado al hombre con una hipoteca de falsa virilidad y de fanfarronería.

Romain Gary,
entrevista con Jacques Chancel
en el programa *Radioscopie*
(junio de 1975)[1]

Índice

Introducción 11

1. Visión novelesca de las mujeres prehistóricas 17
      El hombre prehistórico: del simio al héroe 17
      ¿Antepasados violentos por naturaleza? 20
         El rapto de mujeres 26

2. Contexto histórico e intelectual de la aparición
   de la prehistoria como disciplina científica 29
      Seres inferiores 30
         Por «orden divino» 31
         Por «naturaleza» 42
      Subordinadas 72
         ¿Hay que educar a las mujeres? 80
      Nacimiento de la ideología sexista 86

3. Las mujeres prehistóricas a la luz de los nuevos
   descubrimientos y de la arqueología de género 91
      Las mujeres en el Paleolítico 93
         El cuerpo femenino al desnudo 95
         El papel socioeconómico de las mujeres 117
         Su estatus social 134

    Las mujeres en el Neolítico y en la Edad
    de los Metales 150
        Guerreras 155
        Divinidades femeninas 164

4. Eternas rebeldes 175
    De la Antigüedad a la Edad Media 176
    Del Renacimiento a la Ilustración 185
    En la tormenta revolucionaria 191
    Las «mujeres de 1848» 199
    En el siglo XX 208

Epílogo. Mujeres y feminismo de ayer y de hoy 221

Agradecimientos 229

Anexos
    Bibliografía general 233
    Las grandes etapas de la evolución humana 239
    Notas 241

Introducción

¡No! ¡Las mujeres prehistóricas no se pasaban el día barriendo la cueva! ¿Y si resulta que también pintaron Lascaux, cazaron bisontes, tallaron utensilios e idearon innovaciones y avances sociales? Las nuevas técnicas de análisis de los restos arqueológicos, los recientes descubrimientos de fósiles humanos y el desarrollo de la arqueología de género han cuestionado muchas de las ideas y clichés heredados.

No todos los hombres son misóginos, pero hay que señalar que, desde comienzos del siglo XX, el reconocimiento de lo femenino en su alteridad ha topado con un rechazo casi generalizado, y que todavía hoy existen resistencias. ¿Es que las mujeres, al igual que ciertas «razas», no tienen historia propia, como postulaban los antropólogos evolucionistas del siglo XIX, que clasificaban a los humanos en categorías inferiores y superiores? En su «escala de los seres humanos», la mujer siempre está un peldaño por debajo. Asociada a lo primitivo y a lo salvaje, se ha percibido como una amenaza. En 1912, el psicoanalista Sigmund Freud afirma abiertamente: «[La mujer es] muy diferente del hombre, [...] incomprensible, enigmática, singular y, por todo ello, enemiga».[1] Hasta mediados del siglo XX, tanto las publicaciones científicas como las obras literarias, artísticas o filosóficas difunden los estereotipos más negativos sobre las mujeres. En este terreno nace la prehistoria como disciplina, en la realidad, en la imaginación y, en el cruce de ambas, en la ideología. Al excluir a la mitad de la humanidad, la visión de las conductas en las sociedades prehistóricas ha resultado falseada durante más de un siglo y medio. Para explicar la invisibilidad de las mujeres prehistóricas a menudo se ha presentado la idea de que los restos arqueológicos apenas proporcionan elementos que permitan asignarles una función social y económica. ¡Pero si ocurre lo mismo con los hombres! Sin tener más pruebas, se los describe sin embargo como cazadores de grandes animales, inventores (que fabrican utensilios y armas, que dominan el fuego, etcétera), artistas o incluso guerreros y conquistadores de nuevos territorios. Afirmaciones basadas, en parte, en las conductas de los pueblos cazadores-recolectores modernos, de las que nos han informado los etnólogos desde el siglo XIX. Ahora bien, esos pueblos también tienen una larga historia. A lo largo de más de diez mil años, sus tradiciones han cambiado; ¡no son humanos prehistóricos!

La prehistoria es una ciencia joven, que nace a mediados del siglo XIX. Es probable que los roles desempeñados por los dos sexos, descritos en los primeros textos de esa nueva disciplina, tengan más que ver con la realidad de la época que con la del tiempo de las cavernas. Es justo el momento en que las teorías médicas se combinan con los textos religiosos. Así pues, a la inferioridad «de orden divino» que aqueja a las mujeres se le añade una inferioridad de «naturaleza», ya que para todos estos médicos las mujeres poseen una identidad anatómica y fisiológica que les confiere temperamentos y funciones específicas. Si damos crédito a estos científicos, las mujeres serían físicamente débiles, psicológicamente inestables e intelectualmente inferiores a los hombres, y estarían menos dotadas para los inventos por ser menos creativas. Estos son algunos de los clichés que se transmiten a lo largo de los siglos, no solo a través de los textos sagrados y la literatura, sino también de las obras científicas. Su predominio en la conciencia y la cultura colectivas ha dado lugar a la discriminación y la subordinación de las mujeres, que en la sociedad solo desempeñan un papel biológico, pasivo y marginal, aunque desde la segunda mitad del siglo XVIII la cuestión de sus derechos, especialmente a la educación, haya sido objeto de debate. Esta postura científica servirá de justificación a las ideologías antifeministas, que proponen la exclusión de las mujeres de las actividades sociales y políticas y su permanencia en el hogar, limitándolas así a las tareas maternales y domésticas. Los prejuicios respecto a las mujeres, transmitidos de generación en generación, parecen haberse propagado en numerosas culturas, impregnándolas en profundidad. Paralelamente, algunos arquetipos[2] de lo femenino, que también se basan en prejuicios a veces inconscientes,[3] se observan en numerosos mitos fundacionales de las sociedades.* El paradigma naturalista de la diferencia de los sexos no solo ha provocado la diferenciación en el acceso al saber y su producción, sino que también ha marginado o demonizado a las mujeres que dominaban ciertos conocimientos (calificándolas a veces incluso de «brujas»). En este contexto es donde se elabora el enfoque de los pioneros de la disciplina.

«Toda la historia de las mujeres ha sido hecha por los hombres»,[4] escribía Simone de Beauvoir. Como era de esperar, la visión de los humanos prehistóricos es masculina. Los primeros prehistoriadores reproducirán en su objeto de estudio el modelo patriarcal del reparto de los roles entre los sexos. Esta visión mar-

---

* En formas antropomórficas o simbólicas, como, en las épocas antiguas, la diosa-madre; luego, con la aparición de la tradición judeocristiana, la Eva bíblica.

cada por el género llega hasta principios de la segunda mitad del siglo XX, periodo en que el estudio de la evolución humana sigue siendo una esfera intelectual dominada básicamente por hombres. Los trabajos llevados a cabo en antropología, en prehistoria y en arqueología pueden calificarse de androcéntricos, ya que rara vez se concede importancia a las relaciones sociales en que están implicadas las mujeres.[5] De ello da fe el modelo propuesto en la década de 1950 del «hombre cazador», principal proveedor de alimento para la comunidad e inventor de utensilios y armas. De modo que el hombre habría sido el principal catalizador de la hominización, incluso de la «humanización».*

A partir de los años sesenta, las mujeres se reapropian de un puesto en estos campos disciplinarios que les había sido usurpado durante mucho tiempo. El modelo del «cazador» es cuestionado, especialmente por antropólogas feministas estadounidenses, que prefieren el de la mujer «recolectora», proveedora también del alimento esencial para la supervivencia del clan. En la década siguiente nace la tesis de la existencia de sociedades matrilineales y de cultos rendidos a las divinidades femeninas, o a una diosa-madre.[6] En los años ochenta, muchas investigadoras ponen de relieve el androcentrismo persistente del pensamiento antropológico y lo critican.[7] Cuestionan la legitimidad de la dominación masculina basada en una concepción naturalista, y tratan de definir las condiciones de aparición de las desigualdades entre los sexos según los contextos sociohistóricos. Re-

---

* La hominización es el proceso evolutivo que desemboca en la especie humana actual, los sapiens, a partir de un ancestro primate. Su origen parece remontarse a 7,2 millones de años, probablemente en África, cuando se produjo la separación de nuestra especie de la de los grandes simios. El término *humanización* se refiere a la evolución cultural, y no solo biológica, que habría dado lugar a las conductas humanas modernas.

prochar a estas investigadoras feministas prejuicios en favor de las mujeres —sus trabajos tenderían a la ginecocracia y carecerían de objetividad— es olvidar hasta qué punto los primeros estudios de la evolución humana estaban marcados por prejuicios en favor de los hombres.

Según la antropóloga Françoise Héritier (1933-2017), la casi total ausencia de mujeres en la historia de la evolución humana es debida a la «valencia diferencial de los sexos», que habría existido desde los orígenes de la humanidad. Héritier cree que «en todas partes, en toda época y en todo lugar lo masculino es considerado superior a lo femenino [...], lo positivo siempre está del lado de lo masculino y lo negativo del lado de lo femenino».[8] Sin embargo, el hecho de que los mitos, los textos sagrados, profanos y científicos hayan transmitido durante siglos la imagen de una mujer inferior al hombre y sometida a él no significa que fuera así siempre y en todas partes. En efecto, el riesgo de aplicar los presupuestos contemporáneos en materia de género a las sociedades estudiadas es grande. Por tanto, hay que identificarlas para deconstruirlas. Los nuevos métodos de análisis de los yacimientos y de los restos arqueológicos, de las tumbas y de los restos humanos que contenían, así como los estudios de las numerosas representaciones que los cazadores-recolectores prehistóricos han dejado proporcionan informaciones que permiten reconsiderar el papel de las mujeres en el proceso de la evolución.

Ya que ninguna prueba tangible permitía diferenciar las tareas y los estatus según el sexo, los prehistoriadores han dado una visión binaria de las sociedades prehistóricas: hombres fuertes y creadores y mujeres débiles, dependientes y pasivas. Los hombres se han presentado como los garantes de la supervivencia de su comunidad y los actores del «progreso», esa «transformación gradual hacia mejor» de la que habla Montaigne en sus *Ensayos* de 1588. Sin embargo, las investigaciones han demostrado que los objetos prehistóricos eran polisémicos y no necesariamente representativos del sexo de un individuo.* Explorando las profundidades del tiempo, este libro pretende responder a los interrogantes sobre la historia de las mujeres en las sociedades prehistóricas. ¿Cuáles eran sus funciones económica, social, cultural y de culto? ¿Cuál era su estatus? ¿Existieron sociedades matriarcales? ¿Cuándo y por qué se impusieron la división sexual del trabajo y la jerarquización de los sexos, en detrimento de las mujeres?

Las mujeres prehistóricas, olvidadas por la investigación durante más de un siglo y medio, se han convertido en tema de estudio por derecho propio† y empiezan por fin a salir de la invisibilidad en que se las había mantenido. Nuestro objetivo es devolverles el lugar que les corresponde en la evolución humana.

---

* En las tumbas, la asociación casi sistemática de las armas con lo masculino y las joyas con lo femenino es rechazada hoy en día.

† En los libros dedicados a la prehistoria, la mujer como tema no aparece hasta principios del siglo XXI.

1
Visión novelesca de las mujeres prehistóricas

Un hombre ocupa el centro del escenario y una mujer se halla relegada a un segundo plano. El hombre enarbola armas, abate fieras terribles, es fuerte, valiente, protector, está de pie; la mujer es débil y dependiente, a veces está ociosa, rodeada de niños y ancianos, sentada a la entrada de la cueva. Hasta mediados del siglo XX, cuadros, esculturas, libros, ilustraciones de revistas y manuales escolares crearon un imaginario colectivo y transmitieron un solo mensaje: ¡la prehistoria es cosa de hombres! Deconstruir los paradigmas en los que se basa este ostracismo permite abrir nuevas perspectivas en el proceso científico y cambiar nuestra mirada sobre el humano prehistórico.

El hombre prehistórico: del simio al héroe

Las primeras representaciones de los humanos prehistóricos y de su forma de vida carecen de todo fundamento científico real. Si pensamos en las esculturas de Emmanuel Frémiet, *Gorille enlevant une négresse* (1859) y *Gorille enlevant une femme* (1887),[1] podemos constatar que los artistas se inspiran en la visión científica dominante en el siglo XIX: la de un simio antropomorfo, a menudo una especie de gorila especialmente salvaje y lúbrico.² Las conductas de los humanos prehistóricos, semejantes a las de un predador oportunista, a la fuerza habían de ser instintivas. Su existencia se percibe mísera y precaria frente a una naturaleza hostil, poblada de grandes animales predadores. Una visión que aparece sobre todo en las esculturas de Emmanuel Frémiet y del belga Louis Mascré, y también en las pinturas de Fernand Cormon, de Maxime Faivre y de Paul Jamin.³

Las mujeres, representadas frecuentemente medio desnudas y rodeadas de niños, esperan en la cueva —a veces con inquietud y temor— el regreso de los cazadores.⁴ En ocasiones son la presa de los hombres, como en las pinturas de Paul Jamin, *Le rapt à l'âge de pierre* (1888). En estas obras las mujeres quedan relegadas a las tareas reproductoras, maternales y domésticas, consideradas subalternas, y los hombres son valorados en sus tareas «nobles»: la caza, la pesca, la talla de utensilios y armas. También es inconcebible imaginar a un artista de sexo femenino.⁵ Igualmente, la idea de que el artista o su modelo pueda ser negro no se le ocurre a nadie hasta que en 1911 el doctor Jean-Gaston Lalanne descubre la Venus de Laussel o *Venus del cuerno* (Laussel, Dordoña). Esta figura presenta todas las características físicas de una mujer negra, ¡incluso de una hotentote! Louis Mascré la esculpe con un cuerno en la mano (*La femme négroïde de Laussel*) y le da un compañero (*Le négroïde de Menton*), que tiene los rasgos de un san (*Bushman*) y lleva los mismos adornos en la cabeza que uno de los dos esqueletos fósiles de *Homo sapiens* descubiertos en 1901 en la Cueva de los Niños (una de las cuevas de los Balzi Rossi situadas en Italia en la frontera con Francia, cerca de Menton).

Presas, compañeras, madres...; las mujeres están sometidas a los hombres. Las representaciones de la familia prehistórica imitan el modelo ideal de la familia occidental del siglo XIX: nuclear, monógama y patriarcal.[6]

Encontramos la dicotomía sexuada de las tareas en los textos dedicados a la prehistoria y, a partir de 1880, en las novelas de tema prehistórico en que el héroe es evidentemente masculino. En estas obras, las mujeres o bien son objeto de deseo sexual[7] —situadas en el centro de la historia,[8] permiten la descripción de escenas eróticas como en *Nomaï. Amours lacustres*,[9] de J.-H. Rosny—,[10] o bien son asignadas a tareas «femeninas»: reproducción, educación de los hijos, recolección, cocina... Cuando envejecen, adoptan a veces el papel de persona sabia a la que se consulta, pero ¡ay de ellas si se apartan del camino que los hombres les han trazado! Su desviación será castigada con una condena a muerte.

Entre 1960 y 1970 se produce un cambio. Gracias a la presión de los movimientos feministas, sobre todo estadounidenses, que se alzan contra estas visiones caricaturescas, aparecen nuevas representaciones: las mujeres abandonan el hogar y se convierten en heroínas, como Ayla en la saga de seis volúmenes de la estadounidense Jean M. Auel.[11] Pero es muy difícil acabar con los prejuicios machistas, de modo que las mujeres han de seguir siendo sexys, como Raquel Welch, vestida con un biquini de piel animal en la película *Hace un millón de años* (1966), de Don Chaffey, o en *2001: una odisea del espacio* (1968), de Stanley Kubrick, para que los hombres luchen por ellas.[12]

Por lo general, las mujeres se quedan tranquilamente en el campamento dedicadas a las tareas domésticas u ocupándose de los niños, mientras esperan el regreso de los cazadores. Muchos *docufiction* o documentales que se consideran fieles a la realidad, ya que se basan en datos arqueológicos, reflejan esta visión. La mayoría de estas obras ratifican la preponderancia de los hombres en el plano económico y social en las sociedades de cazadores-recolectores prehistóricas. Afianzan la idea de que las mujeres no desempeñaron ninguna función en la evolución técnica y cultural de la humanidad.

¿Antepasados violentos por naturaleza?

Un hombre arrastra a una mujer agarrándola del cabello. ¿Adónde nos lleva forzosamente esta imagen? A un pasado inmemorial en que las relaciones entre los dos sexos se basan en la dominación, en que la violación, el rapto y la brutalidad son la norma. Esta visión,[13] que ha modelado el imaginario hasta nuestros días, hace de la brutalidad la esencia de las sociedades prehistóricas.

Hasta finales del siglo XIX, la producción artística y literaria, salvo raras excepciones, construyó una imagen de hombres prehistóricos violentos, que incurren en el asesinato[14] y el canibalismo, ya que se da por supuesto que su conducta social no es ni civilizada ni religiosa.

En la mayoría de las novelas prevalecen, por tanto, los conflictos, especialmente entre «razas» diferentes, cuyos tipos proceden muchas veces de los relatos de los exploradores y forjan en el imaginario popular un arquetipo del hombre prehistórico: héroe viril, armado con un garrote y vestido con pieles de animales, que vive en una cueva donde talla piedras para fabricar utensilios.[15] Enfrentado a animales enormes (mamuts) o feroces (tigres de dientes de sable), sale victorioso de estos combates. Es rebelde y actúa con violencia para conquistar el fuego,[16] un territorio, a una mujer, o para vengar a un ser querido.[17] Se trata de representaciones basadas sobre todo en las obras de los antropólogos evolucionistas y los prehistoriadores del siglo XIX y de principios del XX.[18]

El enfoque de los primeros prehistoriadores y, por consiguiente, la imagen que han legado de los humanos de esos tiempos remotos se han articulado en torno a dos sesgos importantes: el de una violencia primitiva y el de una evolución progresiva y lineal de la historia de la humanidad. Estos postulados, afianzados con el paso de las décadas, han condicionado el trabajo de los investigadores y el imaginario del gran público. ¿Cómo llegaron a imponerse tales paradigmas?

Tras el reconocimiento de la existencia de humanos prehistóricos, a mediados del siglo XIX, sus conductas se equipararon primero a las de los grandes simios, gorilas y chimpancés, y luego a las de las «razas inferiores», consideradas primitivas. Sin haber hecho un análisis minucioso de sus costumbres, los primeros prehistoriadores dan nombres con connotaciones guerreras a los objetos que tallaron: garrote, maza, «puñetazo», puñal... Las grandes Exposiciones Universales y los primeros museos transmiten esta imagen. El Musée d'Artillerie, instalado en los Inválidos en 1871, exponía colecciones de armas pre y protohistóricas, antiguas, históricas, etnográficas y, para cada periodo, maniquís de gran tamaño armados y con trajes de guerra. Esta presentación museográfica inculcaba en la mente de los visitantes la idea de una continuidad cultural de la guerra desde la época más remota de la humanidad. Sin embargo, los estudios actuales* de las industrias prehistóricas demuestran que estas supuestas armas

---

* Especialmente la traceología, que a través del estudio de las marcas generadas por la utilización de las piezas líticas permite determinar su función.

de guerra servían, la mayoría de las veces, para matar y despedazar animales. En la década de 1880, la teoría «de las migraciones» sostiene que la sucesión de las culturas prehistóricas es el resultado de la sustitución de poblaciones, y forja la idea de que la guerra de conquista siempre ha existido. A comienzos del siglo siguiente, algunos sociobiólogos, a quienes se unen antropólogos y prehistoriadores, basándose en la conducta de los grandes simios, afirman que descendemos de «monos asesinos».* Esta teoría, popularizada en 1961,[19] está en consonancia con una concepción del hombre regido por su animalidad, agresiva y depredadora, y consolida la tesis de una violencia filogenética y ontológica del ser humano. Los hombres prehistóricos habrían sido agresivos por naturaleza, y los primeros predadores de su propia especie. Al identificar la violencia como un determinismo, por ser consustancial al género humano, lo que se impone es una forma de «cultura de la guerra».

La idea de que la violencia forma parte de la «naturaleza humana» está presente en muchos filósofos y pensadores. Es lo que sostiene Sigmund Freud cuando escribe que «el hombre no es una criatura tierna y necesitada de amor, que solo osaría defenderse si se la atacara, sino, por el contrario, un ser entre cuyas disposiciones instintivas también debe incluirse una buena porción de agresividad. Por consiguiente, el prójimo no le representa únicamente un posible colaborador y objeto sexual, sino también un motivo de tentación. [...] *Homo hominis lupus*: ¿quién se

---

* El sapiens, animal brutal por su condición de predador, se habría extendido fuera de África a través de Eurasia, ¡eliminando a los otros grandes simios bípedos! Esta hipótesis fue propuesta en 1925 por el antropólogo australiano Raymond Dart.

atrevería a refutar este refrán, después de todas las experiencias de la vida y de la Historia?».[20]

Si analizamos la obra del teórico inglés Thomas Hobbes (1588-1679), para quien se trata de «la guerra de todos contra todos» (*Leviatán*, 1651), o de Jean-Jacques Rousseau (1712-1778), que defiende la idea de que «el hombre salvaje» estaba sometido a pocas pasiones y que fue arrastrado al «más horrible estado de guerra por la sociedad naciente»,[21] vemos que la cuestión del origen de la violencia está presente en toda la historia de la filosofía: ¿la violencia es original, «primordial», innata o, como sostiene Rousseau, nació con la civilización balbuceante y la propiedad?

Según los estudios de los esqueletos humanos fósiles, las marcas de violencia solo se han observado en algunos individuos,[22] de modo que es razonable pensar que en el Paleolítico* no hubo guerras *stricto sensu*. No obstante, hay que destacar que son muy pocos los esqueletos desenterrados y que las heridas mortales no dejan forzosamente huellas en los huesos, que son los únicos elementos conservados. En la mayoría de los casos de violencia probada, las heridas están cicatrizadas, de modo que esos individuos no fueron rematados, sino al contrario, curados. De la observación de las anomalías o los traumatismos en los huesos de muchos fósiles humanos del Paleolítico, se ha deducido que esos humanos cuidaban a sus enfermos o a sus heridos, y que un disminuido físico o mental, aunque fuera de nacimiento, no era eli-

---

* El periodo más largo de la prehistoria (aproximadamente desde hace 3,3 millones de años hasta hace aproximadamente 10.000 años) durante el que vivieron diferentes especies humanas, primero en África y luego en todos los continentes. Se caracteriza por la presencia de utensilios tallados y una economía de subsistencia basada en la recolección, la pesca y la caza. El Paleolítico se subdivide en tres periodos: inferior, medio y superior.

minado, sino que ocupaba un lugar dentro de la comunidad. El estudio de los datos arqueológicos muestra que las relaciones entre las comunidades se basaban en el intercambio de objetos, de conocimiento, de habilidades e incluso de individuos. Tanto como —y tal vez más que— la agresividad y la competición, lo que parece haber sido vital para la supervivencia de esos humanos que formaban pequeños grupos es la cooperación y la solidaridad. En *El origen de la familia, la propiedad privada y el Estado*, el filósofo alemán Friedrich Engels (1820-1895) afirma que «la tolerancia recíproca entre los machos adultos y la ausencia de celos fueron las primeras condiciones para la formación de esos grupos extensos y duraderos, en cuyo seno únicamente podía operarse la transformación del animal en hombre».[23]

Los primeros signos de violencia colectiva surgen, al parecer, con el sedentarismo de las comunidades, que empieza hace unos 14.000 años, y aumenta durante el Neolítico, periodo marcado por numerosos cambios ambientales (calentamiento climático), económicos (domesticación de las plantas y los animales, que permite un excedente de alimentos, de lo que da prueba su lugar de almacenamiento), sociales (aparición de las élites y las castas,[24] y su consecuencia: la jerarquización y las desigualdades) y de creencias (aparición de divinidades y de lugares de culto). Esta violencia podía deberse a múltiples factores: situaciones extremas vinculadas a una crisis (demográfica, política, epidemiológica), ritos sacrificiales (fundacionales, propiciatorios o expiatorios) y motivos psicológicos (venganza por una vejación o un insulto, voluntad de dominio).

Se ha constatado que las principales víctimas de esas situaciones serían las mujeres y los niños. Sin embargo, la violencia no está presente en todas las sociedades neolíticas. En el yacimiento de Çatalhöyük[25] (Anatolia central, Turquía), la homogeneidad de las viviendas y de las prácticas funerarias hace pensar que la organización social era allí igualitaria y poco guerrera (no hay huellas de conflictos).[26] Los conflictos en el seno de las comunidades y también entre ellas parecen intensificarse sobre todo a partir de 5500 a. C., con la llegada a Europa de nuevos migrantes. Según muchos arqueólogos, este cambio sociocultural en las sociedades posteriores al Paleolítico también es perceptible en la sustitución progresiva, desde finales del Neolítico, de los cultos dedicados a divinidades femeninas (diosa madre, de la fecundidad, de la fertilidad...) por la veneración de divinidades masculinas, representadas a menudo armadas de un puñal en la Edad del Bronce.* La guerra se institucionaliza durante ese periodo, en el que se produce el nacimiento del Estado y de una civilización urbana, así como el desarrollo de la metalurgia y del comercio de bienes de prestigio (armas). Al guerrero y las armas se les rinde auténtico culto, aunque tampoco en todas partes. Algunas civilizaciones siguen siendo poco guerreras, como las de Caral, ciudad precolombina de la región de Lima, en Perú,[27] y la del valle del Indo.[28]

Ya que la violencia de las sociedades prehistóricas del Paleolítico no está arqueológicamente probada, las relaciones entre hombres y mujeres en ese periodo sin duda no eran tan antagónicas como han afirmado algunas tesis. La dominación de las mujeres sería más reciente, y consecuencia de la instauración del sistema patriarcal, establecido a veces por la fuerza, en especial mediante el dominio de los hombres sobre el cuerpo de las mujeres. Esa voluntad de apoderarse del cuerpo del otro sin su consentimiento aparece en numerosos mitos, en los que las mujeres son

---

* La Edad del Bronce (aleación de cobre y estaño) comienza hacia 2200 a. C. y termina hacia 800 a. C.

violadas después de haber sido raptadas.[29] Igual que la cultura de la guerra, la cultura de la violación aparece muy pronto en las representaciones. ¿Es esa la razón por la que, desde hace siglos, existe una tolerancia respecto a la violencia sexual contra las mujeres?[30] Y siguiendo al psicoanalista inglés Donald Winnicott, hay que preguntarse: «¿No podría decirse que en la expresión extrema de la sociedad patriarcal la relación sexual es la violación?».[31]

El rapto de mujeres

En el origen de esta construcción, que sitúa a la mujer como un objeto que hay que conquistar, está el rapto, al que la mitología grecorromana ya alude. La historia de la humanidad habría empezado con el rapto de una mujer, cuenta el poeta latino Ovidio en el libro V de las *Metamorfosis*: Perséfone, raptada por el dios Hades, será buscada desesperadamente por su madre, Deméter. Las obras literarias y artísticas occidentales estarán profundamente impregnadas de esos textos antiguos, en los que las mujeres son objeto de deseo y se hallan sometidas a la voluntad masculina. La antropóloga Françoise Héritier sugiere que, desde los orígenes, las mujeres constituyeron un botín: «Estando entonces la humanidad poblada por grupos cerrados, hostiles entre sí y que recurren a la fuerza para procurarse compañeras si les faltan».[32] La competición por obtener mujeres habría sido incluso ¡un potente estímulo para el desarrollo de la inteligencia![33] Considerar el rapto de mujeres como una costumbre que existe desde la noche de los tiempos ¿es un mito o una realidad?

El rapto de mujeres aparece por primera vez en 1865 en *Primitive Marriage*:[34] ¡los hombres prehistóricos habrían practicado el infanticidio femenino, el incesto, la violación y el rapto! Tras haber sido un botín, las mujeres se habrían convertido en «mercancías», y habrían sido intercambiadas o compradas. Según Friedrich Engels, su «valor mercancía» apareció al mismo tiempo que la agricultura, la ganadería y la unión conyugal (un hombre-una mujer).[35] Se observa que, desde hace al menos 300.000 años, los humanos prehistóricos tienen conductas sociales complejas, de modo que es muy poco probable que la perpetuación de los clanes haya podido basarse únicamente en el rapto de mujeres. Hoy en día, numerosos arqueólogos y etnólogos rechazan esta hipótesis y se decantan por la tesis del intercambio.[36] Es una idea que ya aparece en el mito de Pandora, narrado en el siglo VIII a. C. por el poeta griego Hesíodo en la *Teogonía*: a fin de mantener los vínculos sociales, la función principal de las mujeres es ser dadas o intercambiadas. Según Marcel Mauss[37] (1872-1950), el «padre de la etnología francesa», en las sociedades llamadas «primitivas» el sistema del don seguido del contradón permitiría la recreación permanente del vínculo social y evitaría los conflictos.[38] Estos investigadores plantean la hipótesis de que el intercambio de mujeres en el Paleolítico habría permitido sellar alianzas entre grupos, alianzas necesarias para la supervivencia de esas pequeñas comunidades dispersas por vastos territorios. Si bien el antropólogo y etnólogo Claude Lévi-Strauss (1908-2009) considera el intercambio de mujeres «obligaciones positivas», Françoise Héritier ve en ello la dominación masculina y el bajo valor atribuido a las mujeres: «En todas las latitudes, en grupos muy diferentes entre sí, vemos que hay hombres que intercambian mujeres, y no a la inversa. Es lo que hace que piense que la valencia diferencial de los sexos ya existía desde el Paleolítico, desde los comienzos de la humanidad».[39]

Sin embargo, ningún hecho arqueológico respalda la tesis del intercambio. Si esta práctica existía desde el Paleolítico —cosa que queda por demostrar—, ¿era impuesta a las mujeres por los hombres o se llevaba a cabo de común acuerdo? Esta pregunta sigue hoy sin respuesta. Sabiendo que por lo general lo que se intercambiaba eran «bienes de prestigio», algunos investigadores verían en ello la prueba de que, en las sociedades primitivas, las mujeres tenían un gran valor, sobre todo porque al dar la vida aseguran la descendencia y, por tanto, la supervivencia del clan. Como ya sugirió en 1871 el naturalista inglés Charles Darwin[40] (1809-1882), ¿no cabría también pensar que, en esas épocas antiguas, las mujeres elegían a su(s) pareja(s)? Así pues, frente a la abundancia de hipótesis, se trata de descubrir los elementos de la herencia cultural construida con el paso de los siglos que ha alimentado y condicionado el enfoque del ámbito científico de la prehistoria.

2
Contexto histórico e intelectual de la aparición de la prehistoria como disciplina científica

Puesto que la historia de la evolución de la humanidad se estudia casi exclusivamente desde el punto de vista de los hombres, las relaciones sociales que atañen a las mujeres raramente se toman en consideración.[1] Los primeros antropólogos y arqueólogos no dudan en dar una descripción convencional de sus conductas, aunque sin basarse en pruebas arqueológicas directas. Su enfoque viene determinado por su entorno, el de una sociedad occidental heredera de una tradición judeocristiana y grecorromana, en que a las mujeres se las consideraba seres inferiores. No es sorprendente, por tanto, que desde la Antigüedad la gran mayoría de los textos que tratan de los «hombres» cuando se refieren a los humanos en realidad solo se refieran a los varones. Si aparecen las mujeres, lo hacen únicamente a través de su relación con los hombres.

En este contexto de dominación social y económica, paso a paso se consolida y se impone una hegemonía cultural. El poder político se apoya en los textos sagrados y en los discursos de los científicos —médicos, antropológicos, sociológicos...— que establecen la diferenciación sexuada y convierten al hombre en el único referente de lo universal. Esta doble construcción hace de la mujer un ser diferente en el género humano, un ser inferior, y esa supuesta inferioridad de las mujeres penetra en los espíritus hasta convertirse en una idea comúnmente aceptada.

SERES INFERIORES

> Mejor es, si es preciso, caer ante un hombre: que así nunca podrán decir que somos inferiores a una hembra.
>
> SÓFOCLES[2]

Basándose en los textos sagrados de las distintas religiones, tanto monoteístas como politeístas, durante siglos teólogos, científicos y filósofos han decretado que las mujeres eran inferiores por «orden divino» y por «naturaleza». De este modo han podido justificar su subordinación, ya que la diferenciación de los dos sexos era supuestamente necesaria para la armonía «natural» de la familia y de la sociedad. San Agustín,* en el siglo IV, afirma la igualdad de ambos sexos «en el orden de la gracia», es decir, en el cielo, pero mantiene la inferioridad de las mujeres en «el orden de la naturaleza», es decir, en la historia.[3] Argumento que será utilizado muchas veces para excluirlas de las esferas social y polí-

---

* Se inscribe en la visión de su época, de una naturaleza humana considerada estática y jerarquizada, compuesta por capas superiores e inferiores de seres humanos.

tica. Remontémonos a la fuente de estos escritos, que hicieron que la investigación se llevara a cabo a través del prisma del sexo y del género.

Por «orden divino»

> Considerada en relación con la naturaleza particular, la mujer es algo imperfecto y ocasional.
>
> Tomás de Aquino[4]

En los textos sagrados y religiosos, las palabras con que se califica a la mujer son duras, el desprecio es total; a veces, incluso aflora el odio. ¿Qué es la mujer a los ojos del hombre? Una extensión de ellos mismos, que rechazan y desean; en cierto sentido, la mujer es al hombre lo que el neandertal era al cromañón: un esbozo fallido. De esencia incierta, animal sin duda alguna, inquietante, dotada de poderes y poseída por sus sentidos, imperfecta siempre y fundamentalmente culpable. Así que hay que vigilarla y castigarla.

En su obra *When God Was a Woman*, publicada en 1976, la profesora estadounidense de arte e historia Merlin Stone (1931-2011) muestra cómo la invención del mito de Adán y Eva fijó en Occidente, en la sociedad y en el inconsciente colectivo, la sumisión de las mujeres a los hombres. Si en muchos mitos fundacionales de numerosos pueblos la mujer había sido creada antes o a la par que el hombre, y no después,[5] en el Génesis Dios crea a Eva a partir de una costilla de Adán: «Dijo Yahveh-Dios: "No es bueno que el hombre esté solo, voy a hacerle una ayuda adecuada a él". [...] El hombre impuso nombres a todos los ganados, a las aves del cielo y a todos los animales del campo, pero para el hombre no se encontró ayuda adecuada a él. Entonces Yahveh-Dios hizo caer sobre el hombre un sopor profundo y el hombre se durmió. Le quitó una de sus costillas, y puso carne en su lugar. De la costilla que había quitado del hombre formó Yahveh-Dios una mujer y la llevó ante el hombre. El hombre exclamó: "¡Esta sí que es hueso de mis huesos y carne de mi carne! Se llamará *varona*, porque del varón ha sido tomada"».[6]

En el conjunto de los textos fundacionales de las grandes religiones, cuando se menciona a las mujeres, siempre se las infravalora y nunca son sujetos. Los versículos de la Biblia[7] y del Nuevo Testamento[8] se dirigen exclusivamente a los hombres, como si hubiesen sido redactados por hombres para los hombres. Entre estos escritos, los de Pablo de Tarso (san Pablo) son explícitos. Aunque haya que situarlos en el contexto de la época,[9] lo cierto es que a lo largo de los siglos han servido a menudo de justificación a la subordinación de las mujeres; este estatus inferior que se les atribuye se percibe en la expresión de la creencia de que solo el hombre ha sido creado a imagen de Dios: «¿Cómo puede alguien sostener que la mujer está hecha a semejanza de Dios cuando es evidente que está bajo la autoridad del hombre y no ejerce ninguna forma de autoridad? Pues la mujer no puede enseñar, ni ser testigo ante un tribunal, ni gozar del derecho de ciudadanía, ni ser juzgada y, por consiguiente, no puede ejercer ninguna forma de autoridad».[10] El hombre puede presentarse ante él con la cabeza descubierta, pero la mujer ha de cubrirse el cabello: «Todo varón que ora o habla en nombre de Dios con la cabeza cubierta deshonra su cabeza. Toda mujer que ora o habla en nombre de Dios con la cabeza descubierta deshonra su cabeza [...]. El varón no debe cubrirse la cabeza, porque es imagen y gloria de Dios. La mujer, en cambio, es gloria del varón. Pues no es el varón el que viene de la mujer, sino la mujer del varón».[11]

Al no estar hecha del todo a la imagen de Dios (san Pablo, 1 Corintios 11, 8), la mujer es un *mas occasionatus*, un varón fallido, según el teólogo italiano Tomás de Aquino[12] (1225-1274). En muchos textos sagrados o teológicos, se la considera en efecto incompleta, inacabada. En el Talmud,[13] la mujer es «un vaso imperfecto que, sin la ayuda de su marido, no sería más que un embrión».[14] Esta idea la encontramos en el *Atharvaveda*, texto sagrado del hinduismo escrito hacia el año 900 a. C.: la mujer no es más que un simple continente, su envoltura personal y sobre todo el principio de la vida le han sido dados por el hombre.

Los teólogos cristianos de la Edad Media también toman como referencia las obras de autores antiguos, sobre todo las de Platón y Aristóteles. Si en su *República* ideal Platón aboga por que las mujeres tengan mejor suerte,* en el *Timeo* escribe que solo los varones son «seres humanos completos». Creados directamente por los dioses, están dotados de un alma. Siendo la mujer «el resultado de una degeneración física del ser humano [...], a lo sumo puede esperar convertirse en hombre».[15] Aristóteles, que abordó todos los campos del conocimiento de su época, sostiene «que un macho es macho en virtud de una capacidad determinada, una hembra es una hembra en virtud de una incapacidad determinada»[16] y que «la hembra es como un macho mutilado»,[17] «un macho estéril».[18] Según su concepción, en el acto de procreación es la madre quien proporciona la materia (aporta el alimento) y el padre quien transmite el movimiento (la sustancia

---

* Aboga por la supresión de «bien mobiliario», es decir, que ya no sea considerada una posesión del marido, y por una educación equivalente a la de los hombres.

del ser humano): «El esperma es evidente que está en uno de estos dos casos: lo que se forma viene de él o como una materia o como un primer motor».[19] Por tanto, el esperma no es suficiente por sí mismo; necesita encontrar una materia preexistente a la que da la vida.[20] Esta idea la retomarán los Padres de la Iglesia occidental. La encontramos en el siglo IV en la correspondencia de Jerónimo de Estridón (san Jerónimo): «Así la tierra, es decir, la matriz de la mujer, acoge a la raza humana, y alimenta lo que es suyo después de haberlo recibido, y mientras alimenta este cuerpo, y mientras le da un cuerpo, lo diferencia en distintos miembros».[21] Y en otra carta: «El padre todopoderoso toma la tierra como mujer; vertiendo en ella su lluvia fecundante para que de su seno pueda hacer madurar una nueva cosecha».[22]

Ocho siglos más tarde, Tomás de Aquino sostiene que la concepción de la mujer, cuya razón es más débil que la del hombre, se debe a una debilidad del esperma, ya que, según Aristóteles, el esperma tiende a producir a un ser humano completo, es decir, un hombre: «Considerada en relación con la naturaleza particular, la mujer es algo imperfecto y ocasional. Porque la potencia activa que reside en el semen del varón tiende a producir algo semejante a sí mismo en el género masculino. Que nazca mujer se debe a la debilidad de la potencia activa, o bien a la mala disposición de la materia, o también a algún cambio producido por un agente extrínseco, por ejemplo los vientos australes, que son húmedos. Pero si consideramos a la mujer en relación con toda la naturaleza, no es algo ocasional, sino algo establecido por la naturaleza para la generación. La intención de toda la naturaleza depende de Dios, Autor de la misma, quien al producirla no solo produjo al hombre, sino también a la mujer».[23]

Durante siglos, dando por supuesto que tenía las mismas partes genitales que el hombre pero situadas en el interior del cuerpo, la mujer fue de igual modo considerada por los científicos un hombre imperfecto. A finales del siglo XIX, los italianos Cesare Lombroso[24] (1835-1909) y Guglielmo Ferrero (1871-1942) llegarán aún más lejos y decretarán que «la mujer es un hombre detenido en su desarrollo»,[25] más cercano al ancestro «pitecomorfo», y que a diferencia de los niños varones al crecer, puesto que la ontogenia recapitula la filogenia, no puede acceder al estadio de «superior».

¿Forman parte las mujeres del género humano? En el siglo XVI hay quienes se lo preguntan: esta cuestión aparece en la *Encyclopédie*,[26] refiriéndose al célebre texto anónimo de 1595, *Disputatio nova contra mulieres, qua probatur eas homines non esse*.* La cuestión habría sido planteada por un obispo o un cardenal en el segundo Concilio de Mâcon, hacia 585. Según algunas fuentes, la respuesta, tras un largo examen, habría sido que sí, pero por una mayoría escasa. La traducción[27] de este texto, aparecido en 1766 con el título de *Paradoja sobre las mujeres en la que se intenta probar que no son parte de la especie humana*, suscitó muchas reacciones. Algunos historiadores la consideraron mera ficción o una mala interpretación.[28] El texto original, que entonces pasó por ser un panfleto contra las mujeres, sería en realidad una parodia humorística dirigida a una corriente cristiana de la época, el socinianismo,[29] cuyos adeptos rechazaban la Trinidad, el pecado original, la divinidad de Jesucristo, e interpretaban de forma errónea las Escrituras. Por consiguiente, el texto original habría sido instrumentalizado en el siglo XVIII para reavivar la «guerra

---

* «Disertación nueva contra las mujeres, que prueba que no son seres humanos.» Texto que los historiadores atribuyen al médico y escritor alemán Valens Acidalius.

de los sexos». Suponiendo que fuera así, la ironía revela no obstante un sexismo consustancial a la época, un antifeminismo forjado por los textos religiosos.[30] Los textos sagrados condenan a las mujeres, haciéndolas responsables de la «caída» y de todos los males de la humanidad. Dios, ya sea humano o una fuerza suprema, pone en guardia a los hombres contra ellas, a fin de que no corran hacia su perdición.

Culpables desde los orígenes

En la mitología griega, si bien la primera entidad que sale del caos después de la creación del mundo es Gea, la madre primitiva, son los dioses los que crean a la primera mujer humana, Pandora,[31] para castigar a los hombres por el robo del fuego, obra del Titán Prometeo. Está asociada al mito de la caja de Pandora de Hesíodo.[32] Según la leyenda, Zeus ofreció la mano de la hermosa y virgen Pandora al hermano de Prometeo, Epimeteo, quien aceptó el presente a pesar de las advertencias de su hermano. Pandora llevó una tinaja misteriosa, que Zeus le prohibió abrir. Esta tinaja contenía todos los males de la humanidad, y también la Esperanza. Pandora no pudo resistirse y abrió la tinaja, liberando así todos los males que contenía. Cuando quiso cerrarla para retenerlos, era ya demasiado tarde, y solo la Esperanza permaneció dentro. En un pasaje de su *Teogonía*, Hesíodo comenta: «Pues de ella desciende la estirpe de femeninas mujeres. Gran calamidad para los mortales, con los varones conviven sin conformarse con la funesta penuria, sino con la saciedad. [...] Así también desgracia para los hombres mortales hizo Zeus altitonante a las mujeres, siempre ocupadas en perniciosas tareas».[33] A Pandora se la considera responsable de la pérdida de «la edad de Oro» para los hombres. Pronto se olvida que fue creada para castigar un robo, el del fuego (el conocimiento), perpetrado por Prometeo para los humanos, de los que era el creador.

Aunque muchos mitos hablan de mujeres que protegen el mundo (en la mitología egipcia es un hombre, Seth, el que comete el pecado original, y una mujer, Isis,* la que salva a la humanidad; entre los celtas, el mundo terrenal está regido por un principio femenino omnipresente, Dana, la diosa-madre, y sus mujeres son las mensajeras ante los hombres; dioses y diosas tutelares pueblan el panteón romano —las vestales, sacerdotisas cuyo sacerdocio garantizaba la supervivencia de Roma, gozan de importantes privilegios y honores—), los escritos que responsabilizan a las mujeres de las desgracias de la humanidad son legión. Eva es la «primera» que comete el primer pecado de la humanidad, el «pecado original»:[34] «Vio la mujer que el árbol tenía frutos sabrosos y que era seductor a la vista y codiciable para conseguir sabiduría; tomó de sus frutos y comió, y dio también a su marido, que estaba con ella. Y también él comió. [...] Díjole: "¿Quién te ha hecho saber que estabas desnudo? ¿Es que has comido del árbol que te prohibí?". Respondió el hombre: "La mujer que me diste por compañera me dio del árbol, y comí". Dijo Yahveh-Dios a la mujer: "¿Qué es lo que has hecho?". Respondió la mujer: "La serpiente me engañó y comí". [...] "Pondré enemistad entre ti y la mujer, y entre tu linaje y el suyo; este te aplastará la cabeza y tú le acecharás al talón." [...] Y al hombre le dijo: "Por haber escuchado la voz de tu mujer y haber comido del árbol del que te había prohibido comer cuando te dije, ¡mal-

---

* Los romanos la adoptarán como divinidad y la llamarán «Nuestra Señora».

dita será la tierra por tu causa! Con trabajo sacarás de ella el alimento todos los días de tu vida". [...] El hombre llamó Eva a su mujer, porque fue la madre de todos los vivientes. [...] Y Yahveh-Dios le expulsó del jardín del Edén, para que labrara la tierra de la que había sido tomado».[35]

A las mujeres, «seres malvados», les corresponde asumir la responsabilidad de la existencia del trabajo y de la finitud de los hombres. De la mujer viene todo el mal: «Por la mujer empezó el pecado; por su culpa morimos todos» (Eclesiástico 25, 24). En todos los sistemas gnósticos siempre es una mujer la que precipita la «caída» del mundo, como Sophia, último eón* hembra y diosa de la sabiduría para los valentinianos† que, queriendo conocer al Padre, suscita por un descuido una crisis que provoca la aparición del mal y de las pasiones.[36] Las mujeres están, pues, claramente identificadas como peligrosas para los hombres: «Y descubro que más amarga que la muerte es la mujer, porque es una trampa; su corazón, una red; sus brazos, cadenas. El que es grato a Dios logra escapar; pero el pecador queda prisionero de ella» (Eclesiastés 7, 26). De modo que Dios les ordena que no se mezclen con ellas: «No te sientes entre mujeres. Que de los vestidos sale la polilla; y de la mujer, la maldad femenina».[37] ¿Esto explicaría esta frase de la oración matutina de los judíos: «Bendito seas, Señor nuestro Dios, Rey del Universo, porque no me has hecho mujer»?

A lo largo de la historia la lectura de la Biblia ha tenido, pues, consecuencias desastrosas para las mujeres, pero los textos funda-

---

* Potencia eterna que emana del Ser supremo y mediante la que ejerce su acción sobre el mundo.

† Seguidores del pensamiento de Valentín, cristiano gnóstico del siglo II, considerado herético por la Iglesia.

cionales de las otras religiones politeístas (hinduismo, budismo) o monoteístas (islam) están igualmente llenos de prejuicios negativos. En tales textos, la feminidad siempre oculta misteriosos peligros: «¡Oh vosotros, los que creéis! ¡Tenéis enemigos en vuestras esposas y en vuestros hijos! ¡Llevad cuidado!» (Corán LXIV, 14). En el texto hinduista *Las leyes de Manu*, se lee: «Está en la naturaleza del sexo femenino el tratar de corromper aquí abajo a los hombres y por esta razón los sabios no se abandonan jamás a las seducciones de las mujeres. En efecto, una mujer puede en este mundo apartar del camino recto no solo al insensato, sino también al hombre dotado de experiencia, y someterlo al juego del amor y de la pasión».[38] Por otra parte, el nacimiento de una niña es una desgracia, afirma el *Atharvaveda*, texto sagrado del hinduismo escrito hacia el año 900 a. C.: «Que la hija nazca en otro lugar. Y que el hijo nazca aquí». Encontramos rastros de este rechazo en el budismo, donde solo un hijo podía realizar los ritos debidos al padre difunto.[39] Aunque esta filosofía religiosa no oprime especialmente a las mujeres, está marcada por cierto conservadurismo.[40] En el *Tripitaka* o *Canon pali*, conjunto de textos fundacionales del budismo theravada escritos en el siglo I a. C., Buda se dirige a los hombres y les dice que se aparten de las mujeres si quieren alcanzar un nivel elevado de conocimiento y pureza divina: «Las mujeres pueden destruir los preceptos puros [...] impidiendo que los otros renazcan en el paraíso. Son la fuente del infierno». Advierte a sus discípulos: «Hay que desconfiar de las mujeres. Por una prudente, hay mil locas y malvadas. La mujer es más secreta que el camino por donde, en el agua, pasa el pez. Es feroz como el ladrón y astuta como él. Rara vez dice la verdad: para ella, la verdad es igual que la mentira, la mentira igual que la verdad. A menudo he aconsejado a los discípulos que eviten a las mujeres».[41]

El carácter inviolable de estas obras impide cualquier cuestionamiento. En el Occidente cristiano medieval las mujeres cargan con el pecado original: «Si nuestra fe respondiera aquí abajo a la inmensidad de la recompensa que le espera allá arriba, ninguna de vosotras, mis queridas hermanas, después de haber conocido a Dios y su propia condición, quiero decir la condición de la mujer, correría tras el entretenimiento y, mucho menos, tras la vanidad del adorno. Al contrario, mostraría el luto y la pobreza en el vestir, presentándose ante la mirada de la gente como una Eva penitente, anegada en lágrimas y redimiendo mediante las muestras externas de aflicción la ignominia de un pecado hereditario y el reproche por haber causado la perdición del género humano. Se dijo: "Parirás con dolor; estarás bajo el poder de tu marido; él te dominará". ¡Eva eres tú, y lo olvidas! La sentencia de Dios pesa aquí abajo sobre todo el sexo; es necesario, pues, que el castigo pese sobre ti. Tú eres la puerta del demonio; fuiste tú la que rompió los sellos del árbol prohibido; fuiste tú la que violaste la primera ley divina; fuiste tú la que persuadiste al que Satanás no osaba atacar de frente; el hombre, esta augusta imagen de la divinidad, la rompiste de un solo golpe».[42] De ese castigo divino nacerán muchas prohibiciones que atañen a las mujeres. Y a lo largo de la historia, las disertaciones teológicas servirán de soporte a la ideología política. La misoginia de los tratados de teología moral cristiana de los siglos XIV y XV dará lugar a la persecución de las «brujas», que causará en Europa decenas de miles de víctimas.

A partir del siglo XVII, el tema del pecado cede el paso al de la «naturaleza femenina», que es irracional (carente de razón), e incluso «inmoral». Este adjetivo será utilizado dos siglos más tarde por el teórico político francés Pierre-Joseph Proudhon (1809-1865), para quien las mujeres, que tienen «el espíritu falso» y son «impúdicas»,[43] no habrían salido del «estado bestial» sin los hombres. A finales del siglo XVIII y durante el XIX, al elaborar las categorías «masculino» y «femenino» como categorías naturales, los tratados médicos, en especial *L'influence du sexe sur le caractère des idées et des affections morales* (1798), del autorizado Pierre Cabanis* (1757-1808), médico, fisiólogo, filósofo y diputado francés, refuerzan la tesis, sostenida desde la Antigüedad, de la inferioridad de las mujeres «por naturaleza». Los artículos «Mujer» y «Hombre» del *Dictionnaire des sciences médicales*, llamado el *Panckoucke*, redactados entre 1812 y 1822 por el antropólogo Julien-Joseph Virey[44] (1775-1846) son elocuentes. En el capítulo «Una historia del hombre en general», escribe: «Los sexos no difieren entre sí solamente por los órganos destinados a la generación, sino también por todas las partes de cada individuo».[45] Y añade: «Toda la constitución moral del sexo femenino deriva de la debilidad innata de sus órganos; todo está subordinado a este principio por el que la naturaleza ha querido hacer a la mujer inferior al hombre». Los hombres políticos transmiten estos prejuicios en sus discursos. Para el diputado de la Convención nacional André Amar, a diferencia de la mujer, el hombre es «fuerte, robusto, dotado de una gran energía, audacia y coraje [...]. Se enfrenta a los peligros y a los rigores del clima gracias a su constitución».[46] Por el contrario, el carácter frágil que se atribuye a las mujeres justifica que se las sobreproteja, en especial si están embarazadas, y que se las excluya de determinadas actividades que las expondrían al peligro y supondrían un riesgo para la supervivencia de la comunidad.

---

 * Diputado y luego senador, es uno de los reformadores de la enseñanza de la medicina en Francia (ley de 1803).

Por «naturaleza»

> Las mujeres constituyen una raza débil, en la que no se puede confiar, y de inteligencia mediocre.
>
> EPIFANIO[47]

Unos gramos de cerebro menos y una cavidad craneal más pequeña; carnes blandas y una inteligencia sometida a los caprichos de sus menstruos; eternas quejicas e histéricas en potencia: estos son los estereotipos desagradables sobre las mujeres transmitidos desde Hipócrates y que la medicina, ámbito fundamentalmente masculino, no cuestionará, sino que justificará de manera metódica a fin de perpetuar y consolidar el dominio de un sexo sobre el otro.

Cuerpo frágil y cerebro pequeño

Los trabajos del célebre médico griego Hipócrates de Cos[48] y de sus discípulos inculcarán durante siglos en las mentes la idea de la supremacía del cuerpo masculino, considerado «seco, musculoso y firme», sobre el de la mujer, «húmedo, blando y poroso». Los escritores y los filósofos les siguen los pasos y los artistas esculpen y pintan el cuerpo desnudo de hombres, considerado la encarnación de la belleza, y cubren el de la mujer, que no será desnudado hasta el Renacimiento. Encontramos las observaciones de Hipócrates en Pierre Cabanis: «Las fibras de la mujer son más blandas, sus músculos menos vigorosos». «Teniendo en cuenta los huesos de la pelvis, la forma de los muslos y las rodillas —prosigue—, la mujer cambia más de centro de gravedad al caminar y por eso ¡tiene más dificultades para andar!»[49] El anatomista Jacques-Louis Moreau de la Sarthe (1771-1826) niega que las mujeres tengan la amplitud y agudeza de vista y oído, sentidos que en su opinión son «las puertas de la inteligencia».⁵⁰

Los científicos de finales del siglo XVIII y del siglo XIX se esforzarán por mostrar, de forma empírica, que el tamaño del cerebro está relacionado con la inteligencia.⁵¹ A partir de entonces, la diferenciación entre los dos sexos se basará esencialmente en estudios comparativos del tamaño del cerebro. Debido a los «140 gramos que le faltan a su cerebro»,⁵² las mujeres son inferiores. El estudio de este órgano desempeñó un papel muy importante en la infravaloración física y sobre todo intelectual de las mujeres. El artículo dedicado al cerebro⁵³ del *Panckoucke* plantea así que «la organización cerebral de los dos sexos explica a la perfección por qué ciertas cualidades son más potentes en el hombre y otras en la mujer. Las partes del cerebro situadas en la zona anterior superior de la frente son en general más pequeñas en las mujeres y sus frentes son más pequeñas y más estrechas. [...] Su cerebelo suele ser más pequeño que el de los hombres. Esas diferencias explican perfectamente las divergencias entre las cualidades intelectuales y morales del hombre y las de la mujer, a saber, fragilidad, sensibilidad, etcétera».

Los antropólogos utilizan la craneología, o estudio comparativo de la forma y el tamaño del cráneo, que se desarrolla durante la segunda mitad del siglo XIX, para diferenciar no solo los dos sexos, sino también las «razas» humanas. El anatomista y antropólogo Paul Broca (1824-1880), uno de los mayores expertos de la época,* realizó minuciosas comparaciones del tamaño de los cerebros de diferentes grupos humanos. Siguiendo el pensamiento dominante en la época, dedujo de sus investigaciones que «la

---

* Fundó la Sociedad de Antropología de París en 1859.

desigualdad intelectual de las razas es bien conocida [...] todos los autores coinciden en reconocer que la zona del cráneo, considerada en su conjunto, es más voluminosa en las razas caucásicas (blancas) que en las razas inferiores. [...] Vemos que el negro de África ocupa, en cuanto a su capacidad craneal, una posición prácticamente intermedia entre el europeo y el australiano [al que sitúa en el grado más bajo de la escala humana]. Así pues, concluimos diciendo que, tanto en las razas como en los individuos, las desigualdades intelectuales son una de las causas que más influyen en el volumen del encéfalo, es decir, que en igualdad de condiciones, existe una relación notable entre el desarrollo de la inteligencia y el volumen del cerebro».[54]

Sin embargo, Paul Broca precisa que «ser inferior a otro hombre ya sea en inteligencia, en vigor o en belleza no es una condición humillante».[55] También dedica gran parte de sus trabajos al estudio comparativo de los cerebros masculinos y femeninos. Al constatar el tamaño menor del cerebro de la mujer en comparación con el del hombre, se pregunta si no habría que relacionar este hecho con su tamaño corporal más reducido: «Vemos que en cualquier edad el peso medio del cerebro del hombre es mayor que el del cerebro de la mujer, en una cantidad que oscila entre el 7,4 y el 11,7 por ciento, y que por término medio es del 10 por ciento. Al ser la mujer más pequeña que el hombre, y al variar el peso del cerebro con el tamaño, nos hemos preguntado si la pequeñez del cerebro de la mujer no depende casi exclusivamente de la pequeñez de su cuerpo».[56] Sin embargo, volviendo a su postulado de partida de que «la mujer es por término medio un poco menos inteligente que el hombre», el médico concluye: «Cabe, pues, suponer que la pequeñez relativa del cerebro de la mujer depende a la vez de su inferioridad física y su inferioridad intelectual».[57] Y desde su magisterio, continúa diciendo: «Acabamos de ver que la desigualdad intelectual de los dos sexos parece estar en relación con el desigual desarrollo de las masas cerebrales. Sin embargo, esto no es evidente, porque, por una parte, el grado de inferioridad intelectual de la mujer dista mucho de estar determinado y, por la otra, la organización física de los dos sexos es suficientemente diferente para que se pueda rechazar el valor de una comparación entre sus cerebros. Ahora bien, esta objeción no es aplicable a las investigaciones sobre el volumen del cerebro considerado en distintas edades en personas del mismo sexo. Nadie ignora, en efecto, que la inteligencia se desarrolla hasta la edad madura y disminuye casi siempre en la vejez; y si se demostrara que el peso del encéfalo aumenta o disminuye del mismo modo, sería difícil no admitir la existencia de una relación bien definida entre la masa del cerebro y la potencia de una inteligencia».[58]

Por su parte Paul Topinard (1830-1911),[59] médico y antropólogo, retoma la idea formulada por Charles Darwin de que los hombres eran mentalmente superiores porque luchaban para protegerse a sí mismos y a sus mujeres,[60] y sostiene que la diferenciación en el peso del cerebro entre los dos sexos se produjo o se acentuó con la división sexuada de las tareas surgida con la institución del matrimonio, etapa, en su opinión, *avanzada* de la evolución social: «La diferencia en el peso del cerebro de un sexo a otro se debe sin duda alguna a la naturaleza de las distintas ocupaciones correspondientes a cada uno, en la asociación del hombre y de la mujer tal como la entienden las naciones civilizadas. En la época prehistórica y aún hoy entre los salvajes modernos, allí donde la mujer comparte el trabajo duro del hombre, esta diferencia no existe o es menor. [...] El hombre que combate por dos o más en la lucha por la vida, que carga con toda la responsabilidad y la preocupación por el mañana, que está constantemente activo frente a los medios, las circunstancias y las individualidades rivales y antropocéntricas, necesita más cerebro que la mujer, a quien ha de proteger y alimentar, que la mujer sedentaria que se dedica a sus ocupaciones y cuya función es criar a los hijos, amar y ser pasiva».[61] Sin embargo, detecta que «entre los elementos anatómicos del cerebro, unos están destinados al sentimiento, los otros a la acción, los primeros son más pequeños, los segundos más grandes. ¿No será esta la única razón de las diferencias acusadas por la báscula, y es posible que un día no muy lejano sostengamos, microscopio en mano, que la supremacía corresponde, por el contrario, a la mujer?». Y que «la desigualdad cerebral en los sexos y los individuos es una fatalidad necesaria, que no podemos eludir».[62]

El médico y zoólogo germano-ruso Alexander von Brandt (1839-1891) sostiene desde 1867 que la masa corporal ha de tenerse en cuenta en los estudios comparativos del peso del cerebro: «Sabemos que la mujer [...] está dotada de una cantidad de cerebro inferior a la del hombre, pero [...] también que el tamaño medio de su cuerpo es menor. Si la ley morfológica sobre la cantidad relativa de cerebro en los animales pequeños y grandes es aplicable a los individuos de diferentes sexos, [...] entonces el encéfalo de la mujer ha de ser, en relación con la masa del cuerpo, más grande que el del hombre».[63] Volvemos a encontrar este argumento cuatro años más tarde en la célebre obra *El origen del hombre y la selección en relación al sexo*, de Charles Darwin: «El cerebro del hombre es, en términos absolutos, más grande que el de la mujer; pero ¿es más grande en relación con las dimensiones mayores de su cuerpo? Es un punto sobre el que creo que no tenemos datos ciertos».[64] Basándose en varios estudios, el de Paul Broca entre otros, el fisiólogo Léonce Manouvrier (1850-1927) lo demostrará. Al afirmar que la diferencia de peso de los cerebros está relacionada con la diferencia de tamaño de los individuos, se opone a quienes defienden la superioridad intelectual del hombre sobre la mujer y sostiene que la inteligencia no tiene sexo», rechazando así la pretendida inferioridad de ciertas «razas». Esta postura será considerada una ofensa por parte de los miembros de la Academia de Medicina francesa.

En 1885, en su artículo titulado «Sobre la interpretación de la cantidad en el encéfalo y especialmente en el cerebro», Léonce Manouvrier hace unas observaciones que hoy en día calificaríamos de feministas: «Los autores que han vinculado el menor peso del cerebro femenino a una inferioridad intelectual sin duda no han prestado atención al inmenso número de imbéciles del sexo masculino, salvajes o civilizados, a quienes el peso de su encéfalo colocaría por encima de nuestras numerosas mujeres inteligentes, de esas mujeres cuyo espíritu natural, facultades psíquicas [...] se manifiestan a cada momento a los hombres que no están completamente cegados por el orgullo del macho, la vanidad, o nuestra pedantería inveterada».[65]

Las críticas a la existencia de diferencias entre los cerebros masculinos y femeninos continúan a principios del siglo XX. El fisiólogo Louis Lapicque (1866-1952), uno de los escasos defensores de los derechos de las mujeres, desarrolla un nuevo argumento: «Me veía obligado, matemáticamente, a tratar asimismo al hombre y a la mujer como dos especies distintas. La forma inadmisible de esta proposición desaparece si se enuncia de la siguiente manera: en el caso de dimorfismo sexual que nos ocupa, la relación entre un sexo y el otro, desde el punto de vista del carácter diferencial, ha de tratarse como la relación de una especie con otra teniendo en cuenta la diferencia específica. [...] Los pesos corporales y encefálicos de los hombres, por una parte, y de las mujeres, por la otra, guardan entre sí exactamente la misma relación que si se tratara de dos especies animales distintas e iguales en organización nerviosa».[66]

Actualmente, los trabajos que se llevan a cabo en la neurociencia llegan a conclusiones diferentes. A principios de 2010, la neurobióloga Catherine Vidal* demuestra que el 90 por ciento de las conexiones entre neuronas se construyen «progresivamente en función de las influencias familiares, de la educación, de la cultura, de la sociedad».[67] Según Vidal, si las mujeres y los hombres adoptan conductas de género estereotipadas, «se debe a una huella cultural que es posible gracias a las propiedades de plasticidad del cerebro humano». Catherine Vidal rechaza así la idea de un «determinismo biológico» y considera que la diferencia entre los cerebros de los dos sexos es insignificante comparada con las diferencias individuales.[68] Aunque en el útero los niños y las niñas resulten influidos por genes distintos y hormonas distintas que les son propias, no hay diferencias entre los cerebros femeninos y masculinos.[69] Las diferencias de conducta entre ambos se explican por la educación parental en el reconocimiento de uno mismo como perteneciente a uno u otro sexo. Según otros neurobiólogos, existen muchas diferencias anatómicas y químicas entre los cerebros masculinos y femeninos, ya que a partir de la quinta semana de gestación, la testosterona cambia para siempre a los embriones machos y también su cerebro.[70] Además, las conexiones neuronales difieren de un sexo a otro —el cerebro de las mujeres parece estar conectado para favorecer las competencias sociales y la memoria, el de los hombres para la percepción y la coordinación de las acciones—[71] y los

---

* Utiliza las técnicas de las imágenes cerebrales, entre las que se encuentran las imágenes por resonancia magnética (IRM).

cerebros masculinos y femeninos no procesan la información de la misma manera.[72] El mayor estudio sobre el individuo, realizado en 2017 con 2.750 mujeres y 2.466 hombres, mostró que, si bien los cerebros masculinos y femeninos son en su mayor parte idénticos, existen diferencias.[73] No obstante, los autores de ese estudio consideran que de estos resultados no se concluye ninguna diferencia de capacidades cognitivas, intelectuales o conductuales entre ambos sexos.

Gobernadas por su sexo

Otro principio: ¡las mujeres son evaluadas según el barómetro de sus «humores»! Los científicos de finales del siglo XVIII y del XIX sostienen que esos humores, producidos por los órganos genitales, ejercen una influencia directa en la conducta de las mujeres. El término procede directamente de la Antigüedad, cuando médicos y filósofos creen que son estos los que, corrompiendo el esperma, ¡hacen que nazcan las niñas![74] Durante siglos, se ha considerado a la mujer, más que al hombre, un ser sexuado, ya que está gobernada por sus órganos reproductores. La entrada «Sexo» de la *Encyclopédie** solo se refiere a la mujer.[75] El sexo femenino se caracteriza por ser dominante: «La esencia del sexo no se limita a un solo órgano, sino que se extiende a todas las partes mediante matices más o menos sensibles, de manera que la mujer no solo es mujer por una parte, sino por todas las caras por las que puede ser contemplada».[76]

* *L'Encyclopédie ou Dictionnaire raisonné des sciences, des arts et des métiers* fue editada entre 1751 y 1772 bajo la dirección de Denis Diderot y Jean Le Rond d'Alembert.

Para los sabios griegos, el útero, semejante a una ventosa, está dotado de vida propia y, cuando se seca o se calienta, puede viajar a través de todo el cuerpo para dirigirse a órganos más húmedos o más frescos. En «Teoría de los desplazamientos de la matriz»,[77] Hipócrates dedica casi todo este largo texto a la matriz (útero) y a los menstruos (reglas). Por ejemplo, aconseja el coito a las jóvenes que padecen delirio en sus primeras reglas y prescribe que «han de casarse cuanto antes».[78] Según el «padre de la medicina», la mayoría de las «enfermedades» de la mujer y los distintos accidentes que se producen en la concepción, el embarazo y el parto son consecuencia de un mal funcionamiento de su matriz. Las obras de Hipócrates probablemente inspiraron a Platón, para quien «la matriz es un animal deseoso de procreación en ellas». En el *Timeo*, uno de los últimos diálogos del filósofo, añade: «Se irrita y enfurece cuando no es fertilizado a tiempo durante un largo periodo y errante por todo el cuerpo [...] ocasiona las peores carencias y provoca variadas enfermedades, hasta que el deseo de uno y el amor de otro, como si recogieran un fruto de los árboles, los reúnen y, después de plantar en el útero como en tierra fértil animales invisibles por su pequeñez e informes y de separar a los amantes nuevamente, crían a aquellos en el interior, y, tras hacerlos salir más tarde a la luz, cumplen la generación de los seres vivientes. Así surgieron entonces las mujeres y toda la especie femenina».[79]

En el Occidente medieval cristiano, los males provocados por los «humores» femeninos se consideraban consecuencia del pecado original.[80] Más tarde, las disertaciones médicas de finales del siglo XVIII y del XIX se referirán a la mujer como un ser cuyos órganos genitales condicionan su conducta. El hombre, a diferencia de la mujer, «al estar creado sobre todo para el ejercicio del pensamiento y de la industria», no se halla sometido a su sexo.[81]

El entendimiento de la mujer está alterado por su hipersensibilidad, que después de la pubertad le provoca el útero, que causa «falsas asociaciones de ideas».[82] Las inclinaciones y los hábitos de las mujeres nacen de su debilidad muscular debida al útero y los ovarios, que vuelven «las fibras carnales más débiles y el tejido celular más abundante», según afirma Pierre Cabanis.[83] Si bien Diderot (1713-1784) reconoce el valor de las mujeres en el parto,[84] según el médico es su «debilidad muscular natural» y su mayor «sensibilidad nerviosa» lo que les permite soportar los sufrimientos ocasionados por «los accidentes e incomodidades»[85] a que se hallan sujetas por naturaleza.

Entre esas «incomodidades», la regla ha servido a menudo para justificar la diferencia entre los sexos. El sociólogo Émile Durkheim (1858-1917) afirma que las virtudes sobrenaturales atribuidas a la sangre menstrual «impulsaron a los sexos a separarse y a formar en cierto modo dos sociedades en la sociedad».[86] Esta habría sido la causa principal de la organización social y de la división sexuada del trabajo.[87] Para los médicos griegos, la menstruación es un proceso necesario de purificación, la evacuación de la «mala sangre».* La sangre menstrual, considerada a menudo impura, ha sido objeto de muchas de las prohibiciones más duras y extendidas.[88] En numerosos textos sagrados, la mujer que tiene la regla es calificada de «sucia», «impura», «intocable» y «maldita»,[89] como en el Levítico: «Si una mujer tiene flujo de sangre por muchos días fuera del tiempo de su regla o su regla se prolonga más días de lo habitual, será impura todo el tiempo que dure el flujo de su impureza, como en el tiempo de la menstruación. La cama en la que se acueste mientras dura su flujo

---

* El inicio de la menopausia se consideraba un estancamiento de veneno o putrefacción en el cuerpo de la mujer.

será para ella como la cama en el tiempo de su regla, y será impura como en el tiempo de la impureza de su regla. El asiento en que se siente quedará impuro, como durante la impureza de la regla. Quien los toque será impuro, lavará sus vestidos, se bañará y permanecerá impuro hasta la tarde. Cuando ella sane de su flujo, contará siete días, a partir de los cuales será pura».[90] La mujer también es impura después del parto (purificación), durante siete días, si ha dado a luz un niño, y el doble si es una niña (Levítico 15, 25-28). En el Corán, si bien la noción de impureza de la sangre menstrual es menos agobiante que en el judaísmo, esa sangre es tabú en las relaciones sexuales: «Te preguntan acerca de la menstruación. Di: "Es un mal. ¡Manteneos, pues, aparte de las mujeres durante la menstruación y no os acerquéis a ellas hasta que se hayan purificado!"».[91] Ese versículo se ha utilizado a veces para legitimar la poligamia.

Muchos mitos explican el origen de las menstruaciones por la perforación intencional de la mujer en la primera relación sexual, por la mordedura de un animal o incluso por la intervención de la luna, aunque también por castigo o venganza.[92] En algunos se cuenta que en un principio los órganos femeninos no existían, que hubo que crearlos perforando o cortando el cuerpo. Este «hecho primordial» sangrante permite los nacimientos y el «regreso al útero» (*regressus ad uterum*) o ritual de segundo nacimiento.[93] En las sociedades tradicionales la sangre menstrual, que fluye periódicamente según los movimientos de la luna[94] y sin que haya herida, está cargada de un gran simbolismo. Esa sangre femenina, de una condición ambivalente —maléfica y benéfica a la vez—,[95] a menudo está íntimamente vinculada a la muerte.[96] Considerada presagio de peligros y males, suscita un gran terror, de ahí los tabús y las sanciones en caso de transgresión.[97] Los hombres se protegen del «contagio» evitando el contacto y la visión de esa sangre, y las mujeres se ven presionadas por prohibiciones —tocar las armas de los cazadores, por ejemplo— y se las excluye de ciertos rituales.[98]

Aunque según una creencia popular, muy extendida en Europa hasta principios del siglo XX, la sangre menstrual olía de tal modo que asustaba a la presa —lo que habría justificado la exclusión de las mujeres de la caza de grandes animales y de la pesca de grandes peces, ya que, según el antropólogo y etnólogo Bertrand Hell, especialista en cultos y rituales vinculados a los espíritus, «el principio que rige el entramado de prohibiciones cinegéticas es claro: efluvio del flujo salvaje y aliento de mujer han de ser separados, y sobre este punto fundamental de una no acumulación absoluta»—,[99] se verá que las mujeres de la aristocracia participaban en grandes cacerías.

En opinión del antropólogo Alain Testart (1945-2013), el hecho de que la caza con armas perforantes o cortantes, es decir, que hacen sangrar, la practiquen casi exclusivamente los hombres se explicaría por el impedimento de la «mezcla de sangres», la del animal y la menstrual de las mujeres.[100] Esas sangres no deben estar en contacto so pena de graves desgracias, como la esterilidad de las mujeres o de la presa, tal vez porque ambas están dotadas de «poderes mágicos» o porque, según Testart, «durante milenios, y probablemente desde la prehistoria, la división sexual del trabajo se debe a que la mujer fue excluida de las tareas que evocaban demasiado la herida secreta e inquietante que lleva en su interior».[101] Mientras que los hombres pierden su sangre por razones conocidas, en la caza o la guerra, la sangre menstrual es incontrolable. Las mujeres habrían sido excluidas de ciertas prácticas para proteger a la sociedad de ese «poder incontrolable».[102] Es lo que sostiene Françoise Héritier: «Puede que sea en esta desigualdad, controlable frente a no controlable, deseado frente a sufrido, donde reside el valor diferencial de los sexos, que estaría inscrito en el cuerpo, en el funcionamiento fisiológico o que procedería, para ser más exactos, de la observación de este funcionamiento fisiológico».[103] Ese tabú de la sangre menstrual aparece implícito en muchos cuentos. Según el psicólogo estadounidense Bruno Bettelheim, la maldición que pesa sobre la princesa de *La bella durmiente* está vinculada a la sangre que fluye (símbolo de la menstruación). Este cuento, escrito en 1697 por Charles Perrault, correspondería a un proceso iniciático, el de la preparación de las niñas a los cambios que les esperan en las distintas épocas de su vida.[104] La sangre femenina sigue teniendo mala prensa en el siglo XIX. En 1896, el médico forense Cesare Lombroso no duda en vincular la criminalidad femenina a la menstruación, y atribuye a la mujer una naturaleza esencialmente malvada, ¡causa del desarrollo de la prostitución en las clases populares y del adulterio en la burguesía![105] Todavía hoy la regla sigue siendo un tema secreto, incluso vergonzoso.[106]

Indirectamente, el sexo femenino, a veces incluso la mujer en su totalidad, que no puede contener ese flujo, se convierte en «impuro». Como explica el medievalista Jacques Le Goff (1924-2014), la feminización del hombre judío en el siglo XIII —se le atribuían menstruos— da fe de su alteridad radical, pero también del estatus impuro de la mujer en la cristiandad medieval.[107] En muchas sociedades patriarcales, reafirmadas por las religiones basadas en la represión de la sexualidad femenina, a las mujeres que se negaban a ser «propiedad» de un hombre a menudo se las tenía por prostitutas. En el texto budista *La preciosa guirnalda de los consejos al rey*, del monje filósofo indio Nāgārjuna,[108] el anatema contra el cuerpo de las mujeres sorprende por su violencia: «La atracción por una mujer deriva sobre todo del pensamiento de que su cuerpo es puro. Pero no hay nada puro en el cuerpo de una mujer. También un jarrón decorado lleno de basura puede complacer a los idiotas. También el ignorante, el insensato y el mundano desean a las mujeres. La ciudad abyecta del cuerpo con sus agujeros que excretan los elementos es llamado por los estúpidos objeto de placer».[109]

El sexo femenino cristaliza los temores, pues entra en contacto estrecho con el de los hombres en el momento del coito. Según René Girard (1923-2015), ensayista que estructuró su enfoque antropológico en torno a la violencia y lo religioso, «el hecho de que los órganos sexuales de la mujer sean el lugar de un derramamiento periódico de sangre siempre ha impresionado prodigiosamente a los hombres en todas las partes del mundo, porque parece confirmar la afinidad, manifiesta a sus ojos, entre la sexualidad y las formas más diferentes de la violencia, susceptibles todas ellas, también, de provocar unos derramamientos de sangre».[110] «A través de la sangre menstrual, se realiza una transferencia de la violencia, se establece un monopolio de hecho en detrimento del sexo femenino.»[111] Las mujeres sangran también en el momento de su desfloramiento. En ese coito, debido a «la ofensa narcisista concomitante siempre a la destrucción de un órgano [...] el hombre teme ser debilitado por la mujer, contagiarse de su feminidad y mostrarse luego incapaz de hazañas viriles», escribe Sigmund Freud.[112]

Desde las tres grandes religiones monoteístas hasta las teorías científicas de finales del siglo XVIII y del XIX y al naciente psicoanálisis, sobre un fondo de variaciones en torno a lo puro y lo impuro, temiendo su propio deseo y asustados por su total dependencia del otro, los hombres culpabilizan al objeto de su concupiscencia y de sus interrogantes; de modo que el cuerpo de la mujer se convierte en el blanco de una devaluación y un sometimiento continuos. De la percepción de un cuerpo todopoderoso, puesto que da la vida, a la de un cuerpo enfermo y mortífero hay un abismo, que los médicos del siglo XIX franquean.

«Eternas enfermas»

> Sus formas son masculinas pues no han superado la enfermedad, esto es, la feminidad.
>
> *Le Traité tripartite*[113]

Dado que los «humores» exacerban su temperamento indolente y sus sentidos, las mujeres estarán sometidas a enfermedades, en especial a desórdenes nerviosos. Comparten prácticamente todas las patologías de los hombres, pero además tienen sus propios males, relacionados en su mayoría con los órganos genitales. Es lo que da a entender el extenso artículo del *Panckoucke*, sin equivalente masculino, dedicado a las «Enfermedades de las mujeres». Durante siglos, a las mujeres no solo se las considera «eternas enfermas», sino que también se las califica de flemáticas o histéricas. Debemos a Hipócrates la invención de la palabra *histeria*, que utilizó para describir una enfermedad que afecta a todo el cuerpo causada por la matriz, la «sofocación de la matriz». En el Occidente medieval, se creía que la histeria era una posesión del cuerpo femenino por el Diablo. A principios del siglo XIX, la mayoría de los médicos atribuyeron la enfermedad a una especie de congestión del útero[114] o a una sobreexcitación de la matriz.[115] Las mujeres, a causa de la mala gestión de sus emociones, serían «más proclives a padecer enfermedades mentales».[116] Prueba de ello es que hay más mujeres que hombres en los espacios reservados a los locos en los hospitales.[117]

En el siglo XIX, a diferencia de la histeria, considerada consustancial a la naturaleza femenina, las enfermedades nerviosas en los hombres se perciben como el resultado de un exceso de trabajo intelectual o creativo. Aunque desde principios del siglo XVII, algunos médicos demostraron que la histeria estaba localizada únicamente en el cerebro y que esa enfermedad podía observarse en ambos sexos,[118] persiste hasta nuestros días la creencia popular de una neurosis típicamente femenina; tal vez porque la histeria fue uno de los principales temas de estudio de Sigmund Freud.[119]

Los médicos no son los únicos que consideran a las mujeres seres enfermizos. Para el historiador Jules Michelet (1798-1874), las mujeres son «eternas enfermas» a causa de la menstruación: «Educada por su hermosura, su viva intuición y su adivinación, la naturaleza la tiene, sin embargo, bajo una esclavitud de debilidad y sufrimiento. Nuestra pobre Sibila toma un nuevo aliento cada mes, y la naturaleza la avisa en el mismo periodo por medio del dolor de que es su esclava y la pone en manos del amor por medio de una crisis penosa. [...] Pero ya no es tranquila la que precede o la de la crisis, y durante los ocho o diez días que siguen a esta semana dolorosa, se prolonga una languidez y debilidad que no se sabía definir, mas que sabemos ahora: es la cicatrización de la herida interior que en el fondo constituye todo este drama. Así pues, quince o veinte días de cada veinte y ocho (puede decirse casi siempre) la mujer no es en realidad una enferma únicamente, sino una herida... Padece incesantemente la eterna herida del amor».[120]

Un año más tarde, el ilustre historiador redacta una auténtica oda a las mujeres, en la que sin embargo despuntan los modelos de la época: «El objetivo de la mujer, su vocación evidente, es el amor. [...] Sostengo que, como mujer, no hay para ella más salvación que hacer feliz al hombre. Ha de amar y dar a luz, ese es su sagrado deber».[121] El destino natural de las mujeres es engendrar, ¿acaso la palabra latina *foemina* ('mujer') no deriva de *foetare* ('feto')?

Predestinadas a la maternidad

> El destino de la mujer y su única gloria son hacer latir el corazón de los hombres.
>
> BALZAC[122]

Desde la Antigüedad, las mujeres atenienses están relegadas al gineceo. A la función de procreación que les está destinada se añade la de gobernar el *oikos*,* siendo la guerra asunto de los hombres y la casa de las mujeres.[123] En *El Económico*, escrito a principios del siglo IV, el griego Jenofonte describe el arte de «gestionar» a una mujer. En conversaciones con su joven esposa, el ateniense Iscómaco le enseña las importantes funciones que le corresponden: «Desde el principio, me parece, la divinidad ha adaptado la naturaleza de la mujer a los trabajos y cuidados del

---

* «Casa» en un sentido amplio, es decir, comprendiendo los bienes y a las personas que cobija el mismo techo.

interior, la del hombre al exterior. [...] A la mujer la divinidad le creó un cuerpo menos resistente, y también le encargó los trabajos de la casa. Sabiendo que concedió al cuerpo de la mujer poder alimentar a los recién nacidos y que le encargó esa función, también le dio mayor ternura hacia los recién nacidos que al hombre. [...] Para la mujer es más conveniente quedarse en casa que pasar el tiempo fuera, y lo es menos para el hombre quedarse en la casa que ocuparse de los trabajos en el exterior. Si alguien actúa contrariamente a la naturaleza que la divinidad le ha dado, abandonando su puesto, por así decirlo, no escapa a la mirada de los dioses y es castigado por descuidar los trabajos que le corresponden o por ocuparse de los de su mujer».[124]

Aunque en el Occidente medieval cristiano las mujeres debían dedicarse sobre todo a la maternidad, también podían ejercer la medicina popular o ser artesanas. A partir del siglo XV, esos oficios le serán vetados, y la mayoría de las mujeres se ocuparán casi en exclusiva de las tareas domésticas y de la educación de los hijos, que suelen ser numerosos. Durante el siglo XVIII, pese a los progresos de la medicina, la mortalidad femenina es mayor que la masculina, ya que muchas mujeres mueren en el parto.* Sin embargo, los médicos de la época son categóricos, la mujer está destinada a la procreación: «Sus órganos sexuales son la raíz y la base de toda su estructura; ha sido creada únicamente para la procreación»[125] y «no vive para sí misma, sino para la multiplicación de la especie, conjuntamente con el hombre. Este es el único objetivo que la Naturaleza, la Sociedad y la Moral reconocen».[126]

Esta atribución comporta un montón de deberes: para llevar a cabo con éxito su misión, la mujer ha de seducir al hombre,

---

* Un promedio de una de cada diez para las que han tenido entre siete y diez hijos.

para lo cual necesita cualidades especiales. Según Pierre Cabanis, ha de ser «débil, tímida, disimulada», pero también «despierta y mudable» y debe «obrar sobre el hombre con la seducción de sus modales y con la continua observación de cuanto puede lisonjear su corazón, o cautivar su imaginación. Para ello es preciso que sepa acomodarse a sus gustos, ceder sin violencia, aún a los momentáneos caprichos ya que, siendo el hombre por naturaleza fuerte, solo sumisa conseguirá el medio de asegurarse un apoyo, un defensor».[127] Para este médico famoso, las cualidades femeninas, en especial la sensibilidad, son «necesarias o al menos muy útiles» para su función reproductora y en «la crianza de los niños, pues solo el amor maternal, el más vehemente de todos los afectos naturales, es la más admirable de todas las inspiraciones instintivas».[128] Si la mujer es entonces considerada un «ser de reproducción», el hombre es un «ser de cultura», «destinado por la naturaleza al trabajo, al empleo de las fuerzas físicas, al uso del pensamiento, a servirse de la razón y del genio para sostener a la familia, de la que ha de ser el jefe». Su fuerza procede de su esperma, pues «el esperma y el ardor, la energía que imprime a todo el cuerpo viril que fortifica los músculos, tensa el sistema nervioso, hace más gruesa la voz, hace salir los pelos de la barba, [...] inspira el valor, los pensamientos elevados, hace el carácter franco, simple, magnánimo».[129]

A lo largo del siglo XIX, las interpretaciones de muchos descubrimientos médicos convergen siempre hacia una misma idea: la procreación es un destino y una finalidad para las mujeres. «En sí misma la mujer no tiene razón de ser; es un instrumento de reproducción que la naturaleza ha querido escoger con preferencia a cualquier otro medio»,[130] profiere Pierre-Joseph Proudhon.

Las madres han de ser honradas, festejadas. Ya en Grecia y en la antigua Roma, las madres de los dioses y las matronas eran celebradas en la primavera, estación de la fertilidad. Aunque ya en la Inglaterra del siglo XV, se consagraba un domingo a su celebración, no será hasta principios del siglo XX cuando muchos países establezcan «el día de la madre». En Francia, contrariamente a lo que se cree, no es el mariscal Pétain quien introduce esta celebración. Las primeras iniciativas son locales, parten del maestro Prosper Roche, que organizó, el 10 de junio de 1906, una ceremonia en honor de las madres de familias numerosas en Artas, en Isère, y en Lyon, ciudad que dos años más tarde dedicará un día a las madres que han perdido un hijo o un marido en la guerra. En 1920 se instaura en todo el país una fiesta de las madres de familias numerosas, que el gobierno republicano, que promueve una política natalista, ampliará a todas las madres en 1926. Pétain impulsa esa fiesta, que adquiere una reconocida dimensión política. Frente al miedo al extranjero, la natalidad es el centro de las preocupaciones de los jerarcas del régimen de Vichy. Las madres, «inspiradoras de la civilización cristiana»,[131] «son colocadas en un pedestal».[132] Esta temática la retomarán en muchas ocasiones los movimientos de extrema derecha y los nacionalistas, para los que, si no se produce un crecimiento demográfico satisfactorio, «la civilización occidental está condenada a desaparecer». La fiesta de las madres se fijará por ley el 24 de mayo de 1950.

La atribución a la mujer del papel de madre, su reducción a esta función biológica y el derecho ajeno a disponer de su cuerpo y controlar su sexualidad son la base de los sistemas patriarcales, y describen una relación con la mujer profundamente paradójica y coercitiva.

El cuerpo de la mujer se percibe, por tanto, como un «capital», que aumenta de valor si es virgen, y del que los hombres «obtienen prestigio y poder».[133] La poligamia es un buen ejemplo de ello y hallaría su justificación en algunos versículos de los textos sagrados (Antiguo Testamento, Torá, Corán). También la belleza de la mujer se percibe como un peligro para los hombres. Para protegerse de su culpable poder de seducción, muchos pasajes de los textos sagrados imponen prescripciones a las mujeres, como vestir con decoro[134] o cubrirse con un velo.[135] Si durante los nueve primeros años de la era musulmana, ni a Dios ni a Mahoma les ofendían las mujeres no veladas, un versículo medinense* parece ofenderse por esto: «¡Profeta! Di a tus esposas e hijas y a las mujeres de los creyentes que se cubran desde arriba con sus vestidos. Esto es lo más adecuado para que se las reconozca y no se las ofenda».[136] En su tratado *De virginibus velandis* ('Del velo de las vírgenes'), Tertuliano,[137] refiriéndose a san Pablo (Corintios 11, 10), justifica así que todas las mujeres lleven velo desde la pubertad: «En efecto, si es por causa de los ángeles, quienes, como leemos, perdieron a Dios y el cielo por haber deseado a las mujeres, ¿quién pensará que esos mismos ángeles se dejaron seducir por cuerpos manchados, suspirando así por los restos de la voluptuosidad humana, en vez de buscar a las vírgenes cuya atracción sirve en cierto modo de excusa a la pasión humana? [...] Hay que velar, por tanto, una belleza tan peligrosa que llevó el escándalo hasta el mismo cielo, para que en la presencia de Dios, a cuyos ojos es culpable de la caída de los ángeles, enrojezca también delante de los otros ángeles, que reprima esta libertad pérfida de mostrarse descubierta, y que se esconda incluso de las miradas de los hombres.[138] [...] Pero si los ángeles son la causa por la que hay que velar a la mujer, no hay que dudarlo, la obliga-

---

* Es decir, revelado al menos nueve años después del primer versículo mequí.

ción del velo empezará para ella el día en que puede excitar el deseo de los hombres, y ser apta para el matrimonio».[139] Sus escritos en lengua latina ejercieron gran influencia en el Occidente cristiano. Sin duda es la razón principal de que hasta el Renacimiento la única representación de mujer autorizada por la Iglesia católica es la de la Virgen María, que representa la pureza (vinculada a su supuesta virginidad) y la única redención al pecado original de las hijas de Eva.

Aunque los médicos de principios del siglo XIX creían que el placer femenino era indispensable para la procreación, a partir del descubrimiento en 1842 de la ovulación espontánea* se convirtió en algo inútil e incluso sospechoso. A través del análisis de textos mitológicos y de cuentos para niños, el sociólogo Raphaël Liogier muestra, en su obra *Descente au cœur du mâle* (2018), que en estos la virilidad está valorada y el incesto y la violación banalizados (casamientos entre hermanos y hermanas, de reyes con sus hijas...). Estos actos dan fe de la negación del consentimiento de las mujeres en el acto sexual, como ocurre en la versión original de *La bella durmiente*, del poeta italiano Giambattista Basile,[140] que puede interpretarse como una alegoría de la violación: «Después de un tiempo ocurrió por casualidad que un rey cazaba por allí cerca. Uno de sus halcones escapó de su mano y voló al interior de la casa a través de una ventana. No acudió cuando le llamaron, así que el rey tuvo que llamar a la puerta, creyendo que el lugar estaba habitado. Aunque llamó durante un buen rato, no contestó nadie, así que el rey mandó que le trajeran una escalera de bodeguero, ya que escalaría para buscar dentro de la casa, y descubrir qué había dentro. Así trepó y entró,

---

* Liberación de ovocitos de forma regular e independiente de la actividad sexual. Fue descubierta por el médico Félix-Archimède Pouchet.

y miró en cada una de las habitaciones, rincones y esquinas, y se sorprendió enormemente cuando comprobó que nadie vivía ahí. Al final encontró el salón, y cuando el rey vio a Talia, que parecía estar encantada, creyó que dormía, y la llamó, pero ella permaneció inconsciente. Dando voces, vio sus encantos, y comprobó cómo la sangre le recorría con fuerza las venas. La elevó en sus brazos y la llevó a la cama, donde recogió los primeros frutos del amor. Dejándola en la cama, volvió a su reino, donde, debido a sus numerosas ocupaciones, no recordó ese momento como más que un simple incidente. Sin embargo, nueve meses después Talia tuvo dos hermosos hijos, un niño y una niña. En ellos se podían ver dos extrañas joyas, y fueron cuidados por dos hadas que acudían al palacio y los colocaban sobre los pechos de su madre. Una vez, buscando el pezón sin encontrarlo, comenzaron a succionar uno de los dedos de Talia, y lo hicieron tan fuerte que sacaron la astilla de lino que se había quedado clavada en él. Talia se despertó así de un largo sueño, y viendo sobre ella a sus dos gemelos, los sostuvo contra su pecho, y los bebés fueron lo que más quiso ella en toda su vida. [...] Mientras tanto el rey recordó a Talia, y anunció que quería volver a ir de caza; volvió al palacio y la encontró despierta y con dos hermosos cupidos. Él se regocijó, y le dijo a Talia quién era, y cómo la había visto y había entrado en aquel lugar. Cuando ella oyó esto, la amistad de ambos fue tejida con lazos estrechos, y él permaneció con ella durante unos pocos días. [...] El rey [...] se casó con Talia, y ella vivió dichosa una larga vida con su marido y sus hijos».[141]

La moraleja de la historia que aparece al final de ese cuento —«A aquellos a quienes favorece la fortuna encuentran la buena suerte incluso en sus sueños»— da a entender que las agresiones sexuales son una «bendición» y, por tanto, pueden perpetrarse impunemente. Este dominio del hombre sobre el cuerpo de la mujer, que subordina su placer, puede asimilarse a una «escisión mental».[142] Esta mutilación psicológica se añade a las mutilaciones físicas —ablación de clítoris total o parcial y a veces de los labios menores, infibulación—, practicadas en niñas desde hace siglos y todavía vigentes en algunas comunidades, en nombre de la tradición y las costumbres.

Respaldado por la cultura científica, el postulado de inferioridad que castiga a las mujeres ha justificado todos los mecanismos de menosprecio, entre otros la apropiación de su cuerpo por parte de los hombres. Para que la denigración sea absoluta y el control total, se considera que la supuesta debilidad de su constitución física va unida a una inconsistencia moral e intelectual. En cualquier caso, es lo que los científicos de finales del siglo XVIII y del XIX se esfuerzan por demostrar.[143] ¿Podían crear un prejuicio mejor para reprimir las veleidades de la mujer de hacerse un sitio en la vida pública?

Moralmente e intelectualmente débiles

Unos años antes que Pierre Cabanis, el médico Pierre Roussel (1742-1802), partiendo del postulado de que las características físicas son portadoras de valores intrínsecamente vinculados al sexo, sostenía que «la mujer, al avanzar hacia la pubertad, parece alejarse menos que el hombre de su condición primitiva. Delicada y tierna, conserva toda la vida algo del temperamento propio de los niños. La textura de sus órganos no pierde del todo su blandura original. [...] Las partes blandas que forman parte de la constitución de la mujer [...] también están marcadas por diferencias que dejan entrever las funciones a las que está llamada, y el estado pasivo al que la naturaleza la ha destinado [...]. No hay duda de que esta debilidad que ya hemos dicho que caracteriza los órganos de la mujer le impide los esfuerzos de la contención de espíritu necesaria para el estudio de las ciencias abstractas, incluso para perderse en ellas. [...] su imaginación, demasiado cambiante, la hace poco apta para las artes que dependen de esta facultad del alma».[144]

En el momento en que se desarrollan los órganos genitales, en la pubertad, es cuando se hace evidente la diferencia física, y también moral, entre los sexos. Esta «revolución», como la llama Pierre Cabanis, provocaría «una serie de determinaciones específicas» que grabarán en uno y otro sexo «las inclinaciones y hábitos» acomodados al respectivo papel suyo.[145] Si para este médico la pubertad origina en las muchachas «el pudor que puede mirarse como la expresión indirecta de los deseos»,[146] según su colega Julien-Joseph Virey, estimular las glándulas y el cerebro tiene un efecto sobre la inteligencia, provocando «una explosión de talentos de muchas clases», y hablando de su efecto sobre las muchachas añade: «He visto muchas veces cómo la mayor fecundidad de ideas, la imaginación más brillante y una singular aptitud para todas las artes se desarrollaba de repente en las chicas de esta edad, para apagarse muy pronto y dar paso, en poco tiempo, a la mediocridad de espíritu más absoluta».[147] Después de la menopausia, «en el momento en que las fuerzas vitales dejan de conspirar en favor del útero», es cuando la mujer puede esperar ser ingeniosa y «acercarse más a la constitución masculina».[148] Es lo mismo que declara Pierre Cabanis, cuando afirma que «sus arrebatos histéricos» ¡hacen a las mujeres más inteligentes temporalmente![149]

Está claro que para los científicos la mujer es por naturaleza incapaz de razón y carece de fuerza creadora,[150] a diferencia del hombre «creado principalmente para el ejercicio del pensamiento y del ingenio, pues el carácter masculino imprime la energía y la actividad para el cuerpo, y la razón para el entendimiento»,[151] mientras que el carácter femenino «produce la gracia, la suavidad del físico y el espíritu de la moral». De modo que la mujer «siempre estará por debajo de la perfección en las ciencias, las letras o las artes».[152] Incapaz de fijar la atención durante mucho tiempo en una sola cosa, «la espantan justamente aquellas tareas intelectuales, que no pueden ejecutarse sin largas y profundas meditaciones».[153] Por otra parte, si pretendiera adquirir conocimientos de filosofía, de ciencias o de arte, resultaría «pedante y ridícula»[154] y se causaría su propia desgracia, dado que «todas aquellas tan delicadas relaciones, que forman el embeleso y aseguran la felicidad de la mujer no existen ya entonces; al querer extender ella su imperio, lo destruye».[155] Si sale de su hogar, dejaría de seducir a los hombres, pues a estos no les produciría «gran placer» verla ejercer un empleo público.[156] Pierre Cabanis coincide con Jean-Jacques Rousseau, quien duda de que las mujeres sean «capaces de un sólido razonamiento»: «La educación de las mujeres debe estar en relación con la de los hombres. Agradarles, serles útiles, hacerse amar y honrar de ellos, educarlos cuando niños, cuidarlos cuando mayores, aconsejarlos, consolarlos y hacerles grata y suave la vida son las obligaciones de las mujeres en todos los tiempos, y esto es lo que desde su niñez se les debe enseñar».[157]

Teóricos y políticos repetirán este tópico a lo largo de todo el siglo XIX. Pierre-Joseph Proudhon declara que la mujer es un ser pasivo incapaz de generar ideas: «No sabe abstraer. Es capaz hasta cierto punto de captar una verdad, pero no está dotada de ninguna iniciativa».[158] Según Proudhon, ello se debe a la maternidad: «La mujer está tan comprometida en las cargas de la sexualidad, que apenas le queda tiempo para el trabajo productivo.

[...] La mujer, debido a su debilidad orgánica y al estado interesante en que de modo inevitable se encontrará, por poco que el hombre se preste a ello, está fatal y jurídicamente excluida de toda dirección política, administrativa, doctrinal e industrial».[159]

Durante la segunda mitad del siglo XIX, la inferioridad de las mujeres, que se da por sentada, se convertirá para muchos científicos en una prueba de la teoría de la selección natural elaborada por Charles Darwin.[160] El determinismo biológico, reforzado por la teoría de la evolución, se impondrá y perdurará más de un siglo.

Cuando Charles Darwin, siguiendo en esto los estereotipos de su época, postula que el hombre difiere de la mujer en tamaño, fuerza corporal e inteligencia,[161] y que es más valiente, más belicoso, más enérgico y más inventivo,[162] lo hace aduciendo razones evolutivas e históricas. Por un lado, las facultades de la mujer «parecen ser parte de su desgraciada herencia natural», algunas (la intuición, la percepción rápida y tal vez la imitación) «son caracteres de las razas inferiores y, en consecuencia, pudieron existir en un estado de civilización inferior».[163] Por el otro, la presencia únicamente en el hombre de caracteres considerados superiores se debería a «la herencia de algún antepasado macho que, como los simios antropomorfos actuales, poseía esos caracteres», y a las pruebas que tuvo que superar a lo largo del tiempo para sobrevivir: «Esos caracteres debieron conservarse y hasta aumentar durante los largos periodos en que el hombre estaba aún sumido en un estado de barbarie profunda; pues los individuos más fuertes y más osados debieron tener más éxito tanto en la lucha general por la existencia, como en la posesión de las hembras, y debieron legar el mayor número de descendientes».[164] Y precisa: «Ahora bien, la fuerza y el tamaño del cuerpo por sí solos no habrían bastado para vencer si no hubieran ido unidos al valor, la perseverancia y una determinación enérgica. [...] Para evitar al enemigo, para atacar con ventaja, para capturar a los animales salvajes, para inventar y tallar armas, se necesita el concurso de las facultades mentales superiores, es decir, la observación, la razón, la invención o la imaginación. Estas facultades se habrían puesto a prueba continuamente, y habrían sido objeto de una selección durante la edad viril, periodo en que se habrían reforzado por el uso. [...] El hombre acabó, por tanto, siendo superior a la mujer».[165]

Sería un juicio erróneo calificar a Charles Darwin de misógino,[166] porque precisamente él ve en la educación la clave para una futura igualdad.[167] Para Patrick Tort, filósofo e historiador de las ciencias, especialista en las obras de Darwin, el naturalista «está convencido de que las mujeres poseen esa forma originaria y primaria de instinto social (base de los sentimientos morales) que es el amor maternal, [que] lleva a depositar en ellas la esperanza de la futura evolución afectiva y ética de la humanidad».[168]

La teoría de la evolución influirá en toda una generación de biólogos y antropólogos, y también de ideólogos, que retoman, traicionándolas, algunas ideas de Charles Darwin. De modo que todos los científicos de la segunda mitad del siglo XIX, con algunas excepciones, afirmarán que las mujeres y algunas «razas», en concreto la «raza negra», son intelectualmente inferiores.[169] Para el médico estadounidense Samuel Morton (1799-1851) no hay duda de que, siendo la capacidad craneal de las mujeres en todas las «razas» inferior a la de los hombres, ¡son menos inteligentes![170] El problema es que en todos sus estudios omitió relacionar la medida del cerebro con el tamaño del cuerpo. Casi veinte años después de Morton, el médico suizo de origen alemán Carl Vogt (1817-1895), defendiendo también la desigualdad de las «razas» y los sexos, sostiene que las facultades intelectuales del «negro» adulto son equivalentes a las del niño (por su inclinación a los placeres materiales, su inconstancia o sus facultades de imitación), la mujer (por sus instintos filiales) y el anciano (por su apatía) de «raza blanca».[171]

En el proceso de la evolución, las mujeres pasaron a ser «cada vez menos cerebrales, y [cada vez] más emocionales».[172] Entre las declaraciones más excesivas de los científicos del siglo XIX, no podemos dejar de mencionar las de Gustave Le Bon (1841-1931).[173] Para este médico y psicólogo social, el cerebro de las mujeres, incluso el de las que pertenecen a las «razas superiores», «es más parecido en cuanto a tamaño al de los gorilas que al de los cerebros masculinos más desarrollados».[174] Esta inferioridad es tan evidente que nadie puede cuestionarla, y solo vale la pena discutir sobre el grado; por tanto, es inútil pretender instruirlas...[175] Este evolucionista racista se permite escribir: «En los pueblos inferiores o en las capas inferiores de los pueblos superiores, el hombre y la mujer están muy próximos intelectualmente. A medida que los pueblos se civilizan, los sexos tienden a diferenciarse cada vez más. El volumen del cráneo del hombre y de la mujer [...] presenta diferencias que aumentan rápidamente con el grado de civilización. Esas diferencias, débiles en las razas inferiores, se vuelven enormes en las razas superiores. En las razas superiores, los cráneos femeninos apenas están más desarrollados que los de las mujeres muy inferiores. [...] Las mujeres, con muy raras excepciones, representan, pues, las formas más inferiores de la evolución humana y [...] están más cerca de los niños y los salvajes que del hombre adulto y civilizado. Destacan por su inconstancia, inconsistencia, ausencia de pensamiento y de lógica, y por su incapacidad de razonar [...]. Si la mujer moderna recibe la misma instrucción y obtiene los mismos derechos que los hombres, acabará convirtiendo al europeo en un nómada sin hogar ni familia».[176]

Muchos investigadores se rebelan contra la teoría del determinismo biológico, como Émile Durkheim, que escribe: «La división entre hombres y mujeres no es reductible a una diferencia biológica, pues nada en la constitución de uno o del otro sexo hacía necesaria semejante separación».[177] Cincuenta y dos años más tarde, Simone de Beauvoir sostiene que la mujer está alienada por la cultura masculina dominante: «Ningún destino biológico, psíquico, económico, define la imagen que reviste en el seno de la sociedad la hembra humana; el conjunto de la civilización elabora este producto intermedio entre el macho y el castrado que se suele calificar de femenino».[178]

A partir de la década de 1970, antropólogos y sociólogos, especialmente los anglosajones, opondrán a la tesis del determinismo biológico el concepto de *género*, término que, a diferencia de *sexo*, no tiene una connotación biológica sino cultural.[179] Para quienes defienden esta tesis, lo que asigna un sentido a las diferencias sexuales es la construcción social.[180] Los psicoanalistas también rechazan el principio de una identidad sexual biológicamente determinada.[181] Para Sigmund Freud[182] y sus discípulos, dado que la sexualidad está tan ligada a una representación social, mental o subjetiva como a una diferencia anatómica, la distinción de sexos no existe en el inconsciente, y ninguna persona es específicamente masculina o femenina.[183] Es lo que sostienen también en la década de 2000 numerosos neurobiólogos. Para Catherine Vidal, no hay determinismo biológico,[184] sino que las diferencias de conducta entre niños y niñas se explican por la educación sexuada que reciben de los padres.[185] Sin embargo, aún hoy algunos biólogos rechazan esta tesis y consideran que la biología desempeña un papel importante en la determinación de las conductas masculinas y femeninas.[186] Aunque el debate sigue abierto, es evidente que el determinismo biológico es una teoría más ideológica que científica, ya que se basa en cierto número de errores.[187] En cualquier caso, resulta vano querer oponer lo innato y lo adquirido.

Subordinadas

> En la infancia la mujer debe ser dependiente de su padre, en la juventud, de su esposo, (y) si su marido ha muerto, de sus hijos; nunca ha de gozar de independencia.
>
> *Las leyes de Manu*, libro V, versículos 147-149

Si analizamos los textos antiguos y sagrados, los relatos místicos, las obras científicas, las imágenes transmitidas por el arte, la literatura y la historia de las ideas..., veremos la magnitud y la constancia del desprecio y de la violencia que han sufrido las mujeres en el curso de ese relato común. Hoy el contenido escandaloso de estos escritos podría hacernos sonreír si no hallara un eco en la continua invisibilidad de las figuras femeninas y si ese corsé se hubiera aflojado del todo.

Como exhorta san Pablo, la sumisión de la mujer al hombre es la más importante cualidad requerida,[188] es un mandato divino.[189] Son muchas las prohibiciones que afectan a la mujer en la vida social, como enseñar o hablar en las asambleas,[190] y también en la vida doméstica: la esposa puede ser repudiada si no da satisfacción[191] y no puede heredar de su marido.[192] Los textos sagrados de otras religiones también imponen a las mujeres una sumisión total. Han de obedecer a los hombres so pena de castigos, como estipula este versículo del Corán: «Los hombres tienen autoridad sobre las mujeres en virtud de la preferencia que Alá ha dado a unos más que a otros y de los bienes que gastan. Las mujeres virtuosas son devotas y cuidan, en ausencia de sus maridos, de lo que Alá manda que cuiden. ¡Amonestad a aquellas de quienes temáis que se rebelen, dejadlas solas en el lecho, pegadles! Si os obedecen, no os metáis más con ellas. Alá es excelso, grande».[193]

Aunque en el *Mahābhārata*, libro sagrado hindú que data de los últimos siglos a. C., las mujeres son iguales que los hombres,[194] con la entrada en vigor hacia el año 500 a. C. del código de *Las leyes de Manu*[195] el estatus social de aquellas retrocede. Aunque algunos versos las ensalzan,[196] otros arremeten contra su posición y su libertad y profieren que, cualquiera que sea su edad, nunca han de ser independientes[197] y deben venerar a sus esposos: «Aunque sea censurable la conducta de su marido, aunque se dé a otros amores y esté desprovisto de buenas cualidades, debe la mujer virtuosa reverenciarlo constantemente como a un dios».[198]

Desde la Antigüedad, muchos autores consideraban que las mujeres debían estar bajo la tutela masculina,[199] pues, según Aristóteles, «entre los sexos, puesto que el varón es superior y la mujer es inferior por naturaleza, el varón es el que gobierna y la hembra es el súbdito».[200] Son «eternas menores», según la expresión del filósofo griego, expresión que se repetirá muchas veces a lo largo de los siglos siguientes. Aristóteles tiene una visión jerarquizada de la sociedad. Clasifica al hombre libre por encima de los otros seres humanos, como el esclavo, el niño y por supuesto la mujer,[201] y cree que la relación entre esposos es la de un «gobernante» (el hombre) sobre un «gobernado» (la mujer). La educación de los niños y de las mujeres ha de estar en armonía con la organización política,[202] pues cada uno de los dos sexos tiene tareas bien definidas en el seno de la pareja.[203]

Esta concepción del lugar que ocupan las mujeres es propia de la sociedad ateniense prehelenística, y es diferente en las otras ciudades griegas, sobre todo en Esparta, y también en Roma, donde, a partir del siglo I a. C., la promulgación de las leyes del emperador Augusto debilita la noción de tutela de los hombres sobre las mujeres. Eso no impide que estas sean vilipendiadas por algunos filósofos y poetas romanos. Muchos de los versos del poeta satírico Juvenal[204] no son más que insultos odiosos a las mujeres. Las retrata como seres depravados que, cuando no engañan a sus maridos, los envenenan con su erudición, ¡antes de hacerlo de verdad y conseguir la herencia![205]

En el Occidente medieval, los teólogos cristianos basarán sus argumentaciones en la filosofía griega (de Platón y, sobre todo, de Aristóteles), el derecho romano y la enseñanza de los Padres de la Iglesia,* que se apoyan en las Escrituras, y heredarán así el prejuicio de la inferioridad de las mujeres por orden natural y divino. En la mayoría de sus textos, las mujeres desempeñan un papel menor, tanto en el seno del hogar como en la vida pública, y subalterno, sometidas a su padre y luego a su esposo. Han de ponerse al servicio de los hombres, como sostienen Ireneo de Lyon[206] y san Agustín, quien afirma que es conforme al orden de la naturaleza, pues tienen un cerebro más débil que el de los hombres.[207] Este concepto de la relación hombre-mujer perdurará hasta principios del siglo XV, a veces hasta el exceso, como en el *Commentarius in Decretales Gregorii IX*, donde el jurista italia-

---

* Ambrosio de Milán, Jerónimo de Estridón, Agustín, Gregorio I, Ireneo de Lyon.

no Antonio de Butrio postula que la mujer ha de ser la esclava del hombre: «Es conveniente que la mujer no posea el poder de las llaves, porque no está hecha a la imagen de Dios, pues solo el hombre es la imagen y la gloria de Dios. Por eso la mujer ha de estar sometida al hombre y ser su esclava, y no a la inversa».[208]

La subordinación de las mujeres a sus maridos se refleja en las usanzas de la Iglesia católica a través del derecho canónico,[209] redactado a partir del derecho romano. El estatuto legal de la mujer, que se mantendrá hasta 1916, puede resumirse así: «Según un principio del derecho civil, ninguna mujer puede ejercer un cargo público. Según el derecho canónico también está prohibido a las mujeres ejercer cualquier función u oficio de orden espiritual. Por consiguiente, ninguna mujer puede ser ordenada. Si lo fuera, esta ordenación no tendría ningún carácter sacramental. [...] Ninguna mujer, por santa que sea, puede predicar, ni enseñar. [...] Una mujer está bajo la autoridad de su marido; el marido no está bajo la autoridad de su mujer. El marido puede castigarla. Una mujer está obligada a seguir a su marido dondequiera que decida fijar su residencia. Una mujer ha de mostrar una modestia mayor que un hombre».[210]

En el siglo XX, si bien la religión católica reconoce la igualdad del hombre y la mujer y defiende su idéntica responsabilidad cultural y social, sigue justificando, a menudo invocando a san Pablo, la preeminencia del hombre sobre la mujer, como atestigua este extracto de la alocución a los recién casados pronunciada en 1941 por el papa Pío XII: «La familia que habéis fundado también tiene un jefe, un jefe al que Dios ha investido de autoridad sobre la que se ha entregado a él para ser su compañera, y sobre los hijos» (www.clerus.org). Solo el hombre puede ser ordenado diácono, según recordó el Concilio Vaticano II, celebrado entre el 11 de octubre de 1962 y el 8 de diciembre de 1965. Como señala tan acertadamente la exégeta Annie Jaubert a propósito de los círculos eclesiásticos que convierten algunas frases del apóstol san Pablo en reglas de oro: «Habría que preguntarse ya si la desconfianza tan auténtica de ciertos hombres de Iglesia hacia las mujeres no se ha guarecido bajo el manto de san Pablo».[211]

Es preciso poner a las mujeres bajo la tutela masculina, porque si son autónomas ¡constituyen una amenaza para la sociedad! Esta es la idea que empieza a propagarse en el siglo XV. Hombres, y sobre todo mujeres, en especial las viudas, que practican en los campos el oficio de curanderos serán acusados de «brujería» y perseguidos. Esta persecución, que se inicia tímidamente hacia 1430, es frecuente en el siglo XVI y perdura hasta mediados del siglo XVII. La justicia laica se basará en el *Malleus Maleficarum* ('Martillo de las brujas'),[212] redactado en 1486 por dos inquisidores dominicos, el alsaciano Heinrich Kramer y el suizo Jakob Sprenger. Este libro, financiado por la Inquisición, describe las prácticas de los brujos y los métodos que hay que utilizar para reconocerlos. En él puede leerse en particular que las «brujas» tienen la «vagina insaciable», que en el sabbat celebran orgías y copulan con el diablo, y también que convierten en estériles los campos y los animales, y en impotentes a los hombres (de ahí la expresión «anudar la agujeta»).* Estas descripciones reflejan sin duda las fantasías sexuales de algunos inquisidores. En Europa, esa «caza de brujas» causó decenas de miles de muertos, mayoritariamente mujeres. Hasta el siglo XX, con algunas excepciones,[213] los historiadores, en su mayoría masculinos, adoptaron el punto

---

* «Atar» el vigor sexual del hechizado haciendo uno o varios nudos de muy diversas formas, conocidas tan solo por brujas y hechiceros, de modo que mientras dure la atadura el maleficiado no podrá desempeñar actividad sexual.

de vista de los perseguidores, disculpándolos y desacreditando a sus víctimas, a las que tachaban de locas o alucinadas.[214] La indiferencia que mostraron hacia estas mártires se explicaría en parte por el hecho de que las víctimas eran sobre todo campesinas: «Una indiferencia que rozó la complicidad, ya que la eliminación de las brujas de las páginas de la historia contribuyó a banalizar su eliminación física en la hoguera, dando a entender que se trataba de un fenómeno menor, incluso una cuestión de folclore».[215]

En *La bruja*, Jules Michelet ofrece una interpretación completamente diferente a la de sus colegas del siglo XIX. Según Michelet, la «caza de brujas» sirvió para erradicar viejos mitos paganos, pero también actos de rebelión femeninos frente a las agresiones sufridas.[216] Un siglo más tarde, los movimientos feministas seguirán su ejemplo y hablarán de «caza de la mujer», de aquellas que osaron amenazar la estructura social y «la visión patriarcal de la mujer ideal».[217] Aunque la historiadora británica Alison Rowlands advierte contra los análisis feministas demasiado radicales que, en su opinión, disuadirían a los historiadores masculinos «de trabajar a partir de la útil luz que el feminismo arroja sobre el carácter de género de las acusaciones de brujería, especialmente en relación con el análisis del patriarcado»,[218] es evidente que lo que quería reprimirse era el deseo de independencia de las mujeres.

Los tratados médicos también contribuyeron en gran medida a la exclusión de las mujeres del ámbito político, científico, literario y artístico. Debido a su supuesta debilidad natural, las mujeres necesitan el «apoyo» y la protección que solo los hombres pueden aportarles.[219] Para justificar este argumento, algunos médicos llegarán a escribir que, como las mujeres no son capaces de efectuar largos desplazamientos, están hechas para la vida sedentaria[220] y que, como son más pequeñas que los hombres, ¡necesitan comer menos que ellos![221] Ahora bien, para estos eminentes científicos, no se trata de dominación, pues son las propias mujeres quienes, conscientes de su «naturaleza», han «dejado a los hombres los trabajos externos y los empleos políticos o civiles y se han reservado los trabajos internos de la familia y este dulce imperio doméstico que las hace a la vez respetables y conmovedoras».[222] No obstante, Julien-Joseph Virey se atreve a confesar que «la situación de las mujeres, mantenidas en la incapacidad de acceder a la libertad, garantiza a los hombres libres un potencial de poder de representación».[223]

Las mujeres quedarán limitadas a la esfera doméstica, como atestiguan numerosos libros de éxito. *Le ménagier de Paris*, escrito hacia 1393[224] por un burgués parisino de edad madura para su esposa de quince años, detalla, con numerosas referencias a pasajes bíblicos,[225] las labores domésticas, los deberes sociales y conyugales que corresponden a las jóvenes y las recién casadas:[226] «Una esposa ha de ser humilde y obedecer a su marido; ser curiosa y cuidadosa de la persona de su marido»;[227] «cuidar de la casa con diligencia y perseverancia».[228]

En la *Encyclopédie*, aunque los «saberes» se presentan en forma de alegorías solo femeninas, los diferentes artículos de «Mujer» incluyen pasajes contradictorios. En algunos, las mujeres quedan reducidas a las cualidades supuestamente propias de su sexo,[229] y su capacidad en política y en ciencias, así como su educación, se ponen en entredicho:

> MUJER (Moral): Para las mujeres, la educación es tanto peor cuanto más general es, tanto más descuidada cuanto más útil es. Debemos sorprendernos de que almas tan incultas puedan pro-

ducir tantas virtudes, que no germinen en ellas más vicios. [...] La naturaleza parece haber otorgado a los hombres el derecho de gobernar. Las mujeres han utilizado el arte para liberarse.[230]

En otros artículos, se cuestionan la subordinación al marido y su confinamiento en el hogar, por lo general admitidos:[231]

> MUJER (Derecho natural): Pero aunque el marido y la mujer tengan en el fondo los mismos intereses en su sociedad, es esencial que la autoridad del mando recaiga en uno o en el otro; ahora bien, el derecho positivo de las naciones civilizadas, las leyes y las costumbres de Europa conceden unánime y definitivamente esta autoridad al varón, como a aquel que, estando dotado de una mayor fuerza de la mente y del cuerpo, contribuye más al bien común, en materia de cosas humanas y sagradas; de manera que la mujer ha de estar necesariamente subordinada a su marido y obedecer sus órdenes en todos los asuntos domésticos. Este es el sentimiento de los jurisconsultos antiguos y modernos, y la decisión formal de los legisladores. [...] Por último, las Sagradas Escrituras prescriben a las mujeres que le sean sumisas, como a su dueño. Sin embargo, las razones que se alegan para el poder marital no carecen de objeciones, humanamente hablando; el carácter de esta obra permite que nos atrevamos a decirlo. De entrada parece: primero, que sería difícil demostrar que la autoridad del marido procede de la naturaleza; porque este principio es contrario a la igualdad natural de los hombres; del mero hecho de que uno es apto para mandar, no se deduce que tenga actualmente el derecho de hacerlo; segundo, el hombre no siempre posee más fuerza corporal, sabiduría, inteligencia y capacidad de conducción que la mujer; tercero, como el precepto de las Escrituras se establece en forma de sentencia, indica de manera suficiente que es solo de

derecho positivo. De modo que puede sostenerse que no hay otra subordinación en la sociedad conyugal que la de la ley civil, y por consiguiente nada impide que convenciones particulares no puedan cambiar la ley civil, puesto que la ley natural y la religión no determinan nada en contra. El autor precisa, no obstante, que una mujer que sabe cuál es el precepto de la ley civil, y que pura y simplemente ha contraído matrimonio, por este hecho ya se ha sometido de forma tácita a esta ley civil.[232]

A principios del siglo XIX, la síntesis entre las concepciones de los médicos y las de los filósofos y políticos anuncia la creación de «la ideología sexista». Puesto que su naturaleza hace a las mujeres poco aptas para el estudio de las ciencias, del arte, ¿es necesario que reciban la misma instrucción que los hombres?,[233] se pregunta Pierre Cabanis. «No», responde Cesare Lombroso, que, como muchos hombres de su época, se opondrá a ello, considerando que podría arrancarlas de su hogar y de la maternidad.[234]

¿Hay que educar a las mujeres?

La cuestión de la instrucción de las mujeres, planteada en Occidente desde el siglo XVI, será intensamente debatida durante los cuatro siglos siguientes. La enseñanza de todas las niñas, pobres o ricas, plebeyas o aristócratas, sistemática y equivalente a la de los niños, es muy reciente. A lo largo de los siglos, su educación consistió en un aprendizaje de la virtud y las labores domésticas.

En Occidente, durante la época galorromana, en que la enseñanza a imagen de la escuela helenística estaba reservada a las clases acomodadas, las niñas eran aceptadas en el *Primus Magis-*

ter (primaria) y en el *Grammaticus* (secundaria), pero no en la enseñanza superior, reservada en exclusiva a los chicos. A partir del siglo VI, estas escuelas «antiguas» se transforman progresivamente en escuelas católicas, con lo que se concede a la Iglesia prácticamente el monopolio de la enseñanza. En la Edad Media, la educación de las niñas consistirá básicamente en la enseñanza de los principios de virtud, piedad y urbanidad.[235] A principios del siglo XV, se alzan algunas voces para reclamar la igualdad del derecho a la enseñanza.

En su célebre libro *La ciudad de las damas*, Cristina de Pizán se pregunta: «¿Su mente [de las mujeres] es capaz? Deseo vivamente conocer la respuesta, pues los hombres afirman que las mujeres tienen una débil capacidad intelectual. Ella (Razón) me respondió: "[...] Si fuera costumbre enviar a las niñas a la escuela y enseñarles metódicamente las ciencias, como se hace con los niños, ellas aprenderían y comprenderían las dificultades de todas las artes y de todas las ciencias igual que ellos". [...] Yo, Cristina, después de escuchar el discurso de Razón le contesté en estos términos: "Señora mía, ya veo que pueden citarse muchos casos de mujeres instruidas en las artes y las ciencias, pero ahora os pregunto si conocéis algunas que por intuición, saber, inteligencia o ingenio, hayan inventado algunas nuevas técnicas o ciencias necesarias y provechosas que se desconocían antes". "Puedes estar segura, querida —me contestó—, que muchas ciencias e importantes técnicas han sido descubiertas por la inteligencia y el ingenio femenino, tanto en lo que respecta a la ciencia pura (y ahí están sus escritos) como en el campo de la técnica, como lo prueban algunas invenciones y profesiones manuales"».[236]

La educación religiosa de las niñas prosigue en el Renacimiento. En 1523, en *De institutione feminae christianae* ('La instrucción de la mujer cristiana'), el teólogo español Juan Luis Vives recomienda enseñar a leer y escribir a las mujeres nobles, pero partiendo en exclusiva de obras de moral, y defiende que permanezcan en su casa el mayor tiempo posible, a fin de evitar las tentaciones y calumnias que podrían arruinar la reputación de sus familias. Su libro tiene una gran difusión y un éxito considerable en los círculos humanistas europeos. Durante los siglos XVI y XVII, solo las hijas de noble cuna pueden recibir enseñanzas, impartidas principalmente en los conventos, donde se les enseña a leer, a escribir, el catecismo y, más raramente, el latín. Allí aprenden sobre todo las labores domésticas y el catecismo, con objeto de convertirse en buenas esposas y buenas madres, que a su vez transmitirán a sus hijas los valores cristianos. Algunas escuelas elementales, sobre todo en el norte de Francia, abren sus puertas a las hijas de la nobleza pobre y de la pequeña burguesía rural, pero su carácter mixto entra en conflicto con la Iglesia, que las condena, lo que comporta su cierre progresivo a lo largo del siglo XVII. En contra de las ideas vigentes en la época, Fénelon sostendrá que la educación de las niñas es tan importante para el bien público como la de los niños. En *La educación de las niñas* (1687), este hombre de Iglesia afirma que las mujeres necesitan la instrucción, los conocimientos y las habilidades sociales para desempeñar con éxito todos los deberes que les imponen la naturaleza y la sociedad, especialmente la educación de los hijos. En su opinión, las mujeres desempeñan una función civilizadora.

Durante la Ilustración, las hijas de «buena familia» tienen acceso a la escuela primaria, más raramente a la secundaria, y nunca al bachillerato. En 1762, en *Emilio o De la educación* Jean-Jacques Rousseau describe las tareas que se esperan de las mujeres: «La mujer y el hombre están hechos el uno para el otro, pero no es igual la dependencia; los hombres dependen de las mujeres por sus deseos y las mujeres dependen de los hombres por sus deseos y sus necesidades. Nosotros, sin ellas, subsistiríamos mejor que ellas sin nosotros. [...] Por ley natural, las mujeres, tanto por sí como por sus hijos, están a merced de los hombres. [...] De ahí se deduce que a este respecto el sistema de su educación debe ser contrario al nuestro; la opinión es el sepulcro de la virtud para los hombres, y para las mujeres es su trono. [...] De manera que la educación de las mujeres debe estar en relación con la de los hombres. Agradarles, serles útiles, hacerse amar y honrar de ellos, educarlos cuando niños, cuidarlos cuando mayores, aconsejarlos, consolarlos y hacerles grata y suave la vida son las obligaciones de las mujeres en todos los tiempos, y esto es lo que desde su niñez se les debe enseñar».

Pese a la lucha de algunos diputados por lograr la igualdad entre ambos sexos, el periodo revolucionario aporta pocos cambios respecto al derecho a la misma instrucción de niñas y niños. El Código civil napoleónico, promulgado en 1804, despoja a las mujeres de los pocos derechos adquiridos durante la Revolución. Las niñas se verán excluidas de la educación secundaria, excepto las niñas pobres o huérfanas de guerra cuyos padres, abuelos o bisabuelos hubieran recibido la Legión de Honor.* Germaine de Staël denuncia esta injusticia en muchas de sus novelas.[237] Para esta filósofa, las «mujeres inteligentes» también son víctimas de las obligaciones sociales y del sistema patriarcal: «El hombre de talento puede llegar a ser un hombre poderoso, y en este sentido los envidiosos y los necios lo tratan con indulgencia; pero una mujer ingeniosa solo les ofrecerá lo que menos les interesa, ideas nuevas o sentimientos elevados: su fama no es más que un

---

* Se las acoge en las casas de educación de la Legión de Honor creadas por Napoleón I, decreto del 15 de diciembre de 1805.

ruido molesto para ellos. Hasta la gloria puede serle reprochada a una mujer, porque hay un contraste entre la gloria y su destino natural. [...] Los hombres ingeniosos, sorprendidos de encontrar rivales entre las mujeres, no saben juzgarlas ni con la generosidad de un adversario, ni con la indulgencia de un protector; y en este combate nuevo, no observan ni las leyes de honor ni las de la bondad. [...] Y eso no es todo: la opinión parece liberar a los hombres de cualquier obligación hacia una mujer a la que se le reconoce una inteligencia superior: se puede ser ingrato, pérfido, malvado con ella, sin que la opinión se encargue de vengarla. ¿Acaso no es una mujer extraordinaria? Pues ya está todo dicho; se la abandona a su suerte, se la deja luchar con el dolor».[238]

Sus palabras no hallan eco alguno. Un año después de la aparición de este ensayo, el periodista revolucionario Sylvain Maréchal, aunque sea defensor de las ideas progresistas, no duda en proponer un proyecto de ley que detalla, en nombre de la «Razón», *Los graves inconvenientes que resultan para los dos sexos del hecho de que las mujeres sepan leer*: en nombre de la Razón, no deben «jamás meter las narices en un libro ni la mano en la pluma» (art. 1), sino «sostener la aguja, el huso y la rueca» (art. 2). La Razón quiere «que cada sexo esté en su lugar y se mantenga en él» (art. 3), «que los maridos sean los únicos libros de sus mujeres, libros vivos, donde día y noche aprendan ellas a leer sus destinos» (art. 12), «que solo se permita a las cortesanas ser mujeres de letras, espíritus refinados y virtuosos» (art. 47), «que a las mujeres que se obstinen en hacer libros no se les permita tener hijos» (art. 66) y «declara que una madre de familia no necesita saber leer para criar bien a sus hijas» (art. 22). «Las mujeres han nacido para ser amables y honestas, y no para convertirse en virtuosas y sabias» (art. 11).[239]

La mayoría de los hombres temen, en efecto, que la instrucción conduzca a las niñas a perder las virtudes que las convierten en esposas y madres amantes y abnegadas, incluso por rebelarse contra su familia. Como escribirá más tarde Jules Michelet, para quien «la mujer cultivada y deseada inevitablemente pertenece al hombre»,[240] «siempre se habla del bien que han hecho los salones, pero no de lo que han impedido, de los espíritus que han acallado».[241] Durante todo el siglo XIX, ante las desigualdades vinculadas al sexo en el ámbito de la instrucción, algunas mujeres, apoyadas por algunos hombres, lucharán por el acceso a la misma educación que ellos. Los mayores avances se producirán durante la Segunda República[242] y, sobre todo, en el Segundo Imperio.[243] Sin embargo, aunque las leyes de Duruy (del 10 de abril y 30 de octubre de 1867) obligan a los ayuntamientos de más de quinientos habitantes a crear escuelas primarias y secundarias para niñas, los programas siguen definidos en función de los roles sociales asignados a las mujeres: trabajos del hogar y puericultura.[244] Para poner remedio a la diferencia en la enseñanza entre ambos sexos, Victoire Béra, llamada «André Léo», crea en 1866 la Asociación para la Mejora de la Enseñanza de las Mujeres. A esta novelista se debe una frase que se hará famosa: «Ninguna mujer es una cosa, un receptáculo puro. Moldea a su hijo con sus sentimientos e ideas, igual que con su carne; esclava, solo puede crear esclavos».[245] Para Clémence Royer,[246] la diferencia tan radical en la educación entre los dos sexos impide a las mujeres, debido a que cuentan con un vocabulario muy limitado, «participar en todas las conversaciones y abordar todas las lecturas».[247] Las mujeres encontrarán un defensor de su causa en Jules Ferry, que a partir de 1870 reclama la igualdad de instrucción para ambos sexos.[248] Pero los programas de las chicas siguen difiriendo de los de los chicos, y no las preparan para el bachillerato, sino para un diploma de fin de estudios (título superior).²⁴⁹ El diputado Camille Sée lo detallará el 24 de enero de 1880 ante la Cámara de los Diputados: «Las escuelas que queremos fundar tienen por objetivo no separar a las mujeres de su vocación natural, sino hacerlas más capaces de desempeñar los deberes de esposa, de madre y de ama de casa. No es un prejuicio, es la naturaleza misma la que encierra a la mujer en el círculo de la familia».²⁵⁰

El decreto de 1924 permite por fin a las niñas recibir la misma enseñanza secundaria que los niños,* ¡aunque ellas tienen una asignatura obligatoria de «economía doméstica» y «labores»! Si bien las mujeres ya pueden cursar el bachillerato, en los círculos burgueses de la década de 1920, está mal visto que realicen estudios para ejercer una profesión. Simone de Beauvoir lo explica en *Memorias de una joven formal*: su sitio está en casa y su función es lucir en los salones.

Nacimiento de la ideología sexista

Si bien la filosofía de la Ilustración reivindica cierta concepción de la «naturaleza humana», y ya no divina, el lugar asignado a las mujeres en la sociedad no evoluciona demasiado durante el siglo XVIII. Al contrario, en esa época se desarrollará «la ideología sexista», que alcanzará un gran auge en el siglo siguiente. En la mayoría de los textos de los filósofos aparecen los mismos estereotipos sobre las cualidades supuestamente naturales del sexo femenino, cualidades que determinan su debilidad:²⁵¹ «Las mujeres, en general, no gustan de ningún arte, ni lo conocen y no

---

* De Léon Bérard (1876-1960), entonces ministro de Educación y Bellas Artes.

poseen genio».²⁵² Como puede leerse en la entrada «Sexo» de la *Encyclopédie*, ¿acaso no es «el bello sexo» el epíteto que se aplica a las mujeres?²⁵³

También en el siglo XIX la masculinidad se construye y establece sobre la virilidad, sostenida y respaldada por los discursos médicos. Un hombre ha de ser activo, vigoroso, fuerte, resistente a la fatiga y al sufrimiento, y valiente.²⁵⁴ Esta diferencia de naturaleza entre los sexos justifica el discurso del reparto de tareas en el seno del hogar, de la escuela, de los trabajos del campo, del taller o de la fábrica.

La ciencia positivista del siglo XIX desempeña un papel muy importante en la reagrupación de los individuos en categorías sociales diferentes «por naturaleza», y su jerarquización. En «la escala de los seres humanos», creada por los antropólogos evolucionistas, los «inferiores» han de acercarse a la norma del «civilizado», que es el hombre occidental blanco, adulto y burgués, situado en la cima de «la escala». Para los defensores de esta teoría, la dominación de todos estos «inferiores» no puede ser injusta, ya que es «natural». De modo que, si para acercarse a la norma definida, los otros, como las mujeres, han de ser «civilizados»,²⁵⁵ según la mayoría de los teóricos, sería inútil «intentar ponerle remedio mediante transformaciones sociales o políticas educativas»,²⁵⁶ ya que este estado de inferioridad se considera definitivo e irreversible. Muchos políticos se basarán en sus escritos para legitimar su rechazo a conceder a las mujeres los mismos derechos. A fin de mantener su poder sobre ellas, se apresuraron a prohibirles participar en la vida pública, con el pretexto, entre otros, de que son, en opinión del diputado André Amar, «poco capaces de meditaciones elevadas y concepciones serias».²⁵⁷ En realidad, el motivo principal es que «abandonarían el cuidado del hogar».²⁵⁸

En el siglo XIX, aunque las mujeres secundan el ascenso de los movimientos socialistas, la mayoría de sus líderes masculinos rechazan las reivindicaciones de igualdad entre los sexos. Por ejemplo, Pierre-Joseph Proudhon, al que hemos citado muchas veces por sus opiniones tan reaccionarias sobre las mujeres, en especial sobre las mujeres libres.[259] Ferviente enemigo de su emancipación, insta a mantenerlas en el hogar, pues «la mujer, por naturaleza y por destino, no es ni miembro, ni ciudadana ni funcionario público».[260] Llega incluso a proponer su «reclusión».[261] Los prejuicios contra las mujeres siguen presentes en las obras de numerosos intelectuales, como el filósofo alemán Arthur Schopenhauer (1788-1860), uno de los más antifeministas de su tiempo: «El solo aspecto de la mujer revela ya que no está destinada ni a las grandes empresas de la inteligencia ni a las grandes empresas materiales [...]. Lo que hace a las mujeres particularmente aptas para cuidarnos y educarnos en la primera infancia es que ellas mismas continúan siendo pueriles, fútiles y limitadas de inteligencia. Durante toda su vida siguen siendo niños grandes, una especie de intermedio entre el niño y el hombre. [...] La débil razón de la mujer no participa de esas ventajas ni de esos inconvenientes. Padece miopía intelectual que, por una especie de intuición, le permite ver de un modo penetrante las cosas cercanas; pero su horizonte es muy limitado y se le escapan las cosas lejanas».[262]

Citando a Jean-Jacques Rousseau y al poeta inglés Lord Byron (1788-1824),[263] Arthur Schopenhauer escribe: «En el fondo, este sexo feo no posee el sentimiento de lo bello. Si afectan amar las artes, es tan solo por el deseo de complacer». Muchos escritores, como el dramaturgo sueco Johan August Strindberg* (1849-1912) y Octave Mirbeau (1848-1917), aunque defensores de los oprimidos, también justificarán la dominación masculina. La misoginia de Octave Mirbeau, que raya en la ginecofobia, según la expresión de Léon Daudet,[264] se trasluce en una crónica dedicada a la periodista libertaria Séverine,[265] que pretende ser elogiosa, pero en la que afloran sus prejuicios sexistas: «Séverine ha sido, tal vez, la única mujer de letras que, rompiendo las cadenas que la naturaleza ha impuesto al espíritu de la mujer, se ha elevado a la cima de la idea general. La mujer, ser de emoción nerviosa y de piedad inconsciente, encerrada generalmente en una especie de particularismo intelectual y moral, halla en el hecho particular un elemento suficiente para las necesidades de su espíritu, un campo lo bastante vasto para las expansiones de su corazón».[266]

En 1879, la obra *Casa de muñecas*, del dramaturgo noruego Henrik Ibsen, choca con la moral y enardece a buena parte de Europa. Sensibilizado por *El sometimiento de la mujer* (1869), del filósofo y economista británico John Stuart Mill, Ibsen defiende a las mujeres que quieren liberarse del yugo familiar: «Una mujer no puede ser ella misma en la sociedad contemporánea, es una sociedad de hombres con leyes escritas por los hombres, y los consejeros y jueces evalúan la conducta femenina desde un punto de vista masculino».[267] Frente al conformismo social de Noruega y la austeridad moral de sus contemporáneos, Henrik Ibsen, a través del personaje de Nora, esposa de banquero que abandona el do-

---

* Este gran admirador de Jean-Jacques Rousseau y antifeminista notorio escribe en 1895 *Sobre la inferioridad de las mujeres respecto al hombre y la justificación de su subordinación*, panfleto odioso y lleno de vaguedades. Strindberg se basa en datos seudocientíficos, especialmente de los médicos Cesare Lombroso y Franz Pruner-Bey, racistas y antievolucionistas.

micilio conyugal,* denuncia la dependencia de otro, la subordinación económica, moral y afectiva que conduce a la sumisión.

En el ámbito de la antropología, la ideología sexista perdura hasta mediados del siglo XX. En la década de 1980 la denuncian muchas antropólogas estadounidenses,[268] que cuestionan el androcentrismo del pensamiento antropológico[269] y rebaten la legitimidad de la dominación masculina basada en una concepción naturalista de las mujeres. Sus trabajos tratan sobre todo de las condiciones de aparición de la desigualdad entre los sexos según los contextos sociohistóricos: cambios de modos de producción, aparición de las élites y de las clases... Casi cien años después de los trabajos de Friedrich Engels,† que analizaba el sometimiento de las mujeres desde el punto de vista de las relaciones sociales propias de una época determinada y que podían variar a lo largo de la historia, reafirman la idea de la existencia en ciertas sociedades, sobre todo en las de los cazadores-recolectores, de una igualdad entre las mujeres y los hombres.[270]

---

* Inspirado en su amiga la novelista Laura Kieler.
† En las sociedades primitivas, la mujer tiene una situación no solo libre, sino muy considerada.

3

Las mujeres prehistóricas a la luz de los nuevos descubrimientos y de la arqueología de género

Antes de la Primera Guerra Mundial no hay ninguna prehistoriadora.[1] *Hasta la década de 1950, la arqueología, como muchas otras disciplinas de investigación, cuenta con muy pocas mujeres,*[2] *y son escasas las que obtienen una plaza en universidades de prestigio.** *Como ocurre en la antropología, se alzan voces, principalmente femeninas, para denunciar el androcentrismo de la disciplina.*[3] *Este movimiento, conocido como «arqueología de género» y «arqueología feminista», analiza las relaciones humanas en las sociedades del pasado, en especial las relaciones de poder entre los se-*

---

* Entre ellas, las británicas Dorothy Bate y Dorothy Garrod. La paleontóloga Dorothy Bate, pionera en la reconstrucción de los climas a partir del estudio de los mamíferos fósiles, fue la primera mujer que obtuvo una cátedra de la Universidad de Cambridge, en 1937. Dorothy Garrod obtuvo, en 1939, la cátedra de arqueología de la Universidad de Cambridge, sobre todo por sus trabajos sobre el Paleolítico en Oriente Próximo. Ambas realizaron excavaciones en Palestina en la década de 1920. En 1937, publican conjuntamente una obra que hará época: *The Stone Age of Mont Carmel*, vol. I, 2.ª parte: *Paleontology, the Fossil Fauna of the Wady el-Mughara Cave*.

xos. *La reflexión que plantea permite identificar los mecanismos dominantes en la interpretación de los datos arqueológicos: el papel de la mujer, su estatus y sus conductas, y también que el mobiliario arqueológico y el arte prehistórico se analizan recurriendo de forma sistemática al esencialismo, sobre todo a través del prisma de la mirada masculina. La arqueología de género revolucionará los códigos.*

El concepto nace a mediados de la década de 1970[4] en Noruega, gracias a los trabajos de la arqueóloga Liv Dommasnes.[5] La arqueología de género se desarrolla durante el decenio siguiente, liderada por las arqueólogas estadounidenses Margaret Conkey, Janet Spector y Joan Gero.[6] Estas investigadoras denuncian al mismo tiempo una realidad —la escasez de mujeres arqueólogas en el trabajo de campo, ya que se las anima a trabajar en el laboratorio—,[7] un sistema de representación —la imagen viril del arqueólogo, «cowboy de la ciencia»—[8] y la orientación de las investigaciones, dirigidas prioritariamente a la división sexuada del trabajo, donde las actividades supuestamente más valoradas (producción de instrumentos y de armas, caza y guerra) se atribuyen a los hombres.

Los defensores de esta corriente, para quienes el género es una construcción social que varía según las épocas y las culturas,* critican, por una parte, la aplicación de las normas occidentales modernas elaboradas en torno a los valores masculinos a sociedades del pasado y, por la otra, las interpretaciones realiza-

---

* El *sexo* no es un concepto intercultural, de modo que el definido por los arqueólogos occidentales no puede aplicarse a todas las culturas. Algunos trabajos de campo han cuestionado la dicotomía masculino-femenino, ampliando las categorías para incluir un tercer o un cuarto género en varias sociedades no occidentales.

das desde la perspectiva del determinismo biológico,* sobre todo la que concierne al reparto de las tareas.⁹ Para sus detractores, el sexo está determinado biológicamente,¹⁰ y este movimiento se considera una ideología cuyo objeto es la «deconstrucción» de los fundamentos de la sociedad tradicional. «Parte necesaria e integradora de todas las otras arqueologías»,¹¹ según el arqueólogo canadiense Bruce Trigger, «la arqueología de género» supone una importante contribución a la disciplina, pues establece que es posible conocer, al menos en parte, la función y el estatus de las mujeres en las sociedades antiguas. Este es el objeto de los recientes trabajos de las arqueólogas Anne Augereau,¹² Chloé Belard¹³ y Caroline Trémeaud.¹⁴

Las mujeres en el Paleolítico

Salvo raras excepciones, las mujeres prehistóricas no aparecen en los debates hasta el descubrimiento de Lucy† en 1974, la «abuela» de la humanidad, como la llama el paleoantropólogo Yves Coppens, y el nacimiento, en la década de 1980, de la hipótesis de la «Eva africana», propuesta por genetistas estadounidenses.

Hasta finales del siglo XVIII, la gran mayoría de los estudiosos sostenían que todos los tipos humanos tienen el mismo origen y que, por tanto, existe una sola cuna de la humanidad situada en

---

* Además, la determinación del sexo de un esqueleto fósil no siempre es posible y si se atribuye arbitrariamente, *a posteriori* como en ciertas publicaciones, distorsiona las interpretaciones.

† Un esqueleto casi completo de *Australopithecus afarensis*, descubierto en el yacimiento de Hadar, en Etiopía, por un equipo internacional. Tiene unos 3,18 millones de años.

una región limitada, ya sea de África o de Asia. Esta tesis del monogenismo coincide con las Escrituras porque, según la Biblia, todos los humanos son descendientes de un solo hombre (Adán) y de una sola mujer (Eva), creados por Dios. En la década de 2000, algunos investigadores[15] intentan identificar ancestros comunes a toda la humanidad estudiando el ADN mitocondrial (ADNmt), transmitido únicamente por la madre. Constatan que en los humanos actuales todos los ADNmt parecen tener un origen común.* Es cuando nace la teoría de la «Eva mitocondrial», que habría vivido hace unos 150.000 años† en el África subsahariana, de ahí el sobrenombre de «Eva africana», y habría tenido siete «hijas», de las que descenderían todas las mujeres actuales.‡ Esta teoría, que coincide con la visión «adámica» de la evolución —es el retorno de la Eva bíblica—, hoy en día está descartada.§

Para intentar encontrar el lugar real, y no imaginario o supuesto, que ocupaban las mujeres en las sociedades prehistóricas, los arqueólogos solo pueden basarse en los restos exhumados en las excavaciones, sobre todo los esqueletos descubiertos, y las

---

* Según la filogenia, estudio de la relación de parentesco entre poblaciones o especies.

† Según los cálculos de la velocidad de mutación en este ADNmt. Conforme a la hipótesis del reloj molecular, las mutaciones se acumularían en un genoma a una velocidad globalmente proporcional al tiempo geológico.

‡ Por otra parte, algunas investigaciones sobre el cromosoma Y (ADN nuclear) habrían permitido identificar un antepasado masculino común a todos los hombres modernos. Este «Adán», como ha sido llamado, habría vivido también en África, pero ¡hace solo 39.000 años!

§ Actualmente, el fósil más antiguo de *Homo sapiens* data de hace unos 300.000 años y fue descubierto en Marruecos. La gran diversidad de ADNmt observado en los genomas de los africanos actuales confirmaría la hipótesis de un origen único y africano de *Homo sapiens* (Andrea Manica *et al.*, «The effect of ancient population bottlenecks on human phenotypic variation», en *Nature*).

«imágenes» que esos humanos nos han dejado, en especial las representaciones femeninas realizadas por los «artistas» (aunque este término es muy moderno y muchas de estas figuraciones posean probablemente un carácter más bien sociocultural o simbólico) del Paleolítico superior,* los sapiens.

El cuerpo femenino al desnudo

Seres humanos o su sexo (vulvas y falos) fueron pintados, grabados o esculpidos en las paredes de cuevas, rocas o soportes móviles —huesos, astas de ciervos o piedras—.[16] Las representaciones femeninas, descubiertas en más de noventa yacimientos en toda Europa y en Siberia,[17] son las más numerosas, entre el 80 y el 90 por ciento según el soporte (parietal o móvil). Estas siluetas pintadas o grabadas, estas vulvas y estas estatuillas en bulto redondo han propiciado que los investigadores dieran rienda suelta a su fértil imaginación. Las estatuillas han recibido a menudo la denominación de «Venus», nombre de la diosa del amor, de la seducción y de la belleza femenina en la mitología romana.[18]

Desde el reconocimiento del arte paleolítico, primero mobiliar y luego parietal, a finales del siglo XIX y principios del XX res-

---

* En Europa, el Paleolítico superior, que empieza hace aproximadamente 43.000 años y acaba hace unos 10.000, se caracteriza por la sustitución de los neandertales por los hombres anatómicamente modernos (*Homo sapiens*) llegados de África, la diversificación de las culturas (en Europa occidental: el Chatelperroniense, el Uluzziense, el Auriñaciense, el Solutrense, el Graveriense, el Magdaleniense), el desarrollo de herramientas, armas —de hueso, de asta de ciervo y de marfil de mamut— y adornos y la aparición del arte figurativo mobiliar y parietal.

pectivamente, las obras prehistóricas han sido interpretadas tomando como referencia nuestras miradas de humanos modernos y occidentales. Muchos autores se han preguntado por su naturaleza y su sentido, y han dado interpretaciones culturales o de culto. A principios de la década de 1960, los prehistoriadores Annette Laming-Emperaire[19] y André Leroi-Gourhan aportaron una visión estructuralista del arte parietal. La observación de las asociaciones de animales y signos en la cueva de Lascaux (Dordoña) los llevó a desarrollar una tesis sobre la existencia de una organización del espacio gráfico[20] basada en la dualidad masculino-femenino, que se encarna en una pareja central, a menudo «bisonte o caballo-uro»,[21] asociada a signos abstractos, que simbolizarían lo femenino (los signos plenos)* o lo masculino (los signos delgados).† Si para Annette Laming-Emperaire, el bisonte es un principio macho y el caballo un principio hembra, para André Leroi-Gourhan es al revés. Según este gran especialista del arte paleolítico, que el uro, antepasado del toro en potencia genésica, se asocie al símbolo femenino y, por tanto, a valores maternales, podría sugerir que estos humanos no habían descubierto el papel y la función del hombre en la reproducción. Esta hipótesis explicaría la relativa escasez de representaciones masculinas (siluetas y falos) antes del Magdaleniense medio.‡ No obstante, si bien el animal asociado con más frecuencia a la imagen vulvar es el caballo,[22] muchas siluetas femeninas se asocian al bisonte,[23] como la mayoría de las siluetas masculinas. Esta divergencia puede reflejar la diversidad de las cosmogonías

---

* Vulva esquematizada.

† Falo esquematizado.

‡ Cultura del Paleolítico superior en Europa, fechada entre hace 13.000 y 11.500 años a. C.

en estas sociedades del Paleolítico superior. A finales de la década de 1980, los trabajos del ginecólogo y antropólogo Jean-Pierre Duhard aportan una interpretación más realista de las representaciones antropomorfas, basada en la anatomía y la fisiología.[24]

La primera estatuilla femenina, la *Venus impúdica*, fue descubierta en 1864 por el marqués de Vibraye, en el yacimiento arqueológico de Laugerie-Basse (Dordoña). A este hallazgo le seguirán muchos otros,[25] como la célebre *Dama de la capucha*, exhumada por Édouard Piette en 1894, en Brassempouy (Landas), y la *Venus de Lespugue* (Alto Garona), descubierta en 1922 por René de Saint-Périer. Fechada entre hace 31.000 y 35.000 años, la *Venus* en marfil de mamut de Hohle Fels (Alemania) es en la actualidad la más antigua.[26] Estas estatuillas, más de 250, fueron esculpidas en diferentes materiales —hueso, marfil de mamut, piedra (esteatita, calcita, piedra caliza) o terracota—. Aunque poseen muchos rasgos en común,[27] dimensiones modestas comprendidas entre 4 y 25 centímetros, se observa una gran diferencia en los detalles según la cultura a que pertenecen.* Aunque existen algunas esbeltas con senos sin ptosis,[28] la mayoría presenta atributos sexuales marcados (senos, a menudo caídos, nalgas redondeadas, vulva), la parte superior de los muslos y el vientre adiposos y el resto del cuerpo esbozado (en menor grado las piernas). Raramente se representan los rasgos del rostro, con algunas excepciones, como la *Dama de Brassempouy* o la «cabeza» de Dolní Věstonice (República Checa). Por el número de estatuillas femeninas descubiertas, en marfil de mamut o en piedra caliza, el ya-

---

* Más realistas en el Gravetiense, se vuelven menos figurativas en el Magdaleniense.

cimiento gravetiense* de Kostienski 1-I, en Rusia, es excepcional.[29] Estas estatuillas representan mujeres desnudas, a veces vestidas —bandas grabadas que cubren la cintura, los pechos, las muñecas, los tobillos— de pie o con mayor frecuencia arrodilladas y de cuerpo entero o parcial.[30] La originalidad de este yacimiento reside en la abundancia de partes de cuerpos —cabezas, torsos, vientres, a veces fusionados con los muslos o las piernas, caderas, piernas— que no corresponden a fragmentos de estatuillas rotas, sino a una realización voluntaria de los escultores/as.[31] Aunque es difícil afirmar que todas las estatuillas tuvieran un carácter religioso,[32] cabe considerar la hipótesis de que los fragmentos de cuerpos eran utilizados en rituales destinados a reunir lo que está esparcido a fin de «reconstruir» un cuerpo entero.

La interpretación de estas estatuillas, esculpidas durante más de 25.000 años[33] por diferentes sociedades del Paleolítico superior repartidas por un vasto territorio, desde Inglaterra hasta Siberia,[34] no puede ser global. Su función y su significado probablemente variaron a lo largo del tiempo y según el espacio. Algunas son exuberantes, otras longilíneas y sin atributos femeninos exagerados. Aunque casi siempre están desnudas, muchas llevan ropa, una especie de anorak, como las descubiertas en Mal'ta (Siberia), o adornos corporales, como las figurillas de Kostienski. Estas estatuillas, que fueron descubiertas junto con otros restos arqueológicos en los hábitats,[35] a veces plantadas en el suelo,[36] y más rara vez en tumbas, estaban más expuestas que ocultas.

* Cultura del Paleolítico superior desarrollada en toda Europa por los primeros *Homo sapiens* entre los años 29.000 y 20.000 a. C., con variantes regionales y temporales.

Algunas presentan un agujero de suspensión a la altura del cuello[37] o en el extremo de los miembros inferiores, incluso un anillo de suspensión.[38] Teniendo en cuenta las huellas del desgaste, fueron llevadas y se pueden equiparar a colgantes o amuletos protectores.[39] Otras figurillas, supuestamente femeninas, muy esquemáticas y de sexo difícil de precisar, se han interpretado como «juguetes».[40]

Las formas generosas y la supuesta esteatopigia* de ciertas venus han llevado a los prehistoriadores y antropólogos, como el especialista en arte mobiliar paleolítico Édouard Piette, a asimilarlas a las de las mujeres san (*bushmen*) y hotentotes de África austral.[41] A principios del siglo XX, la *Venus del cuerno* de Laussel posee, según muchos investigadores, todas las características físicas de una «negroide», de una hotentote, etnia que entonces se consideraba perteneciente a una «raza inferior». La historia de la desgraciada Saartjie Baartman, la tristemente célebre «Venus hotentote»,[42] ilustra esta concepción de la mujer negra. Los científicos de la década de 1810 la asimilan a un simio, ¡evocando su rostro de orangután y sus posaderas de mujer mandril! Nacida esclava, esta joisán originaria de la colonia holandesa del cabo de Buena Esperanza, en África austral, llega a Londres en 1810, en compañía de su dueño, Hendrick Caezar. Como posee un físico original para los occidentales —una acumulación de grasa sobre las nalgas y la parte superior de los muslos—, este granjero bóer, tras haber intentado venderla al Liverpool Museum, la exhibe en una jaula en Piccadilly Street,

---

* Caracterizada por la acumulación de grasa en la zona de las nalgas y la parte superior de los muslos. Jean-Pierre Duhard rechaza este término, pues la adiposidad varía con la edad y el número de embarazos.

que entonces era un barrio de espectáculos y exposiciones de «curiosidades». Convertida en animal de feria, atrae a la multitud, que se amontona para verla y tocarla. En 1814, tras haberla exhibido en muchas ciudades del norte de Inglaterra y de Irlanda, Caezar decide llevarla a París. Saartjie «frecuenta» los salones de la alta sociedad, que gusta de lo exótico. También suscita el interés de los científicos del Museo de Historia Natural. En marzo de 1815, muchos de ellos, entre otros el célebre anatomista Georges Cuvier, la someten a exámenes minuciosos, la dibujan y escriben numerosos artículos sobre ella. En esos reconocimientos descubren que su sexo presenta una elongación de los labios inferiores, el famoso «delantal hotentote», ya mencionado por muchos viajeros naturalistas. Tras su muerte, acaecida el 29 de diciembre de 1815, se hace un vaciado en yeso del cuerpo de la desgraciada Saartjie y luego la diseca Georges Cuvier, que reconstruye su esqueleto hueso a hueso. Su cerebro y sus órganos genitales son depositados en tarros de formol. Su esqueleto y el molde de su cuerpo se expondrán en el Museo del Hombre hasta 1974 y luego se relegarán a un almacén.[43] Según muchos autores, la razón principal del entusiasmo por esta hotentote se debería al hiperdesarrollo de sus atributos sexuales (relacionado entonces con la bestialidad), combinado con su pertenencia a una «raza» considerada en la época «la inferior de las inferiores».

El interés por los pueblos de África austral es anterior al caso Baartman. Entre 1800 y 1804, el marino naturalista Nicolas Baudin organiza una expedición a las tierras australes, en la que participa el zoólogo François Péron, que pretende, entre otras cosas, establecer la veracidad de la existencia del «delantal hotentote». Durante su estancia en Sudáfrica, se le permite observarlo con detalle, y Péron hace una descripción detallada, acompañada de dibujos, y lo atribuye en exclusiva a las mujeres san y no a las hotentote.[44] Tras la disección del cuerpo de Saartjie, Georges Cuvier ratificará sus afirmaciones y la clasificará definitivamente en la categoría de las «razas inferiores».[45] A lo largo del siglo XIX, en Francia, Inglaterra y Alemania, este atributo sexual femenino hará correr ríos de tinta y será uno de los criterios usados en los debates sobre las «razas» y su jerarquización, que tienen lugar durante la segunda mitad de ese siglo.

No solo en la estatuaria son frecuentes las representaciones femeninas. Se esculpieron muchas siluetas de mujeres en bajorrelieve en bloques rocosos y sobre todo se grabaron en las paredes de cavernas o de abrigos rocosos. Según las regiones y las culturas el grafismo presenta una gran variedad: de frente o de perfil, de pie o sentadas (más raras), con cuerpo esquemático[46] o más completo.[47] Por ejemplo, las que están esculpidas sobre los cinco bloques descubiertos a la entrada de la cueva de La Roche en Lalinde (Dordoña) tienen un busto delgado y un trasero ancho a menudo partido por una raya vertical.[48] La mayor parte de las representaciones femeninas grabadas en las paredes de las cuevas y los abrigos del Périgord están de perfil y carecen de cabeza, brazos y senos, en cambio tienen las caderas y el vientre muy marcados.[49] Aunque la mayoría son mujeres desnudas, hay excepciones; la de la cueva de Gabillou (Dordoña) viste una especie de anorak con capucha. Estas siluetas femeninas están asociadas a figuras de animales, signos geométricos o, con más frecuencia, a otras representaciones humanas enteras o fragmentarias[50] o a imágenes de vulvas.[51]

Mientras que en muchas culturas pasadas o presentes el sexo de la mujer era o es considerado todavía una cosa vergonzosa que hay que ocultar,* los humanos prehistóricos lo representaban con profusión. Aunque en muchas religiones[52] el sexo femenino como objeto de veneración está presente en diversas imágenes o símbolos, durante todo el Paleolítico superior se representa sobre todo la vulva,[53] a menudo aislada, «sinécdoque de la mujer», según el prehistoriador Henri Delporte. Estas imágenes de vulvas, repartidas por todo el territorio europeo (del noroeste de España a Rusia), son muy abundantes en Francia.[54] La forma de las vulvas, oval o triangular, y el estilo gráfico,[55] del más realista al más esquemático (un círculo o un óvalo partido con una raya), varían según las culturas.[56] Aparecen grabadas o esculpidas en bulto redondo[57] sobre soportes móviles en distintos materiales, y también grabadas, punteadas o pintadas[58] en las paredes de cuevas o bloques de caliza,[59] y más raramente modeladas en arcilla.[60] En algunas representaciones especialmente realistas, puede reconocerse la de una muchacha, de una mujer encinta o de una mujer que ha tenido muchos embarazos.[61] Como caso excepcional, en Tito Bustillo (España) parece que se dibujaron pelos en una de las cinco vulvas pintadas en ocre rojo sobre una pared de un corredor situado al fondo de la cueva. Las imágenes de vulvas sobre bloques aparecen a veces en muchas reproducciones sobre una misma cara o sobre caras contiguas, y en ocasiones están casi pegadas a representaciones animales[62] o fálicas.[63] Las que se hallan sobre las paredes, tanto las que son visibles como las que quedan ocultas en el fondo de anfractuosidades,[64] aparecen representadas solas

---

* *Pudendum* (*pudenda* en plural) era el término latino utilizado en medicina o literatura para designar las partes genitales de los dos sexos (*Pudendum virile*, sinónimo de pene, y *Pudendum muliere*, sinónimo de *cunnus* o sexo de la mujer). Es el gerundivo de *pudere*, que significa «causar vergüenza» o «tener vergüenza».

(una o varias)[65] y, más raramente, en medio de un panel con animales[66] o cerca de signos (puntos, por ejemplo) u otros temas antropomorfos.[67]

La desnudez, en la mayoría de los casos, es el aspecto común de las representaciones femeninas paleolíticas. En la imaginería sagrada occidental la desnudez total, asociada al pecado, está prohibida, y la de la mujer, que encarna la «Caída», el «Mal», la «Naturaleza», vedada en los lugares de culto.[68] Lejos de este tabú, los «artistas» del Paleolítico superior representaron no solo el cuerpo desnudo (femenino y masculino), sino también el órgano sexual visible, la vulva y el falo. El hecho de mostrar el sexo probablemente tenía un gran valor social o simbólico. En cuanto a la ausencia de rostro e incluso de cabeza en muchas representaciones, tal vez se deba a una convención estilística, una prohibición, o signifique que la identidad de la persona no tenía ninguna importancia (una especie de arquetipo en el que todo el mundo podía reconocerse) o era desconocida (divinidad). Se observa un cambio importante hace unos 15.000 años (Magdaleniense medio): las siluetas femeninas se vuelven más estilizadas y tienen una actitud más dinámica, aparecen las figuras masculinas y la asociación vulva-falo es un poco más frecuente.[69] Podría ser testimonio de una modificación profunda en la cosmovisión de esos grupos humanos:[70] «La socialización de la sexualidad es manifiesta para los magdalenienses, el yo primordial desaparece ante el cuerpo social»,[71] escribe Denis Vialou, especialista en arte paleolítico. Jean-Pierre Duhard sugiere, por su parte, que la mujer dibujada representa desde entonces la compañera sexual del hombre y se pregunta: «En el Magdaleniense, ¿el tema de la feminidad sustituye al de la fecundidad?».[72]

Nosotros también debemos plantear la cuestión: ¿qué hay que entender en la expresión «el tema de la feminidad»? ¿Se sobreentiende la existencia de cualidades y defectos de género? ¿Acaso no se trata de prejuicios, como escribe la filósofa estadounidense Sandra Harding, pues los juicios sobre el comportamiento femenino, incluso los laudatorios, revelan la mayoría de las veces un sexismo ambivalente, hostil y benévolo a la vez?[73] Henri Delporte afirma que el hombre paleolítico tenía conciencia de la dualidad mujer-madre/mujer-placer y que lo tradujo en esas imágenes.[74] No obstante, esto daría por supuesto que sus autores eran solo masculinos, cosa de la que actualmente no tenemos ninguna prueba.

¿Esta «glorificación del cuerpo femenino», tantas veces sugerida, era el principal objetivo de los «artistas» paleolíticos? Los humanos de ese periodo no otorgaban forzosamente a las venus, las siluetas femeninas y las imágenes de vulvas el sentido que los prehistoriadores les asignan desde finales del siglo XIX.

Dada la variedad de formas y estilos, tanto en el tiempo como en el espacio, los motivos de la realización de estas figuras han de ser forzosamente diversos. Según las culturas y las regiones, sobre pared o sobre soporte móvil, estas múltiples representaciones femeninas pueden pertenecer al mundo profano o al sagrado: ser talismanes o amuletos protectores, figuras de antepasados, reales o míticas, exvotos u ofrendas (en especial las que se han encontrado en tumbas), «juguetes», «retratos» más o menos realistas de mujeres ejecutados por mujeres, o mujeres anheladas (una especie de ideal femenino) o deseadas sexualmente realizadas por hombres, imágenes simbólicas de la sexualidad, de la fecundidad (la madre) o de la fertilidad (la tierra nutricia), o incluso, no podemos excluirlo, de divinidades, cuyos atributos sexuales serían su lenguaje simbólico. Además, algunas estatuillas pudieron darse o intercambiarse, usarse en acontecimientos especiales o rituales. Comoquiera que sea, las imágenes femeninas son con mucho las representaciones antropomorfas más numerosas.* Esta constatación plantea la cuestión del lugar, real y simbólico, que ocupaban las mujeres en el arte paleolítico, pero también en las tradiciones socioculturales de esas sociedades.[75] Algunos investigadores han visto en ello la prueba de que las mujeres tenían un estatus equivalente, incluso superior, al de los hombres, y para otros demuestra la existencia de divinidades femeninas, incluso de una diosa primordial.

Las representaciones de vulvas, de siluetas masculinas a menudo itifálicas,[76] de falos,[77] también en erección, y de escenas de apareamiento han dado lugar a diversas interpretaciones. Para unos serían la expresión de deseos y de prácticas sexuales, o corresponderían incluso a imágenes eróticas dirigidas a los hombres,[78] y evidenciarían una sexualidad desenfrenada en nuestros antepasados.[79] Como carecemos de datos arqueológicos directos, este aspecto de la vida de los humanos prehistóricos sigue siendo poco conocido; sin embargo, puede deducirse en parte de los análisis morfológicos y genéticos de los esqueletos fósiles y, sobre todo, de las representaciones antropomorfas en el arte paleolítico.

---

* Las masculinas son más recientes, al parecer no surgen hasta el Magdaleniense, hace entre 15.000 y 13.000 años, y son mucho más escasas.

Falos y vulvas del arte parietal, ¿una erotización desviada?

A diferencia de otras especies, nosotros no tenemos ni periodo de celo ni signos visibles* del estro,† lo que cambia de forma radical nuestra relación con el sexo, que ya no gira únicamente en torno a la reproducción, sino también al deseo y el placer. Cada sociedad tiene sus ritos. Entre los inuits de Groenlandia, estaba bien visto prestar la mujer propia a un huésped de paso. Los na, pueblo agricultor de origen tibetano de las estribaciones del Himalaya (Yunnan, China), vivían, hasta hace poco, bajo el régimen del *nana sésé* o «visita furtiva»: por la noche, los hombres se introducen en la cama de las mujeres de las casas vecinas.[80] No poseen ninguna palabra para designar al padre ya que, según uno de sus proverbios, «el papel del hombre en la reproducción es como la acción de la lluvia sobre la hierba de los prados: hace crecer, sin más».[81]

En la película *En busca del fuego* (1981), de Jean-Jacques Annaud, la heroína, que procede de un clan más evolucionado, propone a su compañero, más «primitivo», que quería penetrarla en la postura del perro, que adopte otra posición. En efecto, hasta mediados del siglo XX, dado que se consideraba a los humanos prehistóricos poco civilizados, se imaginaba que la postura del coito era la misma que adoptan la mayoría de los animales (*coitus more ferarum*). No obstante, en el arte parietal las escenas de apareamiento son sumamente raras y su interpretación no es unánime. Se puede citar con reservas la escena narrativa de la cueva de Addaura II (Sicilia)[82] y la que está grabada en una de las

---

* Marcas olfativas, combadura acentuada de la espalda, vulva saliente (al estar ocultas por los pelos, las partes genitales femeninas son invisibles).

† En la hembra mamífera, el estro (calor) es el periodo durante el que es fecundable y busca el apareamiento en vistas a la reproducción. La pérdida de los signos visibles del estro a lo largo de la evolución humana no está fechada.

plaquetas de caliza descubiertas en la cueva de La Marche (Vienne).[83] El grabado sobre la gran plaqueta de gres de Enlène (Ariège)[84] parece más convincente: en ella se distingue a un hombre pegado a otro personaje —¿una mujer?— inclinado hacia delante; su postura correspondería a la del perro.[85] Las siluetas femeninas esquemáticas —vistas de perfil, sin cabeza y con el cuerpo (de nalgas muy marcadas y redondeadas) inclinado hacia delante, grabadas en bloques de piedra[86] o en paredes de cuevas—[87] serían, según algunos prehistoriadores, la representación de mujeres ofrecidas a su compañero.* La connotación sexual de algunas obras parietales estribaría en la asociación de siluetas femeninas esquemáticas o de imágenes de vulvas con una silueta masculina,[88] a menudo itifálica, o con un falo.[89]

En el panel central de la «galería de los Animales» de la cueva de Fronsac (Dordoña), un gran falo, de 60 centímetros de longitud, esculpido en relieve, está rodeado de representaciones de animales —un bisonte y cuatro caballos—, de un signo —una parrilla—, de una pequeña silueta femenina esquemática y de dos imágenes de vulvas.[90] También se han descubierto falos esculpidos en marfil de mamut[91] en el extremo de un colgante[92] o en «bastones perforados» en asta de reno.[93] Si algunos eran sin duda elementos de adorno, otros eran tal vez objetos simbólicos utilizados en rituales relacionados con la reproducción, como los que aparecen en los «bastones perforados», que por su forma (fálica) y su supuesta función —enderezador de azagayas—†

---

* De ahí el nombre de «mujeres inclinadas» que se les asignó en las décadas de 1950 y 1960.

† La punta de la azagaya de hueso, a menudo de asta de reno, se introducía previamente calentada en el agujero del bastón y se enderezaba luego por efecto de palanca. La hipótesis de «enderezador de azagaya» fue propuesta por André Leroi-Gourhan en 1965 en *Préhistoire de l'art occidental*.

simbolizarían la penetración. Según algunos especialistas, en el arte parietal existe una analogía de forma, por una parte, entre la vulva y la herida del animal cazado y, por la otra, entre el falo y el arma que perfora (azagaya), lo cual establecería una relación simbólica entre el acto sexual y la caza.[94] Algunas obras más tardías serían una invitación al coito, como el grabado descubierto en el conjunto megalítico-mesolítico* de Göbekli Tepe[95] (Turquía), que representa a una mujer desnuda, con los pechos caídos, en cuclillas, con los brazos y las piernas separados y doblados en ángulo recto. Las dos bandas, en V, que descienden situadas a ambos lados de la vulva han sido interpretadas como la representación de los labios mayores hipertrofiados o la elongación natural de los labios menores.[96]

En opinión de muchos prehistoriadores, estas representaciones, «primeras imágenes eróticas»,[97] servían para «evocar los placeres procurados a la vista y a otros sentidos por el cuerpo femenino».[98] Percibidas como un «ideal deseado» ofrecido al deseo de los hombres,[99] las venus serían «la exteriorización de las necesidades y los deseos de los hombres de esta época».[100] Según estos investigadores, el «estatus» de mujer-objeto (en este caso de pulsiones sexuales) habría existido desde el Paleolítico superior, y esa mirada de los hombres sobre el cuerpo de las mujeres sería la transposición gráfica de una dominación sexual masculina. Cabe observar, no obstante, que la asociación de figuras femeninas y masculinas es rara, y que la postura de los cuerpos nunca es la

---

* Cultura de transición entre el Paleolítico y el Neolítico, que comienza en Europa hacia 9700 a. C., periodo marcado por un calentamiento climático, y termina, en las regiones meridionales, alrededor del año 6400 a. C.

adoptada en un acto sexual, salvo que se considere como tal la posición inclinada hacia delante de las siluetas femeninas.

Si bien no puede excluirse la hipótesis de que algunas de estas representaciones sean la plasmación gráfica de un deseo sexual, estas interpretaciones son más la traducción de los esquemas mentales vigentes en nuestras sociedades que los de los humanos prehistóricos que, probablemente, consideraban el coito un acto natural y tal vez no concedían tanta importancia a la sexualidad como hoy.[101] También puede ser que la percepción de la diferencia de los sexos fuera menos dualista que la nuestra. La *Venus de Lespugue* sería expresión de la conjunción de dos «imágenes» femeninas[102] —cuando se invierte (cabeza abajo) aparece una segunda mujer,[103] y tal vez una forma fálica si se observa de perfil.[104]

Heredada de los antropólogos evolucionistas del siglo XIX,[105] la idea de la existencia en tiempos remotos de relaciones sexuales desinhibidas y sin restricciones sigue vigente. En la «horda primitiva», retomando la expresión de Charles Darwin, todos los miembros del clan habrían mantenido relaciones sexuales entre sí, excepto los padres con los hijos. Si seguimos el esquema evolutivo propuesto por estos antropólogos, a fin de evitar la consanguinidad con el tiempo habrían ido apareciendo otras formas de unión caracterizadas por la exclusión gradual de los parientes, primero los más próximos (hermanos y hermanas), luego los más lejanos (tíos, tías) y, por último, los parientes políticos.[106] De modo que las sociedades habrían ido instaurando progresivamente reglas, incluso prohibiciones, para evitar uniones que habrían conducido a su desaparición en un plazo más o menos largo. Aunque es cierto que la lucha contra la consanguinidad es un elemento común a todas las sociedades humanas actuales, la hipótesis de que, desde los orígenes, las relaciones sexuales estaban codificadas* y que la prohibición del incesto ya se hallaba vigente no está probada desde un punto de vista arqueológico.

En realidad, la consanguinidad existía en el Paleolítico. Los análisis genéticos han demostrado la existencia en las últimas poblaciones neandertales de relaciones entre un tío o una tía y su sobrina o sobrino,[107] o entre dos sobrinos doblemente descendientes de primos hermanos.[108] Esta práctica podría explicarse por el escaso número de individuos que componían esas comunidades, dispersas además sobre un extenso territorio. Según algunos estudios recientes, la endogamia les habría llevado a la desaparición.[109] Eso supone pasar por alto el hecho de que en determinados periodos los neandertales tuvieron relaciones con parejas de poblaciones muy diferentes. Se cruzaron con denisovanos† y con sapiens (nuestros antepasados directos).‡ Aunque está genéticamente comprobado que algunas neandertales mantuvieron relaciones sexuales con hombres sapiens y que tuvieron hijos mestizos, niñas y niños, la unión de mujeres sapiens con neandertales solo dio lugar al nacimiento de niñas (abortos espontáneos en el caso de niños),§ de modo que algunas sociedades del

---

* Estableciendo categorías de personas con quienes se puede o no mantener relaciones sexuales.

† Especie humana descubierta en Siberia, en la cueva de Denisova, y en el Tíbet, cerca de Xiahe, que habría vivido entre hace 160.000 y 41.000 años, y cuyos genes se han encontrado en muchos pueblos actuales de Oceanía y de Asia (cruzamientos con *Homo sapiens*).

‡ A excepción de los africanos, el genoma de todos los humanos modernos contiene entre un 1 y un 4 por ciento de genes neandertales.

§ Atestiguado por la ausencia del ADN del cromosoma sexual Y neandertal en nuestro genoma.

Paleolítico medio y superior* eran exógamas.[110] Esta costumbre tiene consecuencias en la perpetuación de los clanes y también en las relaciones sociales entre comunidades. Con mucha frecuencia por medio de las uniones se forjan las alianzas y se crean solidaridades, lo que evita los conflictos o permite controlar su grado de violencia.[111]

De nuevo según los antropólogos evolucionistas del siglo XIX, hasta el Neolítico no apareció la unión conyugal que, junto a la verdadera madre, habría introducido al verdadero padre (el padre acreditado), fundando así la familia monogámica. Durante ese periodo y para asegurarse la fidelidad de las mujeres y, por consiguiente, la paternidad de los hijos, los hombres habrían instaurado un nuevo sistema, el patriarcado, cuyo efecto principal fue el sometimiento de las mujeres y su confinamiento en el hogar.[112] Siguiendo este esquema evolutivo, el círculo familiar, originariamente muy amplio (cada niño habría tenido muchos padres y madres),[113] se habría reducido cada vez más hasta llegar a la familia nuclear que prevalece en la actualidad. Esta hipótesis evolucionista de la familia ha sido criticada por numerosos investigadores, por ejemplo el demógrafo Emmanuel Todd, para quien la familia nuclear es el modelo original común a toda la humanidad.[114] Pero si la familia monogámica es hoy en día casi universal, no es consecuencia, según Claude Lévi-Strauss, «de una necesidad permanente y constante que expresa las exigencias más profundas de la naturaleza humana».[115] De modo que no está demostrado que la familia nuclear y su supuesto corolario, la dominación sobre las mujeres, existieran durante el Paleolítico.

* Carecemos de indicios arqueológicos para las fases más antiguas.

En efecto, aunque en muchas sociedades tradicionales la relación entre el acto sexual y la procreación está reconocida y la complementariedad de lo masculino y lo femenino en la fecundidad se expresa en numerosos mitos sobre los orígenes, ¿ocurría lo mismo en las del Paleolítico? Es posible que los primeros humanos, debido a los nueve meses que separan el nacimiento de un niño del acto sexual, no fueran conscientes del papel de los dos sexos en la procreación.[116] La maternidad podía incluso percibirse como una partenogénesis (reproducción monoparental) de origen sobrenatural.[117] Algunos prehistoriadores plantean la hipótesis de que las representaciones de vulvas y falos en el arte paleolítico serían la plasmación de la toma de conciencia por parte de estos humanos del papel de los dos sexos en la fecundación, y que sobre todo los magdalenienses* la habrían magnificado, y no la fecundidad.[118] No obstante, también puede considerarse la hipótesis de que este reconocimiento sea más reciente y que en el Neolítico la función del macho en la reproducción se aunara a domesticación de los animales y la práctica de la ganadería.[119] Además, la tesis del control de los nacimientos mediante el consumo o la aplicación en la vagina de plantas con propiedades contraceptivas o abortivas[120] parece poco probable. Por una parte, carecemos de pruebas arqueológicas y, por la otra, ese control durante el Paleolítico, cuando la mortalidad infantil y de las parturientas era elevada, no estaría justificado. Además, la fisiología de la mujer permite una regulación natural de los nacimientos ya que, durante la lactancia, no puede quedarse de nuevo embara-

---

* Cultura del Paleolítico superior desarrollada en Europa occidental y central por los primeros *Homo sapiens*, entre 15.000 y 10.000 años a. C., con variantes regionales y temporales.

zada.* En los pueblos prehistóricos, la edad del destete completo se situaría entre dos años y medio y seis;[121] por ejemplo, los dos jóvenes hermanos neandertales del yacimiento de El Sidrón nacieron con un intervalo de tres años.[122] Sin olvidar que las obligaciones que conllevan los desplazamientos regulares, a veces a lo largo de grandes distancias, reducen el número de nacimientos. Según algunos estudios paleoantropológicos, las chicas se encontraban en edad de procrear hacia los once años y medio entre los neandertales (a los doce y medio los chicos) y alrededor de los trece años y medio en los primeros sapiens (a los catorce y medio los chicos). Según afirman muchos prehistoriadores, a partir de esta edad las mujeres del Paleolítico habrían tenido embarazos muy seguidos.

Por el vientre redondo y el exceso de grasa en las nalgas y en la parte superior de los muslos, numerosas representaciones femeninas, sobre todo las venus gravetienses,[123] se han tomado por mujeres embarazadas e incluso, cuando el sexo está muy abierto, parturientas. Desde la década de 1970, la tesis de mujeres siempre embarazadas es refutada con vehemencia por antropólogos y sociólogos, que la denuncian por ser un mito patriarcal[124] y ven en esta «hiperfecundidad» no la causa, sino la consecuencia del patriarcado.[125]

Venus igual a madre: una ecuación abusiva

Es innegable que muchas obras mobiliares o parietales representan a mujeres embarazadas. El célebre grabado, llamado «La mujer

---

* La hormona prolactina, que controla la producción de la leche, bloquea la ovulación.

y el reno», de Laugerie-Basse,[126] muestra a una mujer, sin cabeza* y con el vientre muy abultado, acostada debajo de un reno, del que se ven las patas traseras y el abdomen.[127] Las siluetas femeninas, de anchas caderas, vientre abultado y pechos caídos, esculpidas en bajorrelieve sobre algunos bloques rocosos descubiertos en abrigos, para algunos investigadores serían «imágenes» de mujeres embarazadas, primíparas o multíparas.[128] Entre las más conocidas, encontramos la *Venus del cuerno*[129] de Laussel. En el arte parietal, destacan las dos siluetas femeninas, en actitud pretendidamente lasciva, con los pechos y el triángulo pubiano muy marcados, grabadas una frente a otra en las paredes de la pequeña cueva de La Magdeleine des Albis (Tarn) y la silueta acéfala, con los brazos separados y el abdomen hinchado de la cueva de Comarque (Dordoña).[130] En el estatuario, la mayoría de las venus calificadas de esteatopigias también se consideran representaciones de mujeres embarazadas. En Kostienski, aunque la postura de las estatuillas enteras es estática —están inclinadas hacia delante, con los brazos pegados al cuerpo y las piernas muy juntas—, en los fragmentos de cuerpos las manos están unidas sobre el vientre abultado.[131] Encontramos estas estatuillas en yacimientos más recientes, del Mesolítico[132] y del Neolítico.[133]

Algunas estatuillas, sobre todo las que tienen forma de rombo, habrían sido esculpidas por mujeres embarazadas.[134] En una especie de autorretrato, se habrían representado tal como se veían si agachaban la cabeza, de ahí la exageración del pecho y del vientre, el pequeño tamaño de las piernas y la ausencia de rostro. Otras serían amuletos protectores que habrían llevado las mujeres en el momento del parto, tal vez después de haberlas esculpi-

---

* Es tan solo un fragmento de plaqueta ósea; tal vez la cabeza aparecía en un principio, antes de la fractura.

do. Es la hipótesis que se baraja para las estatuillas femeninas de las cuevas de Grimaldi. De las quince descubiertas, nueve estarían embarazadas, incluso ocho a punto de dar a luz (vulva dilatada, cabeza del bebé saliendo del útero).[135] Este vínculo con el parto también existiría en algunas estatuillas supuestamente embarazadas de Kostienki. Las correas colocadas alrededor del busto y el lazo que ata en una de ellas ambas muñecas se interpretaron no como adornos corporales sino como un procedimiento para facilitar el parto.[136] Por último, los veintiún surcos observados en una de las venus de Mal'ta han inducido a ciertos excavadores a considerar este colgante perforado como un ayudamemoria para que las mujeres controlen su fertilidad. Es la misma explicación que se da al conjunto de trazos grabados en el cuerno que sostiene la Venus de Laussel, una especie de calendario obstétrico.[137] Aunque todas estas interpretaciones son plausibles, también resultan controvertidas, quizá porque sitúan a las mujeres en el centro de la creación y la utilización de estas estatuillas...

El sexo femenino muy marcado en las estatuillas o los grabados femeninos y la relativa profusión de imágenes de vulvas en comparación con las fálicas podrían testimoniar la toma de conciencia de su propio origen o simbolizar la perpetuación del alumbramiento, que en algunas sociedades paleolíticas pudo considerarse algo misterioso, sobrenatural, con intervención de espíritus.[138] El bebé parece salir de la hendidura vulvar, como la sangre en la ruptura del himen en el primer coito y, cada mes, con la menstruación. Los humanos prehistóricos, sobre todo las mujeres, probablemente establecieron la relación entre el cese de la sangre menstrual y el embarazo. Aunque en muchas sociedades esa sangre se consideraba impura y objeto de tabús, no es seguro que lo fuera en esas épocas remotas en que el nacimiento de un niño probablemente era el centro de las preocupaciones de esas pequeñas comunidades. Durante siglos, las mujeres se ocuparon en exclusiva de las mujeres gestantes, de su embarazo y su parto, hasta que el hombre tomó la iniciativa de convertirse en partero. Puede sugerirse la hipótesis de que algunas de esas representaciones de mujeres embarazadas o pariendo fueran realizadas por mujeres para mujeres. Dichas representaciones reflejarían la importancia concedida por esas sociedades a la reproducción, al nacimiento de un niño portador de la perpetuación del clan, del pueblo... La imagen de la mujer sería, por tanto, la de la madre. La mujer que asegura la renovación de la especie habría sido escogida para representar a la humanidad.* Sin embargo, cabe preguntarse por la validez de esta identificación, ya que las interpretaciones de las representaciones femeninas «parecen ser más la expresión del imaginario de los prehistoriadores que de la realidad arqueológica».[139] Ha de ponderarse el número de representaciones en que aparecen mujeres embarazadas, pues la morfología de las mujeres del Paleolítico superior debía ser tan diversa como lo es hoy. Algunas probablemente eran corpulentas, por naturaleza o a consecuencia de una alimentación demasiado rica, sobre todo en grasas. Algunas representaciones femeninas podrían corresponder a la imagen estereotipada de un ideal femenino, o simbolizar la opulencia del clan y obedecerían, por tanto, a convenciones socioculturales o a la opción estilística de sus autoras.

La identificación de la mujer con la madre, que se genera en las interpretaciones, ha impuesto como obvia la tesis de la división del trabajo según el género.

---

* Los animales representarían el mundo vivo y las mujeres la humanidad.

El papel socioeconómico de las mujeres

Aunque muchos arqueólogos sostienen que en el Neolítico las mujeres fueron las autoras de numerosas innovaciones técnicas,[140] es difícil leer juicios similares respecto a las del Paleolítico, ¡como si todo lo hubieran hecho solo los hombres! Todavía hoy apenas se plantea la hipótesis de que un tallador de herramientas, un cazador o un «artista» pueda ser de sexo femenino. Para la mayoría de los antropólogos y prehistoriadores, la división sexuada de las tareas, considerada por muchos investigadores la primera forma de la división social del trabajo en las sociedades humanas, ya se hallaba presente en las comunidades prehistóricas. Por consiguiente, «pocos trabajos están basados en la fuerza física, en realidad, casi todos los trabajos de la prehistoria requieren competencias que ambos sexos poseen de forma equivalente».[141]

La división sexuada del trabajo

El concepto de *rol de género* aparece en 1935 en las obras de Margaret Mead referido al lugar que ocupa cada uno de los sexos en las sociedades llamadas primitivas.[142] Si para la antropóloga estadounidense el reparto sexuado de las tareas es el resultado de convenciones culturales complejas,[143] para algunas sociólogas y antropólogas feministas sería el producto de una organización social sexista. Para estas defensoras de la teoría del género, la división sexista de los trabajos, a través de una práctica repetida y transmitida, habría forjado las conductas femeninas y masculinas,[144] opinión que refutan algunos biólogos, que creen que la biología es determinante en esta diferenciación de conductas. Si bien es difícil decidirse en la actualidad por una u otra tesis, ya que cada una tiene parte de razón, es obligado dejar constancia de que las reconstrucciones de las formas de vida de los humanos prehistóricos están impregnadas de androcentrismo. Sus conductas imitan a menudo a las observadas por los etnólogos en los últimos pueblos cazadores-recolectores. Aunque es cierto que en la mayoría de ellos el trabajo está sexualmente repartido, no pueden ser un fiel reflejo de las de los humanos prehistóricos, ya que sus tradiciones probablemente hayan cambiado con el tiempo. Además, la división de tareas por sexo está codificada en función de reglas que varían según las sociedades, de modo que resulta difícil deducir un modelo que pueda aplicarse a la prehistoria. Sin embargo, y careciendo de testimonios arqueológicos directos, muchos investigadores no dudan en afirmar que esta división existía en las sociedades del Paleolítico; prueba de ello es la debilidad corporal de las mujeres, su movilidad restringida motivada por sus numerosos partos y su dedicación a la educación de los niños, y el uso de las armas reservado en exclusiva a los hombres. Respecto a los periodos prehistóricos, la información que prueba la existencia de una división sexuada de los trabajos procede sobre todo del estudio de los esqueletos fósiles* y de las representaciones parietales y mobiliares.

En el arte paleolítico, las escenas narrativas con humanos son raras y ninguna representa un conflicto entre dos grupos, a diferencia de lo que se observa en el arte mesolítico y neolítico. En estos periodos son más abundantes y permiten distinguir a me-

---

* Por ejemplo, el estudio del grado de asimetría de los miembros superiores o del estrés biomecánico observado en los huesos en las inserciones musculares (llamadas entesis) permite descubrir ciertas actividades que practicaban esos humanos.

nudo actividades femeninas o masculinas. En el Paleolítico, estas escenas son sobre todo magdalenienses y están grabadas en soportes móviles: plaquetas o bloques calcáreos, huesos y astas de reno.[145] Se distinguen siluetas humanas, masculinas y femeninas, solas,[146] frente a un animal[147] o en torno a un animal mucho mayor.[148] Tres de estas escenas narrativas representarían escenas de caza. En un colgante de costilla de bisonte descubierto en el abrigo de Raymonden (Dordoña), flanquean un bisonte «descuartizado» las siluetas grabadas de cuatro y tres hombres, respectivamente.[149] En el abrigo del castillo de Tayac (Dordoña), en un fragmento de costilla animal, nueve personajes, de los cuales siete son hombres, se enfrentan a un bisonte.[150] Finalmente, en el bastón perforado de la cueva de La Vache (Ariège), siguen a un cérvido (o a un uro, según los autores) tres individuos —una mujer entre dos hombres—. Algunos de estos individuos llevan en la mano un objeto lineal,[151] un arma según muchos prehistoriadores. Del hecho de que solo aparezca en manos de los hombres se ha deducido que únicamente ellos iban armados y cazaban. Algunas observaciones matizan esta observación: el escasísimo número de casos observados, la atribución de un sexo a las siluetas,[152] a menudo pequeñas y sin atributos sexuales destacados (como el pene), y la identificación de un arma a partir de un simple trazo lineal.

Además, estas imágenes que se supone que representan una escena de caza pueden tener otros significados, no tan realistas, como el de la plasmación de un ritual. Menos de veinte representaciones muestran unos seres «medio hombre medio animal», llamados a menudo «hechiceros» o «chamanes», como el «chamán que baila», un hombre tocado con una cornamenta de ciervo y cubierto con una piel de animal entera (incluida la cola), los tres «hombres-bisonte» de las cuevas de Trois-Frères (Ariège)[153] y de Gabillou, y los tres «diablillos», medio hombre medio gamuza, grabados en un bastón perforado en asta de ciervo descubierto en el abrigo de Mège en Teyjat (Dordoña). Algunos investigadores ven en estas representaciones la prueba de la existencia de ritos chamánicos; para otros, son ritos de caza. El vínculo estrecho entre los hombres y la caza se ha recalcado de nuevo, pero debemos precisar una vez más que solo siete de ellos son sexuados y que a lo sumo cinco son humanos masculinos.[154] De acuerdo con su fisiología, solo el hombre se enfrentaría al animal,[155] y la división sexuada del trabajo se debería a la diferenciación hormonal de los humanos: «Los estrógenos consagran a la mujer a la reproducción y los andrógenos empujan al hombre a la acción física y a la satisfacción de sus pulsiones combativas o depredadoras».[156] Estas palabras recuerdan las de los discursos médicos del siglo XIX; las conjeturas se resisten a desaparecer.

Un esqueleto femenino se reconocería por su cráneo pequeño, su pelvis ancha y su corta estatura, como muestra el representado por primera vez en 1759.[157] Esta ilustración dista mucho de reflejar la realidad, ya que existe una gran diversidad física en los hombres y en las mujeres, en función del entorno y los recursos disponibles, pero también de las condiciones de vida (trabajos más o menos duros desde el punto de vista físico) y de las tradiciones culturales (diferencia en el régimen alimentario, más o menos rico en proteínas, por ejemplo).[158] Es más que probable que ocurriera lo mismo en los periodos prehistóricos. Se han descubierto muchos esqueletos femeninos de especies humanas diferentes,[159] algunos en sepulturas. Con frecuencia su estado de conservación y el débil dimorfismo sexual dificultan la determinación del sexo. Si se tratara de un esqueleto completo, la atribución del sexo solo sería posible en un 30-40 por ciento de los casos.¹⁶⁰ Hasta hace una decena de años, los métodos utilizados por los antropólogos para asignar sexo a los fósiles humanos se basaban en esencia en la morfología o el tamaño del cráneo y de los huesos del esqueleto (por lo general más cortos y más delgados en las mujeres), en especial los de la pelvis (más ancha, menos profunda y más redondeada en las mujeres). Sabiendo que estos criterios dependen en gran parte de la forma de vida, si se aplican a los pueblos paleolíticos, la metodología utilizada tiende a sobreestimar el número de hombres, ya que las mujeres robustas a menudo acaban clasificadas como hombres. Para solucionar este problema, durante la década de 1990 se elaboraron nuevos métodos.¹⁶¹ Hoy en día, la determinación del sexo* se realiza principalmente a partir del estudio del hueso coxal (pelvis) y, si no existe, a partir del estudio comparado entre los huesos estudiados y una muestra de esqueletos de individuos adultos sexados del Paleolítico.¹⁶² También se puede saber el sexo de un individuo fósil a partir del ADN nuclear, cuando el colágeno contenido en los huesos está bien conservado (cosa rara en los fósiles muy antiguos) y no contaminado por ADN reciente (de los excavadores o los genetistas), pero este procedimiento se usa poco, porque es muy costoso y provoca la destrucción de una parte del hueso analizado. Gracias a estos nuevos métodos, el sexo de algunos fósiles que se determinó en el momento de su descubrimiento se ha modificado. Así ha ocurrido con muchos especímenes. Esqueletos considerados femeninos han sido reasignados a hombres,¹⁶³ y viceversa.¹⁶⁴

En *El origen del hombre y la selección en relación al sexo*, Charles Darwin explica que «no es probable que la mayor fuerza del

---

* En el caso de los niños es casi imposible, ya que el alcance del dimorfismo sexual antes de la pubertad es demasiado limitado.

hombre tenga su origen en los efectos hereditarios de los trabajos más duros que tuvo que realizar para asegurar su subsistencia y la de su familia; pues, en todos los pueblos bárbaros, las mujeres se han visto forzadas a trabajar con tanta dureza al menos como los hombres».[165] Los nuevos métodos de análisis de los esqueletos han confirmado las deducciones del teórico de la evolución; en todo caso han relativizado las afirmaciones de algunos autores para quienes las mujeres, como eran menos robustas que los hombres, no podían realizar los trabajos necesarios para su subsistencia.

Caminantes infatigables, fuertes y hábiles

Muchos trabajos paleoantropológicos demuestran que las mujeres del Paleolítico eran sumamente fuertes, aunque por término medio medían unos centímetros menos y pesaban menos que los hombres. La tesis de que las mujeres eran menos fuertes, porque se las privaba sistemáticamente de carne,[166] queda refutada por el análisis de sus esqueletos, que no presentan más patologías por carencias alimentarias que los de los hombres.

El embarazo, el parto y la lactancia, que podían exponer a las mujeres prehistóricas a accidentes y enfermedades infecciosas, incluso mortales, y a carencias alimentarias, habrían sido perjudiciales para su longevidad y para la supervivencia de los hijos más pequeños. La aparición de la menopausia en el curso de la evolución humana habría alargado la duración media de su vida y reducido la mortalidad infantil. Partiendo de este postulado, según la hipótesis denominada «de las abuelas» las mujeres menopáusicas cuidaban de sus nietos, cosa que habría facilitado que estos llegaran a la edad fértil, favoreciendo así la supervivencia de los clanes, y a su madre retomar con mayor rapidez sus actividades.[167] No podemos considerar esta hipótesis porque, según se desprende del estudio de su esqueleto, las mujeres del Paleolítico morían relativamente jóvenes (antes de los cuarenta años) y, aunque desconocemos la edad de su menopausia, es probable que la mayoría muriera antes de haberla alcanzado.[168]

Se ha presentado sistemáticamente el papel de las mujeres en la reproducción como un argumento para justificar la tesis de que no podían moverse tanto como los hombres. El niño no destetado, colgado de la madre, habría limitado las posibilidades de desplazamiento de esta y, por tanto, el campo de sus actividades.[169] Ahora bien, la recolección, actividad en teoría femenina, requería desplazamientos a veces casi diarios, y en los que se cubrían largas distancias.[170] En los pueblos cazadores-recolectores nómadas actuales, las mujeres, incluso embarazadas o acompañadas por niños muy pequeños (en brazos o a la espalda), recorren las mismas distancias que los hombres. La división sexuada del trabajo, si es que existía en las sociedades paleolíticas, no puede justificarse por tanto por un supuesto sedentarismo obligado de las mujeres,[171] ya que también debían efectuar largos desplazamientos con ocasión de las migraciones estacionales y cuando abandonaban su clan de nacimiento para unirse a otro. Los análisis genéticos han evidenciado que algunas comunidades prehistóricas eran patrilocales.* Las variaciones de las condiciones de vida provocarían automáticamente cambios de residencia,[172] de modo que los pueblos de cazadores-recolectores, al convertirse en agricultores, habrían adoptado la residencia matrilocal, pues-

---

* Dependiendo de si es el hombre o la mujer quien abandona su residencia de origen, se habla de sociedades o residencias «patrilocales» (o virilocales) o «matrilocales» (o uxorilocales), respectivamente.

to que se suponía que las actividades agrícolas eran sobre todo femeninas.* Si seguimos este razonamiento, dado que las sociedades paleolíticas se basaban en una economía de depredación, habrían sido patrilocales, cosa que al parecer ocurría en algunas sociedades neandertales, como la de El Sidrón, donde dos de las tres mujeres del grupo (compuesto por trece individuos: tres hombres, tres mujeres y seis niños) proceden de un clan materno distinto al de los otros cuatro adultos.[173] Algunas mujeres prehistóricas abandonaban, por tanto, su comunidad de nacimiento para unirse a otra, con el objetivo fundamental de aparearse (también es la prueba de la existencia de la exogamia en ese periodo). Esta elección de residencia podría verse como una imposición a las mujeres, ya que se ven obligadas a abandonar a su madre y sus vínculos afectivos; sin embargo, al marcharse, se convierten en transmisoras de otras tradiciones culturales. La patrilocalidad no surgió, por tanto, durante el Neolítico, con el desarrollo de la agricultura y la ganadería, como han sugerido ciertos arqueólogos, sino hace al menos 50.000 años.

En cuanto al trabajo de ciertos materiales, según las fuentes etnográficas, existirían unas «constantes históricas y geográficas»[174] en relación con las materias primas tratadas por uno u otro sexo: los hombres trabajarían sobre todo las materias duras —piedra, hueso, madera, metal, etcétera— y las mujeres las blandas, elásticas o flexibles —alimentos, tierra, fibras vegetales, cuero, lana, etcétera—.[175] De ahí se pasa rápidamente a atribuir a los hombres del Paleolítico la invención y el dominio de las

---

* El desarrollo de la ganadería y el pastoreo, actividades que habrían reforzado la influencia de los hombres en la sociedad, es lo que habría propiciado la patrilocalidad, tipo de residencia actualmente mayoritaria.

técnicas de talla de herramientas y armas en piedra, hueso o madera. Siguiendo este razonamiento, podría añadirse el del fuego, tradicionalmente asociado a lo masculino, tanto en los mitos como en los pueblos tradicionales. Esta idea se trasluce en las reconstrucciones de las formas de vida de esos tiempos remotos en que las áreas de actividades (carnicería, talla de sílex, preparación de las pieles, cocina, etcétera) se atribuyen según el género: por ejemplo, a los hombres la talla de herramientas y a las mujeres la preparación de las comidas. Las prácticas culinarias,* al igual que la recolección y la cosecha, habrían recaído en las mujeres. Muchos investigadores sostienen esa visión del rol de las mujeres prehistóricas, fijada ya en el imaginario colectivo. Según la historiadora de las ciencias Claudine Cohen, habría sido incluso civilizador: «Las mujeres debieron de aportar una parte esencial a la subsistencia y a la preparación de las comidas, al desarrollo del gusto, los condimentos, las preparaciones, contribuyendo así, durante milenios, no solo a la supervivencia del grupo, sino también al desarrollo de la civilización».[176] Ahora bien, se observa que en algunas comunidades paleolíticas,[177] los hombres utilizaron los dientes para ablandar las pieles de animales o premasticar la carne cruda,[178] de modo que trabajar con las materias blandas y la preparación culinaria eran también cosa de ellos. Entre las actividades diferenciadas, a menudo se pone como ejemplo la caza. Cuando en 1868 se descubrió «el hombre de Cro-magnon»,[179] pese a ser un «anciano» de unos cincuenta años, se convirtió en el arquetipo de cazador prehistórico.

---

* El dominio del fuego, aparecido hace al menos 500.000 años, permitió, entre otras cosas, la cocción de los alimentos y el ahumado de las carnes.

El cazador y la recolectora: ¿un cuento normativo?

En la prehistoria, ¿era la caza una actividad reservada en exclusiva a los hombres? Esta pregunta es fundamental para la percepción del papel de las mujeres en la evolución, ya que la caza habría desempeñado en ella una función fundamental. Según algunos investigadores, el consumo regular de carne habría sido incluso la causa de la separación entre la rama humana y la de nuestros primos, los grandes simios. Aunque a lo largo de todo el siglo XX, se creyó que los homínidos, los *paranthropus*[*] y los australopitecos[†] eran exclusivamente vegetarianos, hoy se sabe, gracias a los numerosos análisis isotópicos[‡] de sus dientes,[§] que ya eran omnívoros.[**]

A partir de 1871, Charles Darwin sostiene que el proceso de hominización empezó cuando nuestros lejanos antepasados adoptaron la bipedestación, ya que ese medio de locomoción,

---

[*] Denominados antiguamente *Australopithecus robustus*, nombre genérico que abarca numerosas especies que vivían en África hace entre 2,7 y 1 millón de años.

[†] Nombre genérico que abarca numerosas especies que vivían en África hace entre 4,2 y 2 millones de años.

[‡] El análisis de la relación isotópica de algunos elementos presentes en los dientes ($^{13}C/^{12}C$, por ejemplo) permite conocer la naturaleza de los alimentos consumidos por el individuo al que pertenecen y reconstruir así su régimen alimentario. Los isótopos son átomos que poseen el mismo número de protones y un número distinto de neutrones. La mayoría de los elementos tienen muchos isótopos naturales. Por ejemplo, el carbono tiene tres ^{12}C, ^{13}C, y ^{14}C que poseen todos 6 protones, pero su número de neutrones es diferente: 6 en el ^{12}C, 7 en el ^{13}C y 8 en el ^{14}C (radiactivo).

[§] En estroncio/calcio (Sr/Ca), en bario/calcio (Ba/Ca) y en isótopo de carbono.

[**] Su alimentación era variada, a base de plantas leñosas, hojas, frutas, insectos, y también carne y huesos.

que deja libres las manos, les permitió fabricar herramientas y armas para cazar y aprovechar los esqueletos animales.[180] Cincuenta y cuatro años más tarde, el arqueólogo y antropólogo australiano Raymond Dart defendió la idea de que la caza y el consumo de carne fueron elementos decisivos en la evolución, y que los australopitecos eran grandes cazadores.[181] Por consiguiente, según Dart, ¡seríamos descendientes de «monos asesinos», de «asesinos sanguinarios»! Esta tesis, que suscitó grandes debates en el seno de la comunidad científica, fue muy cuestionada a principios de la década de 1980, sobre todo por el paleontólogo sudafricano Charles Brain. Sus trabajos mostraron que los australopitecos solían ser presa de los depredadores (leopardos) y que más que cazadores eran cazados.[182] Debido a su baja estatura y a su pequeño cerebro, los primeros homininos solo podían conseguir carne de los esqueletos de animales muertos y parcialmente devorados por los grandes carnívoros: esta era la tesis dominante en las décadas de 1980 y 1990. Algunos prehistoriadores estaban convencidos de que solo los primeros sapiens eran cazadores y que todos sus predecesores, incluidos los neandertales, eran carroñeros.[183] Estas hipótesis fueron refutadas a principios del siglo XXI. Ciertos descubrimientos recientes atestiguan la fabricación de utensilios de piedra desde hace 3,3 millones de años;[184] servían para la recolección de plantas y también para arrancar la carne de las carcasas de animales que casi siempre ya encontraban muertos,* aunque a veces también de animales cazados. Según numerosos estudios, desde hace 2,6 millones de años los primeros representantes del género *Homo* cazaban y algunos, 600.000 años más tarde, consumían ya carne con regu-

---

* Carroñeros pasivos o activos, es decir, con un acceso primario a los esqueletos (antes que los animales carroñeros).

laridad.[185] Parece que estas conductas favorecieron la aparición del género (*Homo*) al que pertenecemos.[186] Hoy en día es aceptada mayoritariamente la coexistencia durante varios cientos de miles de años de la caza y la necrofagia. La caza[187] instaura en el seno de las comunidades relaciones de ayuda mutua (compartición, cooperación, solidaridad) y también de complementariedad entre individuos.[188]

Según algunos arqueólogos y antropólogos, desde los orígenes los hombres salían a cazar y las mujeres a recolectar; luego, de regreso al campamento, compartían el alimento que cada uno aportaba.[189] El hombre, como proveedor de alimento difícil de obtener y de gran valor energético, habría adquirido así un estatus superior al de la mujer.[190] A los cazadores les habría correspondido el derecho a repartir las presas, lo que les daba un ascendiente legítimo sobre sus compañeras.[191] Sin embargo, no tenemos ningún rastro arqueológico que nos permita saber quién y entre quién se repartía la caza. Según estos investigadores, las mujeres, por su condición de proveedoras de alimento de un valor nutritivo inferior (sobre todo vegetales), habrían desempeñado un papel económico menor en esas sociedades paleolíticas. El simposio *Man the Hunter*, celebrado en Chicago en 1966, estableció entre la comunidad de prehistoriadores el modelo del «hombre cazador», agente principal de la evolución humana; modelo que suscitó vivas reacciones por parte de algunas antropólogas estadounidenses,[192] que propusieron un contramodelo, el de la «recolectora», situada en el centro de la economía,[193] tesis descartada enseguida por falta de pruebas arqueológicas y también, sin duda, por prejuicios.

En las sociedades recientes de cazadores-recolectores, las mujeres participaban en la caza de muchas maneras. Para capturar un animal pequeño, utilizaban armas contundentes —bastón de escarbar, garrotes o mazos—* o trampas: usaban el ahumado de las madrigueras, lazos. Cuando se emprendían cazas colectivas, las mujeres acorralaban a las presas grandes, lo que exige correr mucho más que los tiradores que estaban al acecho. Las mujeres mataban igual que los hombres y arriesgaban su vida atacando a animales de gran tamaño potencialmente peligrosos. Tal vez es eso lo que indujo a los hombres a apartarlas, sin duda de manera progresiva, de las actividades cinegéticas† y a «desarmarlas». En la mayoría de los casos, las mujeres no utilizaban armas cortantes o perforadoras que provocan el derrame de la sangre del animal,[194] aunque existen excepciones: entre los indios akuntsu, de la Amazonia brasileña, solo cazaban las mujeres, un arte que se transmitía de madres a hijas. En otras sociedades amerindias, las mujeres acompañaban a los hombres a la caza y la guerra, como hicieron en la Galia las mujeres sin hijos.[195]

Quizá fuera así durante la prehistoria. Las lesiones observadas en los huesos de un esqueleto humano, en las inserciones de los tendones o de un ligamento (llamadas «entesopatías»), pueden ser debidas a la repetición de actividades. Las que se presentan en el codo, solo en la cara externa, se asocian a la práctica regular del lanzamiento.[196] Estas lesiones, poco frecuentes hoy en día, se dan sobre todo en los lanzadores de jabalina y en las mujeres premenopáusicas, pero aparecen en los hombres y las mujeres neandertales, lo que hace pensar que ambos sexos lanzaban regularmente proyectiles (lanzas) y que, por tanto, las mujeres participaban activamente en la caza. Existen pocos datos de este

---

* Y a veces animales grandes, como los ciervos entre los ainus del Japón. Tras haber atrapado al animal, por medio de cuerdas, las mujeres lo mataban sirviéndose de un garrote.

† Y probablemente también guerreras.

tipo respecto a las mujeres del Paleolítico superior, de modo que es difícil saber si lanzaban con regularidad armas arrojadizas.[197] En cambio, la morfología de los huesos largos del miembro superior y el análisis de las entesopatías de 37 fósiles europeos de finales del Paleolítico (Tardiglaciar) y del Mesolítico indican, por una parte, un gran aumento de la intensidad de la actividad del brazo que puede relacionarse con la utilización regular de armas arrojadizas[198] y, por la otra, que las mujeres no cazaban con este tipo de armas, puesto que estas lesiones específicas del lanzador de proyectiles solo se han observado en los esqueletos masculinos.*

A la vista de estos datos, no podemos excluir que, en algunas sociedades del Paleolítico europeo, las mujeres participasen en todas las etapas de la caza: localización y desciframiento de las huellas del animal, elaboración de las estrategias de caza, incluso participación como tiradores.[199] A finales de ese periodo, da la impresión de que se inicia un cambio con una utilización de armas arrojadizas que parece reservada exclusivamente a los hombres.

En la serie de ideas sobre la prehistoria, si hay un ámbito tan preservado como el de la caza es el de la creación y la expresión simbólica. Según muchos autores de la Antigüedad, el hombre, como creador, constituiría lo «sagrado» y la mujer, como «modelo», lo profano. ¿Las mujeres prehistóricas no eran más que modelos, reales o imaginados?

Mujeres artistas, mujeres «chamanes»: una interpretación plausible

Para la mayoría de los antropólogos del siglo XIX,[200] las mujeres carecerían por naturaleza de potencial creativo. ¿Es esta la razón

---

* Además, esta actividad comenzaría durante la infancia o la adolescencia.

por la que durante casi un siglo y medio la interpretación de las obras parietales y mobiliares paleolíticas se ha basado en el supuesto de que habían sido realizadas solo por hombres? Esta tesis triunfa en los medios científicos. En una obra reciente leemos que «las difíciles condiciones del acceso a los sitios elegidos para su ejecución [de las obras parietales] y la propia ejecución fueron llevadas a cabo, al menos mayoritariamente, por hombres jóvenes».[201] Semejante deducción basada en las aptitudes físicas no puede dejar de sorprendernos. La espeleología es una actividad practicada hoy en día por hombres y mujeres de todas las edades, y las mujeres del Paleolítico eran tan deportistas o más que muchos de nosotros. Otro argumento propuesto: ese arte sería un «arte de la caza» y, por tanto, forzosamente realizado por hombres. La hipótesis es hoy en día muy cuestionada puesto que, como ya hemos visto, las escenas de caza son raras y discutibles; además, los animales representados en las paredes y los cazados y consumidos, cuyos esqueletos se han encontrado a veces cerca de las obras, pertenecen en muchas ocasiones a especies diferentes. Por ejemplo, en las cuevas decoradas del sudoeste de Francia atribuidas a los magdalenienses, solo debería haber representaciones de renos, su animal de caza preferido, lo que no ocurre.* Las pinturas y los grabados, que abarcan más de 25.000 años, probablemente tengan un sentido más sociocultural o simbólico que estrictamente vinculado a las prácticas de subsistencia.[202] La idea, arraigada a mediados del siglo XIX,[203] de que las obras parietales habrían sido realizadas por hombres y para hombres también ha creado una visión dualista de la sociedad prehistórica.[204]

---

* Lo que hemos podido constatar en Lascaux, por ejemplo, donde los «artistas» habían consumido básicamente reno, animal casi ausente en las representaciones.

¿Por qué las mujeres prehistóricas no podrían haber sido pintoras, grabadoras o escultoras, como sucedió y sigue sucediendo en muchas sociedades tradicionales?*

Aunque es muy difícil conocer el sexo de los autores de las obras tanto parietales como mobiliares, algunos trabajos recientes atestiguan la participación de mujeres en las cuevas decoradas. La mayoría de las treinta y dos manos en negativo† pintadas, hace unos 25.000 años, en ocho cuevas francesas y españolas[205] son obra de mujeres.[206] Lo mismo cabe decir respecto a la cueva Cosquer (Bocas del Ródano), donde las manos femeninas son más numerosas que las masculinas.[207] Esta constatación[208] es importante, puesto que algunos prehistoriadores consideran que las huellas de manos de pequeña dimensión halladas junto a ciertas obras son firmas de artistas. Las manos en negativo, un motivo universal, se encuentran en todos los continentes y en periodos diferentes. Por ejemplo, en la cueva de Gua Masri II (Borneo, Indonesia), el panel de manos en negativo fue realizado por hombres y mujeres, aunque cada sexo trabajó en una zona distinta de la pared.[209] Para el etnoarqueólogo Jean-Michel Chazine, «este estudio pone de manifiesto que las mujeres pudieron ser artistas prehistóricas y que la pintura no era una actividad exclusiva del hombre. Un dato que hay que confirmar, pero que se correspondería bien con el simbolismo chamánico y los usos de terapia mágica de los traditerapeutas a base de imposición de ma-

---

* Por ejemplo, en algunos grupos aborígenes de Australia esta actividad estaba reservada a las mujeres.
† Las manos en negativo están realizadas siguiendo la técnica de la plantilla, colocando la mano sobre la pared rocosa y escupiendo encima una mezcla de pigmentos naturales.

nos, masticado de sustancias y soplos, prácticas que, en muchas sociedades primitivas, las desempeñaba una mujer chamán».[210] En efecto, aun suponiendo que la realización de algunas obras parietales estuviera vinculada a creencias, no hay ningún argumento arqueológico que permita excluir a las mujeres de la realización de ceremonias.[211] Si bien la presencia femenina en el mundo telúrico en general ya no es cuestionada por los prehistoriadores, en cambio no hay acuerdo a la hora de aceptar que las mujeres fueran autoras de algunas obras parietales. Muchos de ellos ni siquiera contemplan esta hipótesis, porque en su opinión no hay pruebas. ¡Pero tampoco tenemos indicios para atribuírselas a los hombres! Es posible que las pinturas y las esculturas más famosas del arte paleolítico fueran realizadas por mujeres...

Los sesgos teóricos y metodológicos que llevaron a establecer la reproducción como función principal de las mujeres, además de haber dado lugar a una lectura parcial del arte parietal y de haber favorecido la atribución de un valor de género a ciertos objetos y a ciertas prácticas, son el origen de la visión de un rol económico de las mujeres basado en el reparto sexuado de los trabajos. Hoy en día, los estudios de las sepulturas,[212] en especial de los depósitos funerarios,* y de los adornos corporales o de la vestimenta de los inhumados,[213] aportan pistas respecto a las relaciones sociales entre los dos sexos durante ese largo y lejano periodo.

---

* Pueden proporcionarnos información sobre las actividades practicadas en vida por el difunto, por tanto, sobre las vinculadas al sexo, pero también pueden corresponder a objetos estereotipados vinculados a tradiciones culturales o de culto.

Su estatus social

En Europa y en Oriente Próximo, había humanos que enterraban a sus muertos desde hace al menos 140.000 años.[214] Se han descubierto esqueletos femeninos en diversas tumbas del Paleolítico. Correspondientes al Paleolítico medio,* se han hallado† unos cuarenta esqueletos de neandertales —de hombres, mujeres, niños, recién nacidos y hasta fetos—[215] en unos quince yacimientos.[216] A estas tumbas se añaden las de Qafzeh y Skhul (Israel), que contenían esqueletos de sapiens. En cada tumba solo aparece un cuerpo, excepto en las de La Ferrassie (Dordoña)‡ y Qafzeh, donde probablemente fueron enterrados juntos un adulto joven, un niño de seis años y un hombre adulto (colocado junto al de una mujer). Los cuerpos casi siempre están de lado, rara vez de espaldas, con los brazos mayoritariamente flexionados y las piernas dobladas, es decir, la mayoría en posición fetal.[217] Aunque las tumbas masculinas son, sobre todo en Oriente Próximo, algo más numerosas que las femeninas, y dado que no ha podido determinarse el sexo de muchos esqueletos,

---

* En Europa, en el Paleolítico medio, que aparece hace aproximadamente 350.000 años, asistimos al desarrollo de la caza de grandes mamíferos y la diversificación de las industrias, al de una nueva técnica de talla de herramientas (llamada «Levallois») y al de las sepulturas. Los neandertales son los únicos habitantes de este continente hasta la aparición de los denisovanos (en Altái) y la llegada de los sapiens, hace unos 45.000 años, que marca el final de este periodo.

† Reposaban en fosas excavadas en el suelo o las cavidades naturales acondicionadas.

‡ En una fosa yacían los cuerpos de un recién nacido de más o menos un mes y de un feto. Habían sido cubiertos con gravilla, tierra y cenizas, procedentes tal vez de un hogar instalado encima o cerca de la tumba y, sobre esta mezcla, parece que se depositaron hermosas herramientas en sílex (puntas y raederas).

no se puede afirmar que hubiera una inhumación selectiva en función del género. Algunas tumbas fueron acondicionadas: los cuerpos están recubiertos de ocre rojo, hay sedimentos ricos en cenizas o carbón vegetal (procedente de un hogar) o lajas o bloques de piedra. Durante ese periodo, aunque se han encontrado algunos restos sobre o cerca de los cuerpos —trozos de esqueletos de animales (atestiguados por la presencia de huesos), astas de cérvidos, cuernos de bóvidos, fragmentos de marfil de cuernos de mamut o utensilios de piedra o de hueso, a menudo sin usar—, ese mobiliario funerario es poco frecuente, con independencia de cuál sea el sexo del enterrado. Sobre el total de las tumbas, diez contenían un esqueleto femenino: siete neandertales,[218] de edades comprendidas entre dieciséis y treinta años, y tres sapiens.[219] Solo la neandertal de La Quina (Charente) parece haber sido enterrada con mobiliario funerario: una bola de caliza picada, situada sobre la pelvis, y tal vez una raedera de sílex.

En el Paleolítico superior, el número de tumbas es relativamente más elevado, y más de veinte contienen un esqueleto femenino.[220] Las tumbas dobles, a menudo de una mujer y un niño,[221] triples[222] y hasta múltiples[223] son más frecuentes que en el Paleolítico medio. Por ejemplo, la tumba triple de Dolní Věstonice II (República Checa) ha puesto al descubierto los esqueletos de un adulto muy joven, probablemente femenino (todavía está discutiéndose), tumbado de espaldas en posición replegada con un fragmento calcinado de costilla de caballo a la altura de la boca,[224] y dos jóvenes adultos masculinos, probablemente enterrados más tarde. El brazo derecho del hombre de la izquierda descansaba sobre su brazo izquierdo y las manos del otro sujeto masculino, situado a la derecha, sobre su pubis.

Algunas tumbas nos han proporcionado información valiosa sobre el comportamiento de estas sociedades. La tumba gravetiense de la cueva de Santa Maria d'Agnano (cerca de Ostuni, en Italia) es única en su género. Contenía el esqueleto de una joven de veinte años y, en la pelvis, el de su feto (a término) y algunos utensilios de sílex. El cuerpo de la madre descansaba en una gran fosa, acostada sobre el lado izquierdo en posición un poco flexionada con la mano derecha sobre el vientre y la izquierda debajo de la cabeza. Ricamente adornada, llevaba un tocado compuesto por un centenar de conchas,* un colgante (un canino residual de ciervo), una pulsera en cada muñeca y un collar también de conchas (columelas, porcelanas, nasas).† Otras difuntas exhibían tocado, diadema, pulsera en brazos y piernas, collar y colgante, principalmente hechos de conchas,[225] de dientes de animales[226] y más raramente de huesos de animales[227] o de piedra.[228] Cerca de algunos cuerpos se habían depositado objetos:[229] huesos y dientes de animales,[230] utensilios tallados en piedra[231] o en hueso[232] y huesos o piedras grabadas.[233] En los ritos de inhumación a veces se procedía a recubrir con ocre, con frecuencia rojo, el cuerpo de la difunta o la tumba[234] y tal vez se celebraba una comida funeraria[235] o se encendía un fuego.[236]

En las cuevas adornadas, el descubrimiento de tumbas debajo o cerca de paredes pintadas o grabadas suscita la cuestión de

---

* Conchas sobre todo de un molusco gasterópodo marino del género cíclope. Todas agujereadas, debían estar unidas entre sí para formar una especie de redecilla.

† El canino fue encontrado cerca del cráneo y las conchas cerca de los antebrazos, sobre el pecho y el vientre. También cabe pensar que esas conchas estuvieran cosidas a la ropa.

las relaciones entre los inhumados y las representaciones. Es el caso del esqueleto de una magdaleniense de entre veinticinco y treinta y cinco años, descubierto en la base de la pared esculpida del abrigo de Cap-Blanc (Dordoña), que yacía acostada sobre el lado izquierdo en posición fetal, con una mano tapándole el rostro y rodeada de mobiliario funerario. Su cuerpo adornado estaba cubierto por tres losas de piedra. Algunos investigadores han sugerido que la sepultura era contemporánea del friso esculpido de los caballos, incluso que se trataba del cuerpo del o de uno de los escultores, hipótesis que no está hoy confirmada. La «Dama de Cavillon», una graveriense de treinta y siete años, fue enterrada cerca de dos caballos grabados en la pared de la cueva de Cavillon. Llevaba un tocado adornado con conchas marinas y caninos residuales de ciervo y, en la pantorrilla izquierda, una pulsera hecha también de conchas. Cerca del cuerpo había un punzón, a la altura de la cabeza, y un colgante, ambos trabajados en un hueso de caballo. Esta asociación mujer-caballo también aparece en la cueva adornada de los Paglicci, en Italia, donde, cerca de dos caballos pintados, se descubrieron dos tumbas gravetienses, de un niño y de una chica de entre veintiocho y treinta años.[237]

Aunque tanto en el Paleolítico medio como en el Paleolítico superior los hombres hallados en las sepulturas son más numerosos que las mujeres, nada permite concluir la existencia de una selección en función del sexo, pues la proporción de individuos no sexuados es elevada. Tampoco hay una correlación evidente entre el sexo y la profusión del ornamento (que aparece en ambos sexos y en los niños), del ocre o del mobiliario funerario. También se constata que el tipo de elementos de adorno y del mobiliario funerario varía poco en función de los sexos, a excepción tal vez del marfil de mamut, que al parecer solo está presente en las sepulturas masculinas.* Pese a que no está probada la relación directa entre las obras parietales y las sepulturas femeninas, se constata que, en las tres cuevas adornadas citadas, está representado el caballo, animal equiparado al principio masculino por André Leroi-Gourhan.

Según los estudios etnográficos, en algunas comunidades de cazadores-recolectores existía una forma de desigualdad en el reparto de los trabajos o en la ostentación del poder, pero ¿existía durante la prehistoria? Para algunos investigadores, la escasez de sepulturas sería la prueba de que solo se habría enterrado a los individuos pertenecientes a la «élite». Es cierto que se han descubierto muy pocas tumbas en relación con la gran cantidad de yacimientos prehistóricos, pero son muchos los factores que pueden explicar esta escasez. La conservación de los esqueletos varía en función de la naturaleza del suelo que los contiene; cuanto más ácido es, más se degradan los huesos, de ahí su ausencia en determinadas regiones. Algunas cuevas perdieron su relleno sedimentario en fases muy templadas y húmedas, y otras fueron ocupadas muchas veces y de manera intensiva por humanos, y también por carnívoros, muy abundantes en el Paleolítico; estos fenómenos provocan la destrucción total o parcial de los restos arqueológicos, en especial de las osamentas que contenían. Sin olvidar que algunos individuos podían morir durante los desplazamientos y ser enterrados *in situ*. Estas tumbas son más difíciles de localizar debido a la falta de vesti-

---

* Por ejemplo, se descubrió una «muñeca» articulada en marfil en la tumba de un hombre en Brno (Brno II). En África, el marfil de elefante, por su blanco que evoca los huesos de los antepasados que fecundan el suelo, simboliza el vínculo con el mundo de los muertos.

gios arqueológicos en la superficie y, a diferencia de las que se encuentran en cuevas o abrigos, son más sensibles a la destrucción, ya que la desaparición del cuerpo es más rápida por la acción de animales carroñeros como las hienas de las cavernas, muy numerosas en aquellos periodos, y de las inclemencias del tiempo. Sin embargo, no es seguro que todos esos factores expliquen por sí solos la poca cantidad de sepulturas descubiertas. Es posible que algunos grupos humanos no practicaran la inhumación, lo que no significa que no tuvieran ritos funerarios, pues algunos apenas dejan huellas arqueológicas. Por todas estas razones, no puede establecerse una relación entre la falta de sepulturas y la existencia de una jerarquía en las sociedades prehistóricas. Además, el tratamiento de los difuntos está poco diferenciado.[238] Por ejemplo, ninguna sepultura múltiple puede vincularse de manera concluyente a prácticas no igualitarias, como el acompañamiento o el sacrificio* que se producen cuando se entierra a un personaje importante. Las muertes en esos casos serían consecuencia de una hambruna, una epidemia o un accidente.[239]

Si bien la existencia de una jerarquización en las sociedades paleolíticas no está por ahora claramente demostrada,[240] tampoco podemos excluir del todo que los individuos hallados en las sepulturas, de diferentes edades y sexos, se distin-

---

* En muchas sociedades históricas, cuando muere un personaje importante se sacrifican y entierran personas allegadas al difunto. Esta práctica, llamada «del acompañamiento», puede revelarse en las diferencias de trato entre el difunto principal y el o los acompañantes (disposición de los cuerpos y acondicionamiento de las sepulturas, postura de uno y del o de los otros, naturaleza y abundancia de adornos o de mobiliario funerario). En las sepulturas múltiples descubiertas en algunos sitios, se constata una «disposición simétrica de los cuerpos».

guieran de los otros miembros del grupo por el hecho mismo de haber sido enterrados. Aunque la razón sigue siendo desconocida, es posible invocar su estatus social, sobre todo en las sociedades magdalenienses, como así lo demostraría la tumba de Saint-Germain-la-Rivière (Gironde).[241] El cuerpo de la joven enterrada se encontraba adornado con un rico collar compuesto de setenta y dos caninos residuales de ciervo.[242] Ese collar particularmente notable, incluso prestigioso, teniendo en cuenta la extrema rareza de ese cérvido en los alrededores del yacimiento durante este periodo especialmente frío,* podría reflejar tanto su pertenencia a un grupo de estatus social elevado, como su posición destacada en el seno de su comunidad.[243]

En la actualidad, no existe ningún argumento arqueológico que confirme la hipótesis de que en el Paleolítico las mujeres tenían un estatus social inferior al de los hombres. Algunos arqueólogos, basándose en la abundancia de representaciones femeninas, sugieren que al ser el centro de las creencias tenían una posición destacada en estas sociedades,[244] lo que parece estar comprobado en algunas de ellas, pero ¿era solo por esta razón? Otros investigadores sostienen que, en esos tiempos remotos, las sociedades eran matrilineales e incluso matriarcales. Pues bien, ¿qué sabemos de esta cuestión?

---

* Esos dientes proceden de las regiones cántabra o mediterránea, donde el ciervo estaba presente incluso en la fase más fría de la última glaciación.

¿Sociedades matriarcales?

Es frecuente la confusión entre sociedad matriarcal* y sociedad matrilineal.† El término *matriarcado*,[245] a diferencia de matrilineal, implica una dominación femenina, como indica su etimología (del griego ἄρχειν, «dirigir», «mandar»). Aunque en muchas especies animales, en especial en nuestros primos hermanos los bonobos, se ha observado una jerarquía basada en la hembra dominante y su descendencia, y aunque los na todavía eran una sociedad matriarcal en la década de 1990,[246] hoy en día el matriarcado ha desaparecido.[247] En cambio, muchas sociedades han sido matrilineales y algunas todavía lo son.[248] Muchos autores, tras constatar que desde la Antigüedad en la mayoría de las civilizaciones los hombres tienen un poder económico y social superior al de las mujeres, afirman que lo mismo sucedió desde los orígenes de la humanidad. Rechazan la tesis, defendida por numerosos expertos del siglo XIX, de la existencia de un matriarcado anterior al patriarcado. La presencia del matriarcado en las sociedades prehistóricas, que se debate desde hace más de un siglo y medio, sigue siendo objeto de enconadas discusiones. Para muchos autores, «el matriarcado original» no sería más que un mito; para otros, habría existido hasta la aparición del patriarcado, durante el Neolítico.[249]

---

* Cuya organización social y jurídica se basa en la ostentación de la autoridad por parte de las mujeres.
† Modo de filiación y organización social en que la transmisión del nombre, de la pertenencia a un clan o a una clase, de los bienes y las funciones o los privilegios se hace a través de la madre. Actualmente, la filiación patrilineal (transmisión a través del padre) es la más común.

Teniendo en cuenta la promiscuidad del clan y la imposibilidad de saber con certeza quién era el padre de un niño, la transmisión del parentesco solo podía hacerse a través de la madre. Según el antropólogo polaco Bronislaw Malinowski[250] (1884-1942) y el jurista suizo Johann Bachofen (1815-1887), esta filiación matrilineal ya existía en las primeras sociedades humanas. A partir de 1861, Johann Bachofen, basándose en mitos antiguos[251] y relatos de viajes,[252] sugiere que «la época primitiva» es la era de la «ginecocracia» fundamentada en el derecho materno —la herencia del poder se transmite de madre a hija—.* La existencia de un matriarcado primitivo, o al menos de una igualdad social entre hombres y mujeres, fue sostenida por diversos antropólogos[253] y filósofos[254] de finales del siglo XIX, para quienes en el momento del paso de la economía de depredación (cazadores-recolectores) a la de producción (agro-pastores)[255] fue cuando los hombres tomaron el poder e instauraron la patrilinealidad, y luego el patriarcado. Esta tesis, que todavía mantenían algunos antropólogos[256] a principios del siglo XX, cobra nueva vida en la década de 1930. Las estructuras sociales de las sociedades prehistóricas se habrían modificado con el paso del tiempo. Al principio habrían sido de clan,[257] luego matriarcales y sedentarias[258] y, al final, familiares (de pareja) y nómadas.[259] Este esquema evolutivo propuesto por el arqueólogo ruso Piotr Efimenko, que contiene diversas inexactitudes, hoy en día está descartado por completo.[260] Efimenko también sostiene que las mujeres cumplían un papel central en las sociedades gravetienses por su condición de reproductoras, pero asimismo de guardianas del hogar y due-

---

* Johann Bachofen sostiene que las mujeres habrían utilizado el «misterio» de la maternidad para organizar la tribu en torno al culto de la «Gran Diosa».

ñas de los animales.[261] Unos treinta años más tarde, Marija Gimbutas, especialista en la Edad del Bronce, describe las sociedades preindoeuropeas como «matrísticas»[262] (matrilineales). Estas sociedades habrían perdurado varias decenas de milenios[263] antes de ser desplazadas poco a poco por la llegada, a partir del año 3000 a. C., de tribus nómadas procedentes de las estepas de Asia Central (vinculadas a la cultura de los kurganes).[264] Las civilizaciones mediterráneas llamadas de los «hipogeos»,* que también se enmarcarían en este tipo de organización matrilineal,[265] habrían sufrido el mismo destino alrededor de 3500 a. C.[266] Estas tribus ecuestres habrían impuesto un sistema patriarcal y guerrero a las poblaciones indígenas matrilineales. Se trata de una tesis cuestionada,[267] sobre todo porque se han descubierto armas y vestigios de fortificaciones que datan de mucho antes de la llegada de dichas tribus y porque la expansión de estas habría sido por lo general pacífica.[268]

En las décadas de 1980 y 1990, varias historiadoras estadounidenses sostienen que las culturas prehistóricas eran matrilineales, y también más igualitarias, más pacíficas[269] y menos jerárquicas que las sociedades patriarcales,[270] tesis rebatida por diversos investigadores,[271] que consideran que las descripciones de las sociedades matriarcales solo serían «cultas construcciones mitológicas» propias del romanticismo de una desaparecida «edad de oro», en la que no existía la dominación de un sexo sobre el otro.[272] La «ginecocracia» de Johann Bachofen sería producto de una «fantasía», según Emmanuel Todd, quien considera que «el estatus de la mujer es en realidad más elevado en los sistemas de

---

* Caracterizadas por enterrar a sus muertos en cuevas artificiales excavadas en la roca. La más antigua, la de Hal Saflieni, en Malta, data de 4100 a 3800 a. C.

parentesco indiferenciado que en las sociedades matrilineales».[273] De modo que ¡el matriarcado original no sería más que un mito! Sus defensores se basan en argumentos etnográficos, y lo mismo hacen sus oponentes, que citan diversos ejemplos de sociedades tradicionales, igualitarias desde el punto de vista económico y social, pero no en las relaciones entre hombres y mujeres. Sin embargo, no puede negarse la evidencia de que existían sociedades, aunque bastante menos numerosas, en que las relaciones entre los sexos eran equilibradas (en la etnia de los san de Sudáfrica, por ejemplo).

Lo que se desprende claramente de los análisis etnológicos es que resulta difícil asociar la existencia del patriarcado, o de la dominación masculina, solo a las sociedades técnicamente desarrolladas. Tanto los defensores como los detractores del matriarcado original utilizan por igual los mitos. La hipótesis de su existencia no tendría en cuenta su naturaleza ni el papel que desempeñaron en el seno de las sociedades tradicionales. En muchos mitos africanos, oceánicos y amerindios, las mujeres eran al principio dueñas de los bienes* y de los rituales, y fueron desposeídas por los hombres[274] porque esta gobernanza femenina conducía al desastre. La referencia a un matriarcado original solo habría servido para justificar la dominación masculina.[275] Pero los mitos solo se basan en parte en la realidad y, al ser transmitidos oralmente, se transforman. Los que nos han llegado no son sin duda los mitos originales, de modo que el argumento de que el dominio de las mujeres condujo al desastre tal vez no existía en un principio o, en todo caso, no en todos los mitos, como sostienen algunos investigadores. Esta idea de la incapacidad de las

---

* Del fuego, de los objetos sagrados, de las herramientas, de las armas, de las semillas, de las plantas, de las técnicas agrícolas...

mujeres para ejercer el poder de manera correcta estaba muy arraigada en la sociedad occidental del siglo XIX. En la obra de Johann Bachofen podemos leer que las sociedades matrilineales son consustanciales a las sociedades «inmaduras» (lo que implica primitivas y basadas en la naturaleza) y las patriarcales a las sociedades «maduras» (es decir, civilizadas y basadas en la cultura).[276] El paso de la filiación materna a la filiación paterna habría sido «un progreso del espíritu humano».[277] Esta tesis la retoman en el siglo XX diversos psicoanalistas,[278] entre ellos Sigmund Freud, que no duda en escribir: «Bajo la influencia de condiciones exteriores que no necesitamos perseguir aquí —y que en parte tampoco son suficientemente conocidas— sucedió que el orden matriarcal de la sociedad fue sustituido por el patriarcal, con lo que naturalmente sobrevino la subversión de las condiciones jurídicas imperantes hasta entonces [...] Pero esta reversión de la madre hacia el padre también implica un triunfo de la espiritualidad sobre la sensualidad, es decir, un progreso cultural, pues la maternidad es demostrada por el testimonio de los sentidos, mientras que la paternidad solo es un supuesto construido sobre una premisa y una deducción».[279] Al contrario, la aparición del matriarcado a lo largo de la evolución humana habría cumplido una función civilizadora.[280]

«¡El matriarcado nunca existió!» Esta frase lapidaria, que apareció en el número de noviembre de 1992 de la revista *L'Histoire*,[281] nos plantea el interrogante de por qué muchos investigadores se resisten a considerar la hipótesis de que la dominación masculina, el sistema patriarcal, no es originario, sino que fue instaurándose de manera progresiva como consecuencia de cambios, tal vez de tipo económico, que modificaron la estructura social de las comunidades de cazadores-recolectores nómadas. La acumulación de bienes, casi inexistente en las sociedades paleolíticas, favorecida por el sedentarismo y la domesticación de las plantas y los animales, habría dado lugar a la aparición de una nueva actividad, la de protegerlos, función que habría correspondido a los hombres, en teoría más fuertes físicamente.[282] Al convertirse poco a poco en propietarios de cultivos y rebaños, los hombres habrían instituido la filiación patrilineal para asegurar su transmisión a los hijos. La apropiación y el control de los hijos, adquiridos a través de la generalización del derecho paterno, habrían surgido en el seno de grupos ya organizados socialmente, según Claude Lévi-Strauss.[283] Esta sustitución de filiación habría provocado la aparición del sistema patriarcal en un plazo más o menos largo, de modo que es muy probable que los cambios económicos y sociales observados en el Neolítico modificaran profundamente las relaciones entre hombres y mujeres. Habrían marcado sin duda el comienzo de la era patriarcal: «El primero que invirtió el orden sexual no fue la mujer, sino el hombre, cuando, entre el tercer y el primer milenio a. C., puso fin al mundo mixto —en el que los derechos y libertades de la mujer eran mucho más amplios y lo femenino era respetado y divinizado— para construir un nuevo mundo, el mundo "viriarcal", donde la mujer sería infravalorada, encerrada y despojada de todos sus poderes. En los albores de esta nueva civilización comienza el gran relato de la superioridad viril, que consolidarían, siglo tras siglo, la mitología (por medio de la imagen y el símbolo), la metafísica (por medio del concepto), la religión (por medio de la ley divina) y la ciencia (por medio de la fisiología)».[284]

Ya en 1884, Friedrich Engels señaló la sustitución progresiva de la filiación materna por la paterna como una de las causas del sometimiento de las mujeres; según Engels, la revocación del derecho materno fue «la gran derrota histórica del sexo femenino».²⁸⁵ Más de ciento veinte años después, Emmanuel Todd señala también que, aunque el principio patrilineal favoreció el desarrollo de formas familiares complejas que más tarde se extenderían por casi toda Eurasia (lo cual implica que antes habría habido otro principio), tuvo como contrapartida una degradación del estatus de la mujer y, por consiguiente, un papel más reducido de las madres en la transmisión cultural.²⁸⁶ Así pues, la escasez de regímenes matriarcales (matrilineales y matrilocales* a la vez) se explicaría por la dominación masculina universal. La subordinación de las mujeres, que es una forma de violencia, sería la consecuencia de la división sexuada del trabajo.²⁸⁷

Tenemos constancia de que, con algunas excepciones, en todas las sociedades históricas, tradicionales o modernas las tareas que requieren la utilización de armas, la caza y la guerra, son valoradas y están reservadas a los hombres. La valoración de estas actividades masculinas habría provocado relaciones de dominación entre los sexos, en detrimento de las mujeres. «Si el hombre se eleva por encima del animal no es dando la vida, sino arriesgándola; por esta razón, en la humanidad, la superioridad no la tiene el sexo que engendra, sino el que mata.»²⁸⁸ Cuando Simone de Beauvoir escribe estas líneas, asocia la creación (de herramientas, de armas) y la asunción de riesgo a una forma de «trascendencia», situando así al hombre del lado de la cultura, mientras que la mujer permanece del lado de la naturaleza —él supera su condición y ella «permanece» en una especie de relación orgánica con el mundo—. Otras interpretaciones tenderán a una forma

---

* En antropología, en su acepción actual, una sociedad a la vez matrilineal y matrilocal (en la que el «marido» va a vivir con la familia de su «mujer») es una sociedad matriarcal.

de «compensación»: como no pueden dar la vida (parir), ni alimentar a un niño de corta edad (amamantar), los hombres se habrían atribuido desde los orígenes el monopolio de las armas. Para otros autores, la explicación es biológica: serían por naturaleza más violentos a causa de la testosterona, la hormona masculina que en los machos alcanza tasas más elevadas.* No obstante, aunque es cierto que la testosterona puede provocar cierta agresividad, necesaria para la supervivencia y la autoafirmación, el cerebro modelado por la educación es capaz de controlarla. Por consiguiente, el hecho de que en su mayoría los hombres sean más violentos que las mujeres se debería más a «una educación diferenciada entre los sexos que a la cantidad de testosterona que emiten», como sostiene Françoise Héritier.[289] Sin embargo, aunque el patriarcado es un sistema social que oprime a las mujeres, también aliena a los hombres, porque sufren «la obligación de la fuerza, el combate, el poder».[290]

En las sociedades paleolíticas, el hecho de procrear y criar a los hijos en sus primeros años otorgaba a las mujeres una función primordial en la supervivencia del clan. Ya que era imposible saber con certeza quién era el verdadero padre del recién nacido, la filiación matrilineal parece más que probable. Partícipes de un gran número de actividades, las mujeres tenían un rol económico real y probablemente un estatus social equivalente al de los hombres, incluso tal vez más elevado en el ámbito doméstico[291] y simbólico, en vista del lugar destacado que ocupan las representaciones femeninas en el arte paleolítico. Es razonable suponer, por tanto, que estas sociedades eran matrilineales, o que en las relaciones entre los sexos se daba cierto equilibrio,

---

* Aunque en las mujeres aumenta en periodos de estrés o de pulsión sexual.

pero en la actualidad no disponemos de ningún indicio que nos permita inferir la existencia de sociedades matriarcales, es decir, dominadas por las mujeres, o patriarcales. Es posible que la sustitución progresiva de la filiación materna por la paterna tuviera lugar en efecto en el Neolítico, pero no en todas partes, puesto que todavía existen sociedades matrilineales en algunas regiones del mundo.

Tenemos constancia de que a finales del Paleolítico y, sobre todo, durante el Neolítico[292] y la Edad de los Metales,* se producen cambios económicos y sociales importantes. A partir del VII milenio a. C., pequeños grupos de individuos de Oriente Próximo, especialmente del Creciente Fértil (en la actualidad Irán, Irak, Líbano, Israel-Palestina, Siria y Turquía), emigran a Europa y difunden un nuevo modo de vida. Estos sedentarios (desde aproximadamente 12.500 años a. C.) llevaron semillas de plantas domésticas (unos 9.000 años a. C.) —trigo farro, cebada, lentejas— y animales —cabra, cordero, bovinos—. En la primera oleada de poblamiento, los migrantes, portadores de la cultura de cerámica cordada, llegan por mar a las regiones del centro y del oeste de la cuenca mediterránea, los Balcanes y el sur de Ucrania. En varios sitios del sur de Italia se han descubierto figurillas femeninas muy estilizadas esculpidas en terracota. La se-

---

* En Europa, ese periodo protohistórico, que agrupa al conjunto de pueblos sin escritura pero contemporáneos de las primeras civilizaciones históricas, se caracteriza por la aparición de la metalurgia. La economía se basa sobre todo en la agricultura y la ganadería, que se completan con las aportaciones de la recolección y la caza. Se distinguen tres grandes periodos: el Calcolítico o Edad del Cobre (que empieza hacia 3200 a. C.), la Edad del Bronce y la Edad del Hierro. Hoy en día es frecuente incluir el Calcolítico en el Neolítico.

gunda oleada, a lo largo del VI milenio, corresponde a la migración de pueblos de agricultores y ganaderos, que remontan el Danubio desde el mar Negro. Esta cultura, Danubiana, se desarrolla primero en Europa central y luego en el resto de la Europa templada, hasta la cuenca parisina (hacia el año 5200 a. C.). ¿Modificaron esos cambios el estatus de las mujeres en esas nuevas sociedades y las relaciones entre los dos sexos?

LAS MUJERES EN EL NEOLÍTICO Y EN LA EDAD DE LOS METALES

¿Se degradó la situación de las mujeres durante el Neolítico? Hay opiniones divergentes. Algunos arqueólogos responden que sí, en cambio otros sostienen que mejoró gracias al papel destacado que habrían desempeñado en la aparición de la agricultura. No se puede generalizar, pues las funciones y el estatus de las mujeres parecen haber variado en función del periodo* y de las regiones,[293] como muestran los estudios del arte —rupestre y móvil— de las tumbas y los esqueletos humanos descubiertos en algunas necrópolis.

En el arte rupestre de la España mediterránea,† se pintaron y grabaron cientos de personajes en acción en las paredes de muchos abrigos bajo roca. A diferencia de las del Paleolítico, las representaciones de mujeres son más escasas (un centenar, a lo sumo) que las de los hombres. Las mujeres se representan a me-

---

* El Neolítico dura unos 5.500 años en Oriente Próximo y cerca de 3.500 en Europa.

† Arte del Levante o levantino, fechado entre 10.000 y 6.500 años a. C.

nudo más pequeñas que los hombres, provistas de una cesta o de un recipiente colgado de un brazo extendido hacia delante, a veces danzando y, más raramente, montadas en un caballo. Con frecuencia aparecen solas o en pequeños grupos exclusivamente femeninos, y su presencia es excepcional en las escenas narrativas, donde se ven hombres que realizan diferentes actividades agrícolas o ganaderas (rebaño de bovinos), recogen miel, bailan y, armados casi siempre de un arco y flechas, cazan o guerrean. No obstante, como en la cueva del Neolítico tardío de Porto Badisco (Apulia, Italia) y en una de las cuevas pintadas de El Civil (Valltorta), al menos se presentan cuatro mujeres en una escena que plasma un enfrentamiento entre dos grupos armados.[294] La división sexuada del trabajo aparece con bastante claridad en este arte de principios del Neolítico.

Aunque en estas pinturas parece que las mujeres se dedicaban en exclusiva a la recolección, los estudios de sus esqueletos demuestran que también practicaban otras actividades; los brazos de algunas individuas de Europa central eran más fuertes que los de las atletas femeninas de hoy.[295] Esta increíble fuerza física de los miembros superiores se debería a las actividades relacionadas con la agricultura: labranza, recogida de cereales, molienda del grano con la ayuda de pesadas muelas de piedra... Las mujeres también trabajaban las pieles, hilaban, tejían[296] y practicaban la alfarería. Esta evidencia de su fuerza y su potencia muscular, más marcada aún en las mujeres de la Edad del Bronce y del Hierro,* obliga a reconsiderar sus tareas en esos perio-

---

* La Edad del Hierro empieza hacia 1200 a. C. y termina a finales del siglo I de nuestra era. Se subdivide en dos grandes periodos. La primera Edad del Hierro corresponde a la cultura de Hallstatt, que se desarrolló en Europa entre 1200 y el siglo V a. C., y la segunda corresponde a la cultura de La Tène (apogeo de la civilización celta), entre 450 y 25 años a. C.

dos. Algunas realizaban trabajos duros y no solo actividades domésticas, para las que se requería menos fuerza. Parece que los hombres practicaron la caza; algunos esqueletos presentan lesiones producidas por la repetición de movimientos resultado de la utilización de armas como el arco o el harpón.[297] Asimismo, según los objetos descubiertos en las tumbas, si bien algunos aparecen indistintamente en las sepulturas masculinas o femeninas, otros se encuentran solo junto al cuerpo de uno u otro sexo, por ejemplo, azuelas (herramientas de trabajo en madera), hachas, mecheros de sílex y puntas de flecha, asociadas siempre a un esqueleto masculino o de sexo indeterminado. Por lo visto su uso estaba reservado, por tanto, a los hombres, lo que implicaría que solo ellos trabajaban la piedra y la madera, encendían el fuego y cazaban o guerreaban. ¿Era eso lo que ocurría en todas las sociedades neolíticas?

Parece que muy a principios del Neolítico, la organización socioeconómica, incluso política, de las primeras sociedades agrícolas se configura con las mujeres.[298] El arqueólogo Jacques Cauvin (1930-2001), especialista en el Neolítico de Oriente Próximo, sugiere una continuidad entre la recolección en el Paleolítico, actividad supuestamente femenina, y la domesticación de las plantas.[299] Tras haberlas recolectado, las mujeres las llevaban a su campamento, y los granos que caían al suelo germinaban.[300] Así es como se les habría ocurrido la idea de hacerlas germinar. Convertidas en agricultoras, también se les atribuiría la autoría de ciertos útiles agrícolas, como la azada y las piedras de moler los granos. Según algunos investigadores, estos conocimientos se habrían transmitido de madres a hijas,[301] lo que les habría otorgado un estatus social tan elevado, o incluso superior, al de los hombres.

En torno al año 6000 a. C., periodo marcado por una explosión demográfica local vinculada a la abundancia de alimentos (atestiguada por la presencia de numerosos silos) y al auge del sedentarismo,* se produce un cambio en la organización social. Con el desarrollo de la ganadería† y el dominio de nuevas técnicas, los hombres habrían sustituido poco a poco a las mujeres en los trabajos relacionados con la agricultura. La explotación de los animales para la lana o la leche habría provocado un confinamiento mayor de las mujeres en el espacio doméstico. Al aumentar las riquezas (campo o pasto, ganado, reservas de alimentos), los hombres habrían ido ocupando un lugar cada vez más relevante en las comunidades. Estos cambios habrían remodelado las relaciones sociales, dando origen a las élites y las castas, como la de los guerreros, y habrían provocado una división sexuada del trabajo más definida, así como una generalización de la residencia patrilocal y de la filiación patrilineal. Estas transformaciones, que cambian por completo el lugar que ocupan las mujeres en la sociedad, son perceptibles desde 5.000 años a. C. en la composición del mobiliario funerario (más sexuado y menos diversificado en las tumbas femeninas) y en el estado de salud que presentan los esqueletos femeninos desenterrados. Se observa un aumento de las patologías asociadas no solo a trabajos duros, al transporte de cargas pesadas y embarazos repetidos, sino también a carencias derivadas de una alimentación pobre en proteínas (basada sobre todo en féculas y vegetales, como prueba el mayor número de caries)[303] y de lesiones causadas por actos de violen-

---

* Las primeras aldeas datan de 7.000 años a. C. aproximadamente en Oriente Próximo, y de unos 4.500 a. C. en Europa.

† Los primeros animales domésticos —cabra, cordero y bovino— aparecen hacia 9000 a. C., en Oriente Próximo, y llegan por primera vez a Europa (a los Balcanes) hace unos 6.800 años.

cia. Sin embargo, no ocurre lo mismo con todas las mujeres. En diversas tumbas, las difuntas van ataviadas ricamente y presentan pocas patologías y traumatismos.[304] De modo que la situación de las mujeres parece variar en función de su posición social. En algunas zonas, por su condición de personalidad importante, su muerte se celebró, como atestiguan las numerosas vasijas de cerámica colocadas sobre la tumba de una mujer enterrada con gran pompa.[305] Hasta finales del Neolítico encontramos esta diferencia en el tratamiento de los muertos. Entre los años 2800 y 2100 a. C., el yacimiento megalítico de Stonehenge (Inglaterra) se utilizó como lugar de cremación para la élite de la comunidad.[306] La presencia de catorce mujeres en una de las fosas,[307] que contenía los restos de veintitrés individuos adultos de todas las edades,[308] es una prueba de que su estatus social equivalía al de los hombres.[309] Las tumbas y los esqueletos masculinos también presentan importantes diferencias de trato entre los individuos. La cuestión que se plantea es saber si la división sexuada del trabajo no sería ante todo una división social del trabajo debida al aumento de las desigualdades y a la jerarquización de la sociedad.

En algunas comunidades neolíticas, aunque también de las edades del Bronce y del Hierro, había mujeres que practicaban actividades que se suponía que eran competencia exclusiva masculina:[310] la caza y también la guerra.[311] Como apunta acertadamente Chloé Belard a propósito del lugar reservado a las mujeres durante la Edad del Hierro en la Champaña: «Si se considera que los hombres enterrados en tumbas de carro* son "jefes", no hay ningún argumento arqueológico para no pensar lo mismo de las mujeres enterradas en tumbas de carro. Cabe contemplar

---

* Rito funerario que consistía en depositar en una misma fosa el esqueleto o las cenizas de uno o dos difuntos con un carro de guerra o de gala.

la posibilidad de que pudieran atribuirse a algunas mujeres funciones de poder económico e incluso político».[312]

Guerreras

En el siglo XIX, la sociedad occidental patriarcal no puede aceptar la existencia de guerreras: las interpretaciones de los descubrimientos, en 1880, del yacimiento arqueológico de Birka, al norte de la isla de Björkö (Suecia), son muy significativas a este respecto. El esqueleto enterrado con armas (una espada, dos lanzas y veinticinco flechas), dos caballos y un tablero con un conjunto completo de fichas se atribuyó a un hombre. Durante más de un siglo esta tumba se utilizó como referencia para identificar a los jefes guerreros vikingos. Aunque desde 2014 el estudio antropológico del esqueleto[313] puso en duda esta interpretación, hubo que esperar a que se realizaran nuevas excavaciones[314] y análisis de ADN para que la comunidad científica admitiera por fin que se trataba del esqueleto de una mujer.[315] Ese supuesto guerrero vikingo de mediados del siglo X era una guerrera de unos treinta años, que medía más o menos un metro setenta. Es posible que fuera una caudilla, como parece indicar el juego, que debía servir para ejercitarse en las tácticas y estrategias de combate.[316] Pese a estos nuevos datos indiscutibles, algunos arqueólogos masculinos no admiten tal interpretación, y sugieren que los parientes de esa mujer la vistieron con ropas de guerrero, sin que ello reflejara su posición real en la sociedad.

No obstante, otras excavaciones ya habían mostrado que no todos los guerreros vikingos eran hombres. Además, en muchas sagas se describe a muchachas armadas que luchan al lado de los hombres, como en la legendaria *Völsunga saga* o en la balada irlandesa del siglo X, que narra la historia de Inghen Ruaidh, la guerrera que conduce una flota vikinga hasta Irlanda. Por supuesto, para algunos autores, esas heroínas guerreras no serían más que ¡«embellecimientos» tardíos! Es posible que otras sepulturas vikingas hayan padecido una interpretación errónea, pues nada prueba que el rol asignado a las mujeres fuera el mismo entre los vikingos que en las sociedades más recientes.[317] Para muchos hombres sigue siendo impensable que las mujeres desempeñaran una función militar, excepto algunas reinas o regentes. Por lo general, estos hombres son también los que cuestionan la idea de que el matriarcado existió y precedió al patriarcado. Aunque muchos autores han dado el nombre de amazonas a los ejércitos femeninos, para la mayoría de los historiadores y antropólogos su existencia sigue siendo un mito, aun a pesar de los numerosos testimonios históricos que dan fe de que las mujeres fueron guerreras.

El rechazo a la idea de que las mujeres pudieran montar a caballo y guerrear se remonta a la Antigüedad.[318] Y sin embargo, es en ese periodo cuando surge el mito de las amazonas, seres legendarios y producto de la fantasía para algunos autores,[319] seres reales para otros.[320] Heródoto y ciertos autores antiguos las consideran guerreras escitas.[321] Hacia el año 2000 a. C., y tras el exterminio de todos los guerreros, las mujeres habrían tomado las armas contra los egipcios cuando estos invadieron Capadocia (Turquía), ocupada entonces por los escitas.[322] Casi un siglo después de Heródoto, el orador ateniense Isócrates señalaba entre los enemigos más peligrosos de Atenas a los tracios, los persas y los escitas, comandados por las amazonas.[323] El geógrafo romano Pomponio Mela (siglo I) situaba a las amazonas en las estepas en torno al Don, al mar de Azov y al mar Caspio.[324] Según algunas fuentes, en el año 513 a. C. habrían participado en el combate que provocó la retirada del rey persa Darío I de Escitia y de Sarmacia, territorio situado entre los ríos Don y Ural.[325] La arqueóloga estadounidense Jeannine Davis-Kimball (1929-2017) ve en la presencia de mujeres rubias en la tribu de los mongoles, de cabello por lo general negro, la prueba de la existencia de cruces entre este pueblo y el de otra etnia, hoy desaparecida, y cuyo origen exacto sigue siendo desconocido, tal vez la de las amazonas escitas-sármatas.[326]

Muchos textos griegos[327] y latinos,[328] en especial el *Ciclo troyano*,[329] narran sus proezas. Las amazonas se unían una vez al año a los hombres más atractivos de los poblados vecinos y mataban a sus hijos varones o los mutilaban para utilizarlos como siervos. Dirigidas por una reina,[330] se entrenaban en el manejo de las armas, montaban a caballo, cazaban y guerreaban. Para tirar al arco con más facilidad, de niñas se cauterizaban el pecho derecho.[331] Se trata de una leyenda nacida de una falsa etimología transmitida por Heródoto, para quien el nombre de «amazona» significa «privada de mama».[332] De estos textos surgió el mito de las feroces amazonas, jinetes y guerreras criadas para serlo. Se las describe provistas de un escudo ligero en forma de media luna y armadas con una lanza, un arco y unas flechas, aunque a veces también con un hacha. Amaban la guerra: «Desde que bajó el Pélida sucumbió Héctor, semejante a un dios, desde que la pira lo devoró y sus huesos la tierra los hubo cubierto, entonces ya los troyanos permanecían en la ciudad de Príamo temiendo el ímpetu denodado del Eácida, el de atrevidas entrañas. [...] Y entonces de las corrientes del Termodonte de vasto curso llegó Pentesilea*

---

* Reina de las amazonas, acude en ayuda de los troyanos tras la muerte de Héctor. Venció en numerosos combates delante de la ciudad sitiada, luego murió por mano de Aquiles, que se enamoró de ella mientras la veía morir.

revestida de la hermosura de las diosas. Por dos razones, tanto por desear la guerra lamentablemente, como por liberarse en gran manera de una aborrecible y afrentosa habladuría, no fuera que alguien en su pueblo con ignominias la vejara a causa de su hermana, por quien su aflicción crecía, Hipólita, pues la mató con su robusta lanza, y no por su voluntad, sino cuando enfilaba a un ciervo. Por eso era que a la tierra de la gloriosísima Troya llegaba. Y además su ánimo marcial la apremiaba a, tras haberse purificado del todo de la mancha perniciosa de la muerte, aplacar con sacrificios a las terribles Erinias, quienes, justo en el momento en que quedaron encolerizadas por el azar de su hermana, la perseguían inadvertidas; pues aquellas de continuo en torno a los pies de los culpables dan vueltas, y no es posible que a las diosas el culpado las esquive. Y a su vez otras doce la seguían, todas insignes, todas a su vez deseosas de la guerra y la insufrible contienda, que eran sus servidoras, aun siendo muy ilustres. Pero de entre todas mucho sobresalía Pentesilea».[333] En estas epopeyas, las amazonas libran numerosos combates de los que siempre salen vencedoras. Si en la *Ilíada* son «figuras heroicas positivas (fundadoras o protectoras de ciudades a las que se rinden cultos funerarios)», en los relatos de las proezas de Teseo,* son simples mujeres «"domadas" por el héroe y devueltas a su papel doméstico».[334]

Cada continente tiene sus amazonas. Se han descrito mujeres guerreras en Asia, especialmente en Borneo, en África —el ejército del imperio de Monomatapa (1450-1629), en Zimbabue, en el siglo XVI contaba con unas 5.000-6.000 mujeres-soldado— y en América del Sur. El 24 de junio de 1542, el dominico espa-

---

* Teseo rapta a Antíope, las amazonas invaden el Ática para salvarla, pero son rechazadas por él (episodio de la *Teseida* llamado «Amazonomaquia», siglo V a. C.).

ñol Gaspar de Carvajal, cronista de la expedición dirigida por el explorador español Francisco de Orellana,[335] afirma haber sido atacado a orillas del río Marañón (Perú) por indios dirigidos por mujeres blancas, altas, musculosas, casi desnudas y armadas con arcos y flechas, como las famosas amazonas de la mitología griega.[336] Las encontramos en los escritos del explorador geógrafo André Thevet.[337] Si bien en un primer momento se alegra de que las amazonas de América se añadan a las descritas en la Antigüedad, más tarde, en la *Cosmographie universelle*, declarará que «lamenta haber caído en el error de haberlo creído», ya que probablemente solo eran indios con largas cabelleras.[338] Las acciones de las «amazonas de Dahomey», más recientes, permanecen en la memoria. Así llamaron los occidentales a las mujeres-soldado del regimiento militar de la etnia fon en el antiguo reino de Dahomey, la actual Benín. Esta tropa por entero femenina, aparecida en el siglo XVIII, lucha hasta finales del siglo XIX.[339] Su existencia la confirman los comerciantes europeos y, en la década de 1890, los legionarios. Combatiendo junto al ejército francés en la colonización de Dahomey, estos dan fe del «increíble valor y audacia de ese regimiento compuesto por mujeres que no temían morir para preservar su libertad».[340]

En el siglo XX, la arqueología confirma el mito. Las investigaciones realizadas en las estepas de la parte oriental de Europa y de Asia Central probarán que en algunos pueblos de las estepas de la Edad del Hierro había mujeres jinetes y guerreras. En ciertas tumbas descubiertas en la frontera entre Rusia y Kazajistán y fechadas entre 600 y 200 años a. C. había cuerpos de mujeres ricamente adornadas y enterradas con sus armas.[341] Los arqueólogos no dudan: los cuerpos enterrados corresponden a guerreras escitas. A partir de la década de 2000, las nuevas excavaciones y los métodos modernos de análisis que permiten determinar el sexo de los esqueletos confirmaron su existencia. En diciembre de 2019, un equipo ruso de la Academia de las Ciencias francesa descubrió, en el interior del túmulo funerario de Devitsa V (región de Vorónezh),[342] los esqueletos de cuatro mujeres escitas enterradas por separado hace unos 2.500 años.[343] Se trata de una adolescente de entre doce y trece años y de tres mujeres de edades comprendidas entre los veinte y veintinueve; veinticinco y treinta y cinco, y cuarenta y cinco y cincuenta años, esta última una edad respetable entre los escitas, donde la esperanza de vida de las mujeres era de entre treinta y treinta y cinco años. Cerca de los cuerpos se habían depositado armas —lanzas, flechas, cuchillos de hierro— y arneses de caballos, elementos que prueban que esas mujeres eran guerreras y tiraban al arco, a semejanza de las míticas amazonas. La adolescente yacía en una postura llamada «de jinete»,* con una pulsera de cuentas de vidrio, un espejo de bronce, dos recipientes y dos lanzas. La mujer de mayor edad llevaba un tocado de ceremonia llamado *calathos* y joyas hechas de una aleación compuesta con casi un 70 por ciento de oro. Yacía junto a un cuchillo de hierro y una flecha. No se trata de un caso aislado. En el último decenio, este equipo ha descubierto en esa región del Don once sepulturas de jóvenes enterradas con sus armas.[344] Lo excepcional en Devitsa V es la presencia en un mismo lugar de cuatro sepulturas de mujeres de edades tan distintas.

Dos años antes de este hallazgo, unos arqueólogos armenios habían descubierto una tumba que contenía el cuerpo de una mujer de unos veinte años, de alto estatus, como atestiguan las

---

* Para lograr esa postura, los antropólogos han afirmado que, una vez muerta, le habían cortado los tendones de las piernas.

numerosas joyas y otros objetos de valor hallados junto al esqueleto.[345] Un estudio detallado reveló que se trataba de una arquera que montaba con frecuencia a caballo,* pues presentaba numerosas fracturas, heridas en el hueso pélvico y en la tibia y una punta de flecha clavada en uno de los fémures. El conjunto de estos elementos indica con claridad que era una guerrera.[346] Es el segundo esqueleto de mujer guerrera descubierto en Armenia. Estos hallazgos reavivan el debate sobre la existencia de las amazonas, que algunos historiadores de la Antigüedad localizaban en el Cáucaso, la misma región donde están estas sepulturas... Hasta el momento se han excavado más de mil tumbas de escitas y de tribus emparentadas (sármatas), desde Bulgaria hasta Mongolia, y en algunas de estas necrópolis las mujeres armadas ocupan casi el 37 por ciento del total de las tumbas.[347] Por lo visto, el mito se ha convertido en realidad.

Por aquella misma época, al oeste del continente europeo, había mujeres celtas que también eran guerreras† temibles, según varios autores antiguos,[348] y tal vez jinetes, como se desprende de algunas monedas en que aparece una mujer con el torso desnudo montada a caballo. En las sociedades celtas, las mujeres eran independientes; se las consultaba sobre cuestiones políticas y militares y tenían derecho a arbitrar en los conflictos en las asambleas. Algunas, por su condición de reinas,[349] ejercieron el poder supremo y dirigieron a los ejércitos en el combate. Precisamente porque las mujeres participaban de manera activa en la vida pública, entre otras cosas, los escritores griegos y romanos[350]

---

* Las uniones de los músculos del brazo y de los músculos glúteos están muy desarrolladas.

† Sobre todo durante La Tène, segunda Edad del Hierro, aproximadamente entre 450 y 25 años a. C.

incluyeron a los celtas en la categoría de pueblos no civilizados.*
Como sugiere el historiador Jean Markale (1928-2008) en *La mujer celta: mito y sociología*, tal vez deberíamos hallar fuentes de inspiración en esa antigua civilización: «En una época en que el problema de la mujer se plantea en todas las sociedades contemporáneas con una fuerza inusitada, cuando se discute a veces con dureza sobre los respectivos papeles del hombre y de la mujer, o incluso sobre la supervivencia de la pareja y el fundamento del matrimonio, ¿no sería oportuno —y provechoso— estudiar esta tradición celta antigua, cuyas especulaciones tal vez sean intentos de solución? Nunca es demasiado tarde para hacer que broten del pasado las fuentes vivas del futuro».[351]

A principios de la década de 1940, las amazonas, muy presentes aún en el imaginario colectivo, inspiran al psicólogo estadounidense William Moulton Marston (1893-1947), guionista de cómics. Muy influido por los movimientos feministas, en especial por el de las sufragistas, y por la implicación de las mujeres durante la Segunda Guerra Mundial, crea en 1941 una superheroína, Diana, hija de la reina Hipólita de Temiscira, la isla donde se han refugiado las amazonas tras ser derrotadas por Hércules.[352] Cuando llega a Estados Unidos, con el aviador del ejército estadounidense Steve Trevor, que se había quedado varado en la isla, se convierte en Wonder Woman y se dedica a combatir el crimen. Representa a la mujer libre, fuerte y valiente, que practica todas las actividades y los oficios hasta entonces reservados a los hombres. No obstante, en 1954

---

* Este papel destacado de las mujeres se encuentra en el derecho vigente en la sociedad pagana de tradición germano-nórdica, en la que no había jerarquización de funciones según el sexo, ni igualitarismo, sino complementariedad.

esta figura femenina heroica suscita una viva polémica: ¡da miedo a los niños! A finales de la década de 1960, se convierte en Diana Prince, una secretaria que nunca abandona su oficina. Habrá que esperar a la de 1980 para que recupere progresivamente su identidad, la de una amazona, como en la película *Wonder Woman* (2017), dirigida por... una mujer, la estadounidense Patty Jenkins.

Al menos 600 años a. C. había en Europa mujeres reinas, regentes, emperatrices... Nobles o plebeyas, las mujeres han participado en muchas de las guerras y revoluciones a lo largo de nuestra historia y, como los hombres, han luchado por la libertad. Algunas son todavía famosas, pero muchas ya han sido olvidadas. La mayoría de los historiadores del siglo XIX, influidos por el contexto de la época, borraron su nombre del relato de la historia. Siglo durante el cual los discursos médicos ponen de nuevo de actualidad la teoría de los «humores», heredada de Aristóteles e Hipócrates, que diferencian los temperamentos masculino (activo) y femenino (pasivo). Al destacar la facultad supuestamente propia del hombre de derramar su sangre, y también la de otro, hicieron de la actividad guerrera la obra viril por excelencia.[353] En ese periodo se produce la retirada progresiva de las mujeres de los campos de batalla, pero todavía estaban presentes en la época moderna, aunque muchas veces tuvieran que disfrazarse.[354] A comienzos del siglo XX, a excepción de las guerras civiles, se las aparta de los combates.[355] Sin embargo, esas mujeres luchadoras demostraron que el valor, el arrojo y el desprecio a la muerte no son rasgos exclusivos del sexo masculino. «Las heroínas producen héroes».[356]

Divinidades femeninas

Sugerir que, desde tiempos inmemoriales, los humanos veneran los espíritus, bajo cualquier forma, suscita relativamente pocas discusiones. Sostener que desde el principio de la historia de la humanidad se rindió culto a divinidades femeninas, o mejor aún a una diosa-madre, y que dichos cultos son anteriores a la veneración de divinidades masculinas y luego de un dios único (masculino, a imagen del hombre) provoca una avalancha de críticas.[357]

La reinterpretación de los mitos antiguos y de su teogonía* llevó a la tesis de la existencia de cultos primitivos rendidos a diosas primordiales o a divinidades femeninas de la fertilidad o la fecundidad. Durante las décadas de 1970 y 1980 muchos investigadores estadounidenses sostuvieron esta tesis, surgida a principios del siglo XX.[358] Desde la prehistoria hasta hoy, las divinidades femeninas han inspirado a numerosos escritores y artistas, como la estadounidense Judy Chicago, que entre 1974 y 1979 realiza una exposición en homenaje a la historia de las mujeres, especialmente a las excluidas de «la Historia».[359] Su obra, *The Dinner Party*, está expuesta en el Brooklyn Museum. En torno a la mesa se sientan las diosas primordiales o diosas madres, como Gea y Neith, que representan la maternidad, la fertilidad, la creación, la Tierra, y luego las diosas de la fertilidad asociada al embarazo, al nacimiento, y a veces al sexo y al amor.

---

* Una teogonía es cualquier relato mitológico sobre los orígenes y las genealogías divinas. Constituye una forma de relato original, igual que una cosmogonía (que describe el nacimiento del universo y del mundo), de la que a menudo es indisociable, o una antropogonía (que describe el nacimiento y el destino de la humanidad).

En casi todas las culturas del mundo, la tierra se identifica con la feminidad[360] y la cueva, en la que se penetra, simboliza a menudo a la mujer. En este mundo subterráneo penetraron los humanos prehistóricos para pintar, esculpir, grabar o dibujar animales, seres humanos y signos geométricos. Como prueban sus sepulturas, tenían pensamientos simbólicos y metafísicos. Para muchos prehistoriadores,[361] estas representaciones parietales serían la manifestación de un sistema de creencias. El término *santuario* se ha utilizado incluso para caracterizar algunas cuevas adornadas, como la de Lascaux, bautizada por el abad Henri Breuil como la «capilla Sixtina de la prehistoria», donde se habrían practicado rituales, algunos vinculados a la fecundidad.[362] Para estos arqueólogos, las cuatro siluetas femeninas de tamaño natural esculpidas en bajorrelieve —sin cabeza ni pies pero con el sexo bien marcado— en el abrigo de Bourdois, en Angles-sur-l'Anglin (Vienne),[363] lo demostrarían. Y no fueron las únicas.

Ante el gran número de representaciones femeninas en el arte prehistórico, diversos arqueólogos plantearon la hipótesis de la existencia de cultos dirigidos básicamente a la veneración de la Tierra, de la fertilidad y de la fecundidad a través de la imagen sacralizada de la mujer. Hasta la Segunda Guerra Mundial, para la gran mayoría de los investigadores, las estatuillas femeninas denominadas «venus» son efigies de diosas.[364] Su «esteatopigia» correspondería a «una convención artística primitiva: la amplificación de las formas de la mujer fecunda con fines propiciatorios».[365] Para Jean-Pierre Duhard, tienen una adiposidad normal y representan distintos estados fisiológicos de la mujer.[366] Además, no todas poseen los atributos que se presumen en el arquetipo de una diosa de la fecundidad (pecho y vientre desarrollados, sexo marcado).[367] Si bien cabe considerar la hipótesis de que en el Paleolítico se practicaran ritos en algunas cuevas o abrigos, no está arqueológicamente probada la existencia de lugares de culto a una o varias divinidades femeninas.

Esos lugares de culto no aparecerían hasta el final de este periodo,[368] y más probablemente durante el Neolítico. Aunque varios investigadores defienden la hipótesis de una continuidad simbólica entre las estatuillas femeninas paleolíticas y neolíticas,[369] existe una discontinuidad temporal de al menos 3.000 años.* Se han descubierto figuras femeninas correspondientes al Neolítico en yacimientos megalíticos como los de Malta,[370] o en poblados como el de Çatalhöyük (Turquía); en este, se han hallado numerosas estatuillas, zoomorfas y antropomorfas.[371] Entre las cuarenta estatuillas femeninas, la más original es la «mujer sentada», de terracota y descubierta en un silo de granos. Representa a una mujer sentada en un trono cuyos brazos tienen forma de leopardo. Sus manos descansan sobre la cabeza de los felinos[372] y, entre las piernas, se distingue una especie de esfera, que a veces se ha interpretado como el cráneo de un recién nacido, de modo que estaría pariendo.[373] Dada su relativa escasez,[374] su heterogeneidad, sus dimensiones modestas y el lugar de su descubrimiento, principalmente en fosas de desechos o en silos de grano, las figurillas femeninas de Çatalhöyük podrían haber tenido otras funciones no vinculadas únicamente a creencias o a prácticas religiosas.[375] Es posible que las estatuillas femeninas neolíticas, halladas casi siempre fuera de los santuarios, fueran amuletos protectores, objetos propiciatorios o adivinatorios, o incluso un símbolo de riqueza.[376] Sin embargo, no hay ningún indicio arqueológico que permita excluir la hipótesis de que algunas

---

* Las «venus» desaparecen hace unos 12.000 años y las estatuillas femeninas, llamadas «diosas-madre» aparecen en el Oriente Próximo hace unos 9.000 años.

puedan presentar a una diosa, o una ofrenda (especie de exvoto) a una divinidad ya que, como en el caso de las del Paleolítico, los motivos para su realización probablemente variaron con el tiempo, según las regiones (Oriente Próximo, Eurasia) y las culturas.

Esta estatuaria femenina ha llevado a muchos investigadores a sostener, refiriéndose al arquetipo de la diosa-madre[377] presente en numerosos mitos,[378] que desde el Neolítico se había rendido culto a una «madre» original y universal. Dado que la mujer encarna la reproducción de la especie y su supervivencia a largo plazo, esta veneración se enmarcaría en una dimensión temporal circular y cíclica, de donde nace el mito del «eterno retorno».[379] El culto a la diosa-madre, que surge en Oriente Próximo con la domesticación de las plantas, se habría extendido por toda Europa con la expansión de los primeros pueblos agricultores[380] y, por tanto, habría precedido al culto a una divinidad masculina. Muy desarrollado en la Antigüedad, su práctica desde el Neolítico no se acepta de manera unánime,[381] y será duramente discutida sobre todo en la década de 1970, cuando aparecen los trabajos de la arqueóloga y prehistoriadora Marija Gimbutas (1921-1994), para quien la omnipresencia de las estatuillas femeninas en diversos yacimientos neolíticos de los alrededores del mar Negro atestiguaría la preeminencia del culto a la diosa-madre y reflejaría el papel dominante de las mujeres en esas sociedades preindoeuropeas.[382] Esta «cultura prehistórica de la diosa», como la llama Gimbutas,[383] propia de las sociedades matrilineales, sedentarias, agrícolas, pacíficas e igualitarias, habría desaparecido poco a poco con la expansión, a partir de la segunda mitad del V milenio, de los pueblos de las estepas de Asia Central (los kurganes). Su tesis, que suscitó encendidas controversias,[384] se enmarca en la corriente llamada de la «diosa-madre», desarrollada en Estados Unidos en las décadas de 1970-1980. En numerosas culturas, los dioses habrían derrotado a las diosas y las habrían sometido, después de lo que la filósofa alemana Heide Göttner-Abendroth[385] denomina la «Caída», hecho que se habría producido en distintas épocas según las culturas.[386] Merlin Stone, a la que ya nos hemos referido, es una de las figuras destacadas de esta corriente. En 1976 escribe un ensayo con el provocador título *When God Was a Woman*,[387] que tendrá un profundo impacto en el movimiento internacional de la «teología feminista», nacida en Estados Unidos a finales del siglo XIX.

A mediados de la década de 1960 surge otra tesis, la de la existencia en Oriente Próximo de un doble culto, a la «diosa-madre» y al «dios-toro».[388] La asociación de los símbolos «diosa y toro» habría nacido poco antes de la aparición de la agricultura y la ganadería, señal de que las ideas precederían a las innovaciones técnicas, económicas y sociales.[389] En *La déesse et le grain*, que reúne tres ensayos sobre las religiones neolíticas en Oriente Próximo, Alain Testart pone en duda la hipótesis que asocia, por un lado, el nacimiento de la agricultura y la supremacía de las divinidades femeninas y, por el otro, la existencia de un culto del toro que anuncia la ganadería.[390] Según Testart, los cuernos de bovinos reales y representados o modelados (bucráneos) pueden ser trofeos de caza (signos externos de riqueza o prueba de la destreza del cazador que vivía en la casa) o recuerdos de actos sacrificiales.[391] Sus interpretaciones niegan toda voluntad de abstracción a sus autores/as. No podemos excluir que, en algunas de estas sociedades, las estatuillas femeninas y los bucráneos simbolizaran ese doble culto, y tal vez que «cuando se conocieron mejor los hechos fisiológicos relativos a la paternidad, [...] se asignó a la diosa-madre un compañero varón que era su hijo o su amante, su hermano o su esposo. Sin embargo, aunque él fuera el procreador, ocupó respecto a la diosa una posición subordinada, y en el culto en realidad solo fue una figura secundaria».[392]

En la década de 1990, varias arqueólogas feministas[393] cuestionaron la hipótesis de la existencia de la diosa-madre. Aunque aún hoy diversos investigadores[394] la sostienen, otros la rechazan, pero no porque duden de que los humanos del Neolítico tuvieran creencias, sino de que tales creencias estuvieran orientadas forzosamente hacia divinidades femeninas y no quizá a espíritus o antepasados.[395] Ahora bien, no tenemos de ello ninguna prueba... En la actualidad, la existencia en el Neolítico de un culto a una diosa-madre única y universal no está arqueológicamente probada. Aunque unos miles de años separan las estatuillas femeninas neolíticas de los cultos a las diosas antiguas, no por eso debemos descartar la posibilidad de que en algunas sociedades fueran representaciones de divinidades. Es una hipótesis como tantas otras. Reconocer los cultos a diosas-madre, distintas según los periodos y las regiones y, por tanto, a través de ellas la veneración a las mujeres como fundadores de linajes, es admitir la existencia de la filiación matrilineal, incluso del matriarcado, lo que sin duda muchos hombres son reacios a aceptar.

Ciertos investigadores destacan la similitud de todas las figurillas femeninas prehistóricas descubiertas en Europa y en Oriente Próximo, y sugieren un sincretismo mitológico que habría dado lugar a las diosas antiguas de la fertilidad o la fecundidad presentes en numerosas teogonías.[396] Algunas participan en la creación del mundo o de los humanos,* como Neith, diosa primordial

---

* En tiempos del Imperio romano, durante el mandato de Julio César, se consideraba a Venus la madre del pueblo romano (*Venus Genetrix*).

egipcia de origen libio que, con la ayuda de siete trozos de tela, definió los límites del mundo,[397] o Ninhursag, diosa-madre sumeria de la Tierra, que con arcilla modeló a los hombres, como Enkidu, el fiel compañero de Gilgamesh.[398] En numerosos mitos de distintas civilizaciones encontramos diosas-madre o grandes diosas.[399] Estas, a diferencia del Dios de los monoteístas, son «visibles».[400] La más conocida es Gea, de la mitología griega.[401] Diosa primordial, se identifica con la «diosa-madre» o con la «tierra-madre» en la *Teogonía* de Hesíodo. Engendrada por Caos, da a luz tres hijos[402] sin intervención de varón, y también es la madre de las ninfas, divinidades femeninas de la naturaleza. Luego engendra con sus propios hijos diversas divinidades primordiales,[403] como la primera generación de Titanes[404] y los cíclopes. En el panteón celta, la «Gran-Madre» (*mamm-goz* o Ana) es la madre original del conjunto de los dioses celtas.[405] Encarnaba la fecundidad y la maternidad, la feminidad y la esposa,[406] la abundancia y la fertilidad de los suelos. Representada con un cuerno de la abundancia entre las manos (como la Venus de Laussel) o sobre el hombro, se la veneraba en la época de la siembra y la cosecha. Asociada a menudo al hacha o a un animal con cuernos (bovino), ostentaba el poder sacerdotal y el de impartir justicia a los humanos. Existiría un vínculo —una especie de herencia— entre el culto a la «Gran-Madre» y los monumentos megalíticos[407] erigidos en el Neolítico.[408]

Poco tiempo después de su aparición, en el siglo I, en Judea, el cristianismo rechaza el culto a la diosa-madre. En el año 325, en el Primer Concilio de Nicea (Iznik), celebrado en Turquía, se decide que María, que ha dado a luz al hijo de Dios por intervención del Espíritu Santo, ha de ser venerada como «Madre de Dios» (*Theotokos*) y no como diosa.[409] En *When God Was a Woman*, Merlin Stone acusa a la religión judeocristiana de haber querido eliminar incluso el recuerdo de la religión ancestral en la que la divinidad suprema era la Gran Diosa, imponiendo al mismo tiempo el culto a un dios varón y el patriarcado.[410] A menudo leemos: «Así era al principio de los tiempos»,[411] pero los mitos no se presentan en su forma primitiva. A las antiguas versiones se han superpuesto otras nuevas, que las han suplantado. En muchas ocasiones, con el paso de los siglos, los mitos originales se han modificado, remodelados por un pensamiento patriarcal del que estaban impregnados los traductores, en especial los monjes.[412] ¿No cabe pensar «que esos mitos revelaban una feminidad divinizada, que la huella del patriarcado ha reducido, ignorado y rechazado»?[413]

Durante más de un siglo y medio, las interpretaciones realizadas de los restos arqueológicos han contribuido en gran manera a invisibilizar a las mujeres atribuyéndoles determinadas tareas, agrupadas a veces bajo la denominación de actividades de «mantenimiento» o de «asistencia» (vinculadas al *care*, por utilizar un término actual), y subestimando su importancia en la economía (la recolección/la caza). Los nuevos descubrimientos ponen de manifiesto que las mujeres prehistóricas son tan importantes como los hombres en el proceso de humanización. De ellas provienen los comportamientos necesarios para la evolución de los homínidos,[414] sobre todo en su función de madres: «El papel fundamental de los cuidados maternales en el mundo animal, esa función que heredó la especie humana, al desarrollarse y generalizarse constituyó la base de lo que podríamos llamar "altruismo social": el interés mutuo de cada miembro de la horda por la seguridad y el bien del otro».[415] Dado que las mujeres se encargaban de los niños, cabe pensar que transmitieron las primeras formas de la cultura, como por ejemplo el lenguaje. Además, en las sociedades prehistóricas patrilocales, cuando las mujeres dejaban su grupo de nacimiento para unirse a otro, favorecían los intercambios de conocimientos y habilidades. También cabe imaginar que en aquella época la educación y la vigilancia de los niños podría haber sido una tarea colectiva, sin distinción de sexos, como en algunas etnias africanas, y romper así con «una visión limitada de los roles parentales»;[416] y con un nuevo cambio de punto de vista, pensar que la situación de las mujeres era probablemente mucho mejor que en ciertos periodos históricos, en los que los preceptos religiosos y la injusticia de las leyes las mantuvieron en un estado de inferioridad y subordinación.

De las representaciones imaginarias de la mujer prehistórica, un arquetipo hecho de prejuicios y presuposiciones, tampoco se han librado algunas feministas, que convierten a las mujeres en víctimas pasivas y esclavizadas por los hombres, y consideran miserable su vida durante ese periodo descrito como «estado de naturaleza». En la parte «Historia» de su obra *El segundo sexo* (1949), Simone de Beauvoir, que no se basa en ningún dato arqueológico, describe la situación de las mujeres durante la prehistoria en las sociedades que preceden a la agricultura, donde las mujeres estaban, según ella, alienadas por su «naturaleza», atrapadas en un determinismo biológico.[417] Las funciones procreadoras y maternales las habrían incapacitado para la producción de conocimientos y habilidades.[418] Minimiza el trabajo femenino[419] y valora el de los hombres.[420] Cuarenta y siete años más tarde, Françoise Héritier formulará la misma diferenciación entre los sexos que Simone de Beauvoir, entre el que da la vida y el que se arroga el poder de quitarla y accede así a un nivel superior. Sin embargo, mientras que Françoise Héritier ve en esta actividad masculina una especie de paliativo a su imposibilidad de engendrar,[421] Simone de Beauvoir parece que la convierte en la única vía para acceder a una posición de trascendencia.[422] De modo que, según ella, solo los hombres, en su condición de creadores y ostentadores de ese poder de matar, habrían participado en la evolución de la humanidad y habrían podido liberarla de su animalidad.[423] Héritier basa una parte de su reflexión en la obra de Friedrich Engels, que considera que la situación de las mujeres empezó a degradarse con la aparición de la agricultura y la ganadería y la institución del sistema patriarcal;[424] en cambio, Simone de Beauvoir sostiene que dicha situación mejoró.[425] Al afirmar que la maternidad y una fuerza física menor son hándicaps a la hora de realizar los trabajos necesarios para la vida diaria,[426] y que los hombres son los innovadores y los únicos actores económicos y sociales, está transmitiendo la visión androcéntrica de los escritos de prehistoriadores y antropólogos, en los que las mujeres prehistóricas son casi invisibles. Aunque la reflexión que Simone de Beauvoir desarrolla era más que necesaria, instauró en el imaginario colectivo una visión sombría de la situación de las mujeres durante aquel lejano periodo. Esas suposiciones confirman las tesis que defienden los partidarios del determinismo biológico —sin duda, en contra de las intenciones de la escritora— y de la dominación masculina desde las primeras sociedades humanas.

No creo que ese pasado remoto fuera un periodo idílico, un Edén o una edad de oro, pero no puedo coincidir con Simone de Beauvoir cuando postula la existencia de un sometimiento de las mujeres desde el principio de los tiempos. No hay ninguna prueba arqueológica que excluya la participación de las mujeres en las actividades económicas, sociales y culturales, en las sociedades del Paleolítico, periodo que se extiende durante cientos de milenios. Con el paso del tiempo y en función de las tradiciones culturales de las comunidades y de su sistema de valores, las funciones de las mujeres variaron, pero contribuyeron como los hombres a la evolución de la humanidad.

Algunos verán en estas palabras una fuerte militancia partidista, pasando por alto que se basan en un enfoque científico de prehistoriadora y, por otra parte, que las interpretaciones de los datos arqueológicos han respondido durante un siglo y medio a una ideología que denigraba a las mujeres, heredada de mediados del siglo XIX, en un contexto intelectual y social en que ellas no desempeñaban ningún papel en la vida económica y política. Ha llegado ya la hora de criticar esas interpretaciones y de deconstruir los mitos vinculados a esa supuesta «naturaleza femenina» original. La idea estereotipada de que existiría un arquetipo, que encontramos en numerosas interpretaciones de las representaciones femeninas paleolíticas, merece al menos un análisis. Las culturas y sociedades prehistóricas estaban muy diversificadas y eran mucho más complejas de lo que se creía hasta hace muy poco. El conocimiento de las primeras mujeres de la humanidad podría reabrir las puertas cerradas por siglos de oscurantismo.

4
Eternas rebeldes

A los resquicios de nuestra memoria acuden nombres, oídos en el colegio, pero no aprendidos, que se evocan de vez en cuando, mas como contrapunto de una historia dominada y escrita por los hombres. Esos nombres se citan, como excepción, para confirmar reglas, dictados por una cultura esencialmente patriarcal. Sí, ha habido muchas mujeres ilustres: guerreras, sacerdotisas, poetas, científicas, filósofas y aventureras, que han marcado la historia y la cultura. Más brillantes e intrépidas que nadie, extraordinarias en un sentido literal, pues para ganarse el puesto tuvieron que abrirse paso a codazos, enfrentarse a la sociedad y convencer. Es como si las mujeres estuviesen siempre atrapadas por la misma propensión a justificarse, que es el reflejo de los dominados/as, el síntoma de los oprimidos/as. Y ya que el sentimiento de ilegitimidad es deletéreo y alimenta los sistemas de opresión, ha llegado el momento de que las mujeres, y los hombres, se desprendan de esta impronta.

De la Antigüedad a la Edad Media

> ¿Qué cosas malas pueden decirse?
> ¿Acaso por sus méritos no tienen ellas derecho al paraíso?
> ¿De qué crímenes se las puede acusar?
>
> Cristina de Pizán[1]

Aunque algunas mujeres han sido personalidades importantes, en la historia de las civilizaciones antiguas casi nunca se las menciona. En muchas de esas sociedades, se hallan subordinadas al hombre y su función en la ciudad está minimizada, pero en otras su papel y su estatus no se cuestionan. En Mesopotamia, según el Código de Hammurabi,[2] «el marido no es dueño ni de la vida de su mujer ni de sus bienes y, si la repudia, le debe una parte de su propia fortuna». Entre los hititas,[3] pueblo de Anatolia del II milenio a. C., la mujer puede presidir ceremonias religiosas (sacerdotisas), juzgar, luchar y, en su condición de reina, administrar el reino junto con el rey, como Puduhepa, esposa de Hattusili III. En el antiguo Egipto, las mujeres no estaban sometidas ni a su padre, ni a su marido, ni a sus hijos. Para los egipcios, la legitimidad proviene tanto del linaje femenino como del masculino y, por consiguiente, las mujeres pueden ser faraones (Hatshepsut) o compartir el poder con ellos (Nefertiti, Nefertari, Cleopatra). En cambio, parece que en Persia, Grecia o Roma las mujeres no desempeñaban ninguna función pública. En Atenas, en las épocas arcaica y clásica (desde mediados del siglo VIII hasta principios del IV a. C.), como las mujeres no podían ser ciudadanas, es decir, participar en el poder político según la definición de Aristóteles,[4] quedaban excluidas de él. En esa sociedad patriarcal, las mujeres, consideradas inferiores a los hombres, se ven obligadas a quedarse en su casa bajo una tutela masculina y nunca pueden disponer de sus bienes. Algunas leyes de Solón[5] contribuyeron a limitar su independencia. Sin embargo, en *República* y en *Leyes*, Platón presenta, respecto a la educación y la igualdad de las mujeres, propuestas revolucionarias para la época (igual educación y compartición de los mismos trabajos, según las aptitudes), debidas sin duda a su teoría meritocrática de la justicia y a su creencia metafísica de que las almas humanas no tienen sexo.[6] No obstante, Platón parece ser una excepción, ya que la mayoría de los escritores griegos muestran una falta de consideración hacia las mujeres, que Eurípides, en *Ifigenia en Áulide*, expresa sin ambigüedad: «Un hombre es más valioso que mil mujeres en la vida».[7]

Todas las formas de expresión —filosofía, literatura, teatro, pintura, escultura…— son masculinas, y raras son las mujeres que han pasado a la posteridad, a excepción de la pintora Laia de Cícico[8] y de algunas poetisas: Safo, Praxila, Sulpicia y Cornificia. Debemos citar también a la erudita Aspasia de Mileto, compañera de Pericles, al que apoyó con entusiasmo. Esta mujer se ganó el respeto de la mayoría de los grandes hombres de su época, como Sócrates, y ejerció cierta influencia en la política ateniense del siglo V a. C.

Comparsa del hombre en los relatos épicos, la mujer se esfuma ante los hechos de armas y las proezas, la ingeniosidad y el pensamiento de sus padres, maridos, hijos y hermanos. Es en la *Ilíada* donde se forja la invención literaria de la virilidad, ese ideal físico y moral que dota a los individuos de sexo masculino de una superioridad irrecusable, la que se expresa en la razón, inaccesible a las mujeres.[9] Esta concepción de la relación hombres-mujeres se mantendrá en Occidente hasta el siglo XX. Más adelante, en la época helenística (de 323 a 30 a. C.), algunas mujeres asumen funciones públicas o ejercen cargos oficiales semejantes a los ocupados por los hombres. En Esparta, se considera a las mujeres casi iguales a estos, sobre todo porque engendran soldados.

En la Roma antigua, el derecho romano es el derecho del *pater familias*: el padre de familia posee el derecho de vida y muerte sobre sus esclavos, sus hijos y, por supuesto, su mujer, que a menudo es considerada esclava. Aunque el derecho romano es antifeminista, hay que distinguir entre leyes y costumbres. Desde el comienzo del siglo III a. C., las romanas, sobre todo las nobles, gozan de una relativa libertad, a menudo son instruidas[10] y participan en la vida cultural y hasta política de la ciudad. En 195 a. C. se oponen con vehemencia a la ley Oppia, votada durante la segunda guerra púnica, que les impedía llevar vestidos demasiado lujosos y desplazarse en carruajes tirados por dos caballos. Se enfrentan a un temible adversario en la persona del cónsul Catón el Viejo, para quien la derogación de esta ley avalaría la participación de las mujeres en la vida política y daría carta blanca a una posible toma del poder.[11] Pese a todo, acaban logrando su propósito y su influencia en la vida pública va en aumento.

En el siglo I a. C., el gran orador Cicerón encuentra en Hortensia una rival a su altura. Hija del orador Hortensius, esta rica letrada se opone a las tasas impuestas a las ciudadanas más ricas de Roma por el Segundo Triunvirato (Octavio Augusto, Marco Antonio y Lépido) para financiar la guerra contra los asesinos de Julio César. En el Foro de Roma, Hortensia defiende la causa de esas mil cuatrocientas mujeres: «¿Por qué hemos de pagar un impuesto cuando no participamos en los honores, el mando y la política que utilizáis unos contra otros con esos resultados terribles? ¿"Porque estamos en guerra", decís? ¿Cuándo no hemos estado en guerra, y cuándo han tenido que pagar impuestos las mujeres, que por su sexo están exentas?».[12] Al día siguiente de este discurso, el triunvirato exonera del pago a mil de esas mujeres y exhorta a los propietarios masculinos a contribuir al esfuerzo de la guerra.

La relativa libertad de las romanas conseguida al final de la República y bajo el Imperio no agrada a todos los hombres. El poeta Juvenal, misógino y xenófobo, ve con inquietud cómo las mujeres ocupan ámbitos hasta entonces reservados a los hombres, por ejemplo la literatura: «No afecte tu mujer gala oratoria, ni en conciso lenguaje vibre el cortado y rápido entimema: no sepa mucha historia, y en los libros no entienda algún pasaje. Me empacha la doctora que conserva de Palemón el arte en la memoria y fiel las reglas del decir observa: me apesta la anticuaria que me apura, con versos nunca oídos la paciencia, y de la amiga rústica censura la frase que repite, aunque no sea castiza, el hombre mismo...».[13]

El tiempo y el talento se hallan por encima de los mandatos absurdos. Dos siglos más tarde, en la sociedad imperial romana del siglo IV, algunas eruditas están muy bien integradas. La célebre Hipatia, matemática y astrónoma griega, dirigió la escuela platónica de Alejandría, como atestigua el historiador Sócrates de Constantinopla: «Había en Alejandría una mujer que se llamaba Hipatia, hija del filósofo Teón, que logró tales alcances en literatura y ciencia, que sobrepasó en mucho a todos los filósofos de su propio tiempo, y sucedió a Plotino en la escuela platónica, e impartía todo su saber al que quisiera. Por eso todos los que querían filosofar acudían a ella. La honestidad que le proporcionaba su educación hacía que se enfrentase con toda tranquilidad incluso a los gobernantes. No tenía ningún reparo en mostrarse en medio de los hombres, ya que, por sus conocimientos superiores, eran más bien ellos los que sentían vergüenza y temor delante de ella».[14]

Algunos pensadores de la Antigüedad alzan su voz contra el prejuicio de la inferioridad intelectual y moral de las mujeres. Los estoicos romanos Séneca y Musonio Rufo sostienen que habiendo recibido «la misma facultad de razón que los hombres» son capaces de adquirir igual instrucción y que «deberían estudiar también filosofía, el camino más seguro hacia la virtud».[15] Para el filósofo griego Plutarco, las mujeres son tan virtuosas como los hombres. En *Las virtudes de las mujeres*, cita ejemplos de mujeres que dieron prueba en su vida de actos de valor, de coraje y de resistencia a un tirano...

A partir del siglo IV, algunos patricios romanos contribuyen al desarrollo del cristianismo en Occidente. La viuda Marcela favorece decisivamente la instauración del monacato femenino en Roma. Confidente de Jerónimo de Estridón (san Jerónimo), lo ayuda en su trabajo de traducción al latín de la Biblia (la *Vulgata*). En las primeras iglesias paleocristianas, como vemos en los frescos de las catacumbas romanas de Priscila (entre los siglos II y V), recientemente restauradas, las mujeres podían celebrar misa, una interpretación que el Vaticano cuestiona. En cuanto el cristianismo se convirtió en una Iglesia con sus dogmas y leyes, las mujeres fueron de inmediato excluidas de las funciones sacerdotales. Si bien en un primer momento la Iglesia parece adoptar una actitud protectora respecto a ellas, a medida que su poder se consolida, se instaura «un movimiento regresivo».[16] El caso de Hipatia es ejemplar. Fue asesinada en marzo de 415 por un grupo de monjes cristianos que, no aceptando que una mujer fuera erudita, la desmembraron y quemaron. Sin quererlo, la convirtieron en una «mártir de la filosofía», guía de los opositores al cristianismo. Hay que recordar que hubo que esperar hasta 1957 para que el papa Pío XII declarara que el hombre y la mujer son iguales en derechos y dignidad.[17]

Los conventos de mujeres, surgidos en el siglo VI,[18] garantizan a algunas mujeres una seguridad material y les ofrecen la posibilidad de una vida espiritual y a veces intelectual. Los dirigen abadesas, que ejercen un poder igual al de los abades. Algunas alcanzarán gran renombre, como en el siglo XII la erudita Hildegarda de Bingen, autora de numerosos libros.

Hasta mediados del siglo VIII, aunque las mujeres siguen jurídicamente bajo el dominio de sus maridos, las aristócratas tienen un estatus social bastante elevado y pueden acceder al poder. Como mujeres de cultura, crean iglesias (Genoveva, que habría salvado París de los hunos en 451), monasterios (Radegunda de Poitiers), aconsejan a los soberanos (la reina Clotilde, esposa de Clodoveo, al que incitó a convertirse al cristianismo) o dirigen reinos (Fredegunda, Brunilda). Luego, durante la dinastía de los carolingios, parecen perder su influencia política.

En el Occidente cristiano, los siglos XI, XII y XIII están marcados por la multiplicación de las traducciones al latín de textos antiguos y cristianos, pero también de filósofos y sabios árabes y persas (Avicena), y por las cruzadas. Son muchas las mujeres, nobles o plebeyas, que participan activamente en la guerra santa. En 1097, Florina de Borgoña, esposa de Svend II de Dinamarca, muere en la primera cruzada luchando contra los turcos. Durante la segunda, la Dama de las Piernas de Oro comanda a un grupo de mujeres, armadas como caballeros, bajo el estandarte del emperador de Alemania Conrado III, de la dinastía de los Hohenstaufen. «Cuentan las crónicas que hicieron maravillas al pie de las murallas de Damasco.»[19] Las mujeres también participarán en los movimientos nacientes calificados de heréticos por la Iglesia católica. Los valdenses, Pedro Valdo y sus discípulos los «Pobres de Lyon», son condenados y excomulgados por la Iglesia en 1184 como disidentes, sobre todo porque de la predicación se encargaban laicos, entre los cuales había mujeres. También en la religión cátara las mujeres tenían derecho a acceder a la vida «perfecta» tras haber recibido el *consolamentum** y, aunque no solían encargarse de la predicación, podían realizar todas las misiones asignadas a los «hombres buenos». Sin embargo, un siglo más tarde conviene no abandonar la ortodoxia, como demuestra la historia de Guillermina de Milán (o de Bohemia), reverenciada como santa y declarada hereje después de su muerte, así como sus discípulos, los guillermitas, que veían en ella la encarnación femenina del Espíritu Santo y el nacimiento de una nueva Iglesia llamada «de mujeres». Junto a la gran figura femenina del siglo XII, Leonor de Aquitania, un gran número de castellanas administran su feudo en ausencia de sus esposos, que se han ido a la guerra. Es la época en que los caballeros practican con su «Dama» la galantería y el amor cortés. Se enfrentan en torneos, y troveros y trovadores cantan sus amores, a menudo imposibles. En las leyendas del ciclo artúrico del siglo XIII, los personajes femeninos siempre poseen fuerza y saber (probable herencia cultural celta) y los héroes Perceval y Lanzarote desafían los peligros para merecer su amor, pero con la recuperación del derecho romano y la centralización del Estado, los derechos de las mujeres retroceden en todos los ámbitos. Se convierten de nuevo en «menores» y pierden sus prerrogativas salvo en raros casos, como los de Blanca de Navarra, condesa de Champaña, o de la reina Blanca de Castilla, que será regente a la muerte de su esposo, Luis VIII.

* Bautismo espiritual por imposición de manos en nombre de Jesucristo.

Desde comienzos del terrible siglo siguiente, con la aplicación de la ley sálica que introduce una nueva ampliación de la primogenitura masculina,* se apartará a las mujeres de la sucesión al trono, incluidas las hijas del monarca fallecido. En 1374 aparece un libro dedicado por entero a las mujeres célebres, históricas y mitológicas, y por supuesto la primera mencionada es Eva.[20] En la mayoría de las biografías, el autor, el florentino Boccaccio, convencido de la superioridad masculina, elabora un cuadro poco favorecedor de estas mujeres, destacando los defectos supuestamente femeninos: frivolidad, egoísmo, avidez...[21] Esta obra servirá para justificar la exclusión de las mujeres del ámbito público.

Cristina de Pizán se rebela contra la misoginia de sus contemporáneos y defiende la causa de las mujeres. Viuda y culta,† es una de las primeras mujeres que logra vivir de su pluma.[22] En *L'Épistre au dieu d'amours* (1399) y *Dit de la rose* (1401), se atreve a arremeter contra las palabras machistas de la continuación del *Roman de la Rose*,[23] lo que despierta las iras de los universitarios y amigos del poeta, varones todos ellos. En su obra más conocida, *La ciudad de las damas* (1404-1405), que en la época se atribuyó a un hombre, toma conciencia de que su propia visión está determinada por los prejuicios que circulan sobre las mujeres, en especial su inferioridad «natural».[24] La autora describe una sociedad alegórica a través de diálogos entre ella (la narradora) y las diosas de la razón, de la rectitud y de la justicia. Evo-

---

* Se habla de primogenitura masculina cuando solo el hijo mayor del rey hereda la Corona, ley en vigor desde 987, en el reinado de Hugo Capeto.

† Hija del astrólogo de Carlos V, recibió de su padre una instrucción más elevada que la mayoría de las mujeres de su época.

cando figuras femeninas del pasado, muestra la manera como las «damas» pueden llevar una vida plena a la vez que contribuyen a la sociedad.[25] Cristina de Pizán aborda en la obra muchos temas, como el de recibir la misma educación que los hombres y las razones por las que esta idea les disgusta.[26] Tiene la osadía de escribir libros sobre ámbitos reservados a los hombres, lo que le vale la reprobación de un buen número de ellos,[27] aunque eso no le impide gozar de gran popularidad en la corte de Carlos V y también de Carlos VI, popularidad que perdurará en los círculos literarios del Renacimiento. La escritora Louise-Félicité de Keralio intenta rehabilitarla,[28] pero los historiadores de la literatura del siglo XIX solo mostrarán desprecio por esa «sabihonda»: «Buena hija, buena esposa, buena madre, por lo demás, una de las más auténticas sabihondas que ha habido en nuestra literatura, la primera de esta insoportable estirpe de mujeres escritoras».[29]

Habrá que esperar a la década de 1980, con el desarrollo del feminismo, para que la obra de este verdadero «hombre de letras»[30] recupere el lugar que le corresponde en el mundo literario. ¿Era una «feminista» avanzada? Es una cuestión debatida. Aunque Cristina de Pizán atribuye la desigualdad intelectual entre hombres y mujeres no a la naturaleza, sino a la falta de instrucción y a los prejuicios contra las mujeres,[31] no pone en tela de juicio ni la estructura patriarcal, ni los valores que se suponen típicamente «femeninos», como la castidad y la paciencia.[32] Como mujer de finales del siglo XIV y principios del siglo XV que fue, hay que recalcar las posturas valientes y vanguardistas de Cristina de Pizán.

Del Renacimiento a la Ilustración

> ¿Son el hombre y la mujer hasta tal punto uno solo,
> que si el hombre es más que la mujer,
> la mujer es más que el hombre?
>
> Marie de Gournay[33]

En Occidente, Isabel la Católica, Juana de Arco y Jeanne Hachette son las tres grandes figuras femeninas del siglo XV, que marca el paso de la Edad Media al Renacimiento. En esa centuria, en que nace la imprenta y comienzan las grandes exploraciones, algunos pensadores, como Erasmo (1466-1536) y Tomás Moro (1478-1535), opinaban que una mujer tiene tanta necesidad como un hombre de una buena instrucción, para mejorar la educación de sus hijos, e incluso, precisaban, aunque no pudiera poner en práctica los conocimientos adquiridos fuera del hogar. En el Renacimiento, siguiendo la antigua tradición, se sitúa a las mujeres en una posición de subordinación a los hombres, tanto en el ámbito social como político. Aunque en el arte su imagen se modifica, arquetipo de la belleza,[34] sigue siendo estereotipada: a la esposa suele representársela con un animal que simboliza la fidelidad, un perrito o un armiño.[35] En el siglo XVI las mujeres casadas pasan a ser «incapaces» desde el punto de vista jurídico, quedando sometidas al poder de sus maridos. A contracorriente de la misoginia imperante, Enrique Cornelio Agripa, sabio humanista nacido en Colonia, elogia a las mujeres, en especial a las que aparecen en los Evangelios: «María es mejor que el mejor de los hombres, y la peor de las mujeres supera a Judas».[36] El debate sobre la educación de las mujeres iniciado en el siglo XV continúa con la aparición de diversas obras,[37] como las de dos literatas venecianas. Moderata Fonte (Modesta dal Pozzo) publica en 1600 *El mérito de las mujeres*, donde escenifica en dos jornadas el proceso a los hombres, en cuyo final se «muestra claramente cuánto más dignas y perfectas son ellas que los hombres».[38] El mismo año aparece *De la nobleza y excelencia de las mujeres*, de Lucrezia Marinella.[39] Mientras que en varios países de Europa las mujeres pueden ser reinas,[40] en Francia solo algunas acceden al poder real y únicamente en calidad de regentes.[41]

La Reforma protestante naciente favorecerá la alfabetización de las mujeres. El hecho de autorizarlas a leer la Biblia permite que algunas se dediquen a la teología. La teóloga Marie Dentière (1495-1561) promueve una participación activa de las mujeres en el ámbito religioso ya que, según escribe, son tan capaces como los hombres de comprender los textos sagrados: «¿Acaso tenemos dos Evangelios, uno para los hombres y otro para las mujeres? ¿Uno para los sabios y otro para los ignorantes? ¿Acaso no somos iguales en nuestro Señor? ¿En nombre de quién somos bautizados, de Pablo o de Apolo, del Papa o de Lutero?».[42] Aunque para Martín Lutero (1483-1546) los hombres y las mujeres son iguales ante Dios por el bautismo, el papel que corresponde a estas últimas es casarse y asistir a sus esposos, a imagen de Sara, la esposa de Abraham, que para él es el modelo de «la Mujer». Solo las corrientes protestantes disidentes del siglo XVII, anabaptistas o cuáqueros, permitirán que las mujeres prediquen y sean pastores.

En el siglo XVII, aunque el cardenal Mazarino se queja de que las mujeres de la corte francesa participan en toda clase de asuntos, entre ellos la política, y de que algunas, como la Grande Mademoiselle (la duquesa de Montpensier), mandan disparar el cañón en tiempos de la Fronda o rechazan un matrimonio concertado, en el reino la situación de las mujeres no es demasiado envidiable. Marie de Gournay (1565-1645), mujer de letras e hija adoptiva de Montaigne, se subleva contra su situación[43] y defiende la igualdad entre sexos (ni misoginia, ni filoginia).[44] Abre el camino a la expresión de las mujeres que se niegan a ser consideradas intelectualmente inferiores. El filósofo alemán Immanuel Kant (1724-1804) sostiene, en cambio, que estas no pueden comprender las ciencias, ya que se trata de un «conocimiento sublime». Sin embargo, aunque son pocas las mujeres que han obtenido reconocimiento desde la Antigüedad,[45] algunas han llevado a cabo trabajos, en el campo del derecho y las ciencias, que invalidan esa pretendida incapacidad. La alemana Anna Maria van Schurman ilumina toda la Europa del siglo XVII con su gran erudición. Lo mismo ocurre con Marie Meurdrac, autora de *Chymie charitable et facile en faveur des dames*.[46] Para ella, «los espíritus no tienen sexo» y, si las mujeres recibieran la misma instrucción que los hombres, podrían igualarlos.[47] Su libro obtiene un notable éxito, y entre 1666 y 1738 aparecen doce ediciones.* Otras obras no saldrán a la luz y a veces sus autoras serán encarceladas por brujería, como ocurre con Martine de Bertereau. En las primeras páginas de *Véritable déclaration de la descouverte des mines et minières de France,* aparecido en 1632, su autora reivindica su derecho y su capacidad de realizar su proyecto científico igual que los hombres: «Muchos me juzgarán más capaz de llevar la economía doméstica que de excavar montañas [...]. Opinión perdonable a todos los que no han leído historias antiguas en las que se ve que las mujeres no solo han sido muy belicosas, fuertes y valientes con las armas, sino

---

* Cinco francesas, seis alemanas y una italiana.

también muy doctas en filosofía, y han enseñado en las escuelas públicas griegas y romanas».[48]

Unos cuarenta años más tarde, François Poulain de la Barre (1647-1723), filósofo cartesiano convertido al protestantismo, convencido de la injusticia cometida contra las mujeres y de la desigualdad de su condición que, en su opinión, se basan en prejuicios, escribe dos obras importantes[49] en las que defiende que las mujeres reciban una verdadera educación y puedan acceder a todas las carreras sin excepción. Que el dogma de la inferioridad «natural» de las mujeres sea antiguo y compartido por una mayoría de científicos no lo convierte en cierto, escribe Poulain de la Barre. Según el filósofo, es la sociedad la que lo ha impuesto al otorgarles un estatus inferior: «Del hecho de que las mujeres tengan un estatus inferior se deduce que han de ser inferiores por naturaleza, y sobre la base de esta inferencia errónea se las mantiene en esta situación». Es el autor de la célebre frase «El espíritu no tiene sexo».[50] Simone de Beauvoir lo cita en el epígrafe de *El segundo sexo* (1949): «Todo lo que han escrito los hombres sobre las mujeres debe ser sospechoso, pues son a un tiempo juez y parte».[51] No obstante, la educación de las mujeres sigue siendo tema de burla, como en las obras de Molière, donde las pocas mujeres instruidas se convierten en «preciosas ridículas». En *Las mujeres sabias* (1672), unas mujeres sacian su sed de conocimientos, saber que les permitiría según ellas obtener poder sobre los hombres. Para el autor, en eso son ridículas, ya que ponen en peligro a su familia descuidando sus deberes domésticos: «No hace falta que estudiéis tanto ni que sepáis tantas cosas inútiles. Educar a los hijos, tener el hogar ordenado, vigilar el servicio, administrar los gastos, eso sí que es un estudio valioso y una filosofía útil».[52]

Esta idea pervivirá en los siglos siguientes, sobre todo en el filósofo Joseph de Maistre que, en 1808, escribe a su hija Constance: «Apenas hay mujeres sabias que no hayan sido o desgraciadas o ridículas a causa de la ciencia».[53] Opinión que no comparten ni Fénelon, para quien «no hay que condenar a las mujeres a una ignorancia absoluta, con el pretexto de que algunas se han puesto en ridículo por la presunción de su saber»,[54] ni Jean de La Bruyère, que en *Caracteres* (1688) escribe: «Cualquiera que sea la causa a que se deba esta ignorancia de las mujeres, los hombres tienen la suerte de que ellas, que por lo demás les dominan por tantos conceptos, se encuentren en esa inferioridad. [...] Si la ciencia y la prudencia se encuentran unidas en una misma persona, no me informo del sexo de esa persona y me limito a admirarla; y si me decís que una mujer prudente no sueña en ser sabia, o que una mujer sabia no es prudente, habéis olvidado ya lo que acabáis de leer respecto a que las mujeres no se apartan de las ciencias más que por ciertos defectos. Llegad, pues, a la conclusión de que cuantos menos de esos defectos tuviesen, serían más prudentes, y también a la de que una mujer prudente sería apropiada para convertirse en sabia, y de que una mujer sabia, siéndolo porque había podido vencer muchos defectos, no tendría más remedio que ser prudente».[55]

El siglo XVIII que comienza no parece ser más favorable a la independencia, aunque se pregunta: ¿el sometimiento de las mujeres es conforme a razón? A lo que la teóloga inglesa Mary Astell responde en 1700 criticando las teorías que justifican su sometimiento.[56] Las mujeres han sido excluidas poco a poco de la esfera política y social y apenas cuentan con medios para ganarse la vida. Por ejemplo, una resolución del Parlamento de París de 1755 prohíbe a las mujeres la práctica de la medicina. A fin de denunciar su supuesta inferioridad intelectual, algunas mujeres de letras o de ciencias de la aristocracia europea abrirán salones literarios, sus únicos espacios de libertad de expresión.[57] En estos lugares de debate, de intercambio y de producción de conocimientos, ciertos filósofos famosos se codearán con estas mujeres sabias[58] y las defenderán. Para Diderot, el conjunto de valores naturales que se les atribuyen (delicadeza, dulzura, amor y sensibilidad) las mantienen en una inferioridad física y moral: «Porque junto con la gracia que se le concede va también la constitución delicada, la tendencia excesiva, un poder del sentimiento sobre la razón que la debilita, unos nervios frágiles, inadecuados para llevar a cabo un trabajo de investigación».[59] No podemos dejar de mencionar a uno de los pioneros de la lucha por los derechos de las mujeres de esta época, el prusiano Theodor Hippel el Viejo, pese a ser poco partidario de las ideas de la Ilustración. Las dos obras de este amigo de Immanuel Kant, *Del matrimonio*[60] y *De la promoción social de las mujeres*,[61] son auténticos manifiestos por los derechos de las mujeres. En ellos afirma que la igualdad jurídica y social entre hombres y mujeres requiere una armonización de su educación, ya que, en su opinión, las diferencias entre sexos son más sociales que naturales.

Mientras que la sociedad impone a las mujeres la omnipotente autoridad del padre y el marido, y la institución religiosa exige obediencia y sumisión, Madame Dupin (de soltera, Louise Marie Madeleine Guillaume de Fontaine, 1706-1799) reivindica para ellas la instrucción, el acceso a los empleos públicos y a las carreras reservadas hasta entonces en exclusiva a los hombres. Con la ayuda de Jean-Jacques Rousseau, escribe durante años una extensa obra de 1.200 páginas *Sur l'égalité des hommes et des femmes*, que nunca se publicará. La defensa de la causa de las mujeres la llevó a cuestionar los argumentos de Montesquieu, quien, pese a defender la idea de que una mujer podía gobernar, sostenía que las mujeres no podían ser cabeza de familia. Estaba enamorado de Madame Dupin, así que el historiador Laurent Versini se pregunta:[62]

«¿Es el rencor del enamorado desengañado lo que lo induce a tantas declaraciones hostiles contra las mujeres?». ¿No sería también la razón oculta de los escritos misóginos de Jean-Jacques Rousseau, otro enamorado de esta dama, rechazado por ella? Durante el siglo XVIII, algunas mujeres se lanzan a la aventura, como la botánica Jeanne Barret que, entre 1766 y 1769, participó en la expedición de Bougainville a bordo de *La Boudeuse* y *L'Étoile*.[63] Dará la vuelta al mundo disfrazada de hombre, ya que por aquel entonces las mujeres no podían formar parte de la tripulación de un barco.[64]

Aunque numerosos eruditos del siglo XVIII luchan en defensa de la emancipación de las mujeres[65] y la filosofía de la Ilustración proclama la creencia en valores humanos universales, en realidad son muchas las categorías de individuos que quedan excluidos de estos valores: los no-blancos, los no-cristianos, los no-aristócratas o burgueses y, por supuesto, las mujeres.

En la tormenta revolucionaria

> Si la mujer tiene el derecho de subir al cadalso, debe tener también igualmente el de subir a la tribuna.
>
> Olympe de Gouges[66]

Durante el periodo revolucionario las desigualdades entre los hombres y las mujeres aumentarán y a lo largo de todo el siglo XIX se intensificarán. Aunque la Revolución francesa proclama la igualdad de derechos entre todos los hombres y la libertad individual en la *Declaración de los derechos del hombre y del ciudadano*, las mujeres, pese a la voluntad de algunas de participar en la vida pública,⁶⁷ quedan relegadas al espacio privado. Consideradas «ciudadanos pasivos»,⁶⁸ como los menores de veinticinco años, los extranjeros, los insolventes y los criados, no tienen derecho a voto.* A partir de 1793, se les prohíbe participar en las manifestaciones y ser miembros de la Guardia Nacional (milicia ciudadana), derecho que las mujeres habían reclamado en 1792. Por el decreto del 30 de abril de 1793 se excluye del ejército a las pocas mujeres que servían en él, y también a las más numerosas que seguían a los soldados (compañeras, prostitutas, cocineras), excepto las lavanderas y las cantineras.⁶⁹ «El heroísmo solo puede ser masculino», proclama el redactor de la gaceta revolucionaria *Les Révolutions de Paris*: «Dejadnos la espada y el combate; vuestros dedos delicados están hechos para sostener la aguja y sembrar de flores el camino espinoso de la vida. Vuestro heroísmo consiste en llevar el peso de las tareas y las dificultades domésticas».⁷⁰

A partir del decreto del 21 de septiembre de 1793, las mujeres tenían que llevar, como los hombres, la escarapela tricolor —símbolo de la nación— so pena de sanción; sin embargo, años más tarde se cuestiona este derecho a fin de «¡hacer del uso de la escarapela una institución respetable»!⁷¹ Algunos diputados llegarán a pedir la exclusión total de las mujeres de la vida política. En su informe del 30 de octubre de 1793, para un proyecto de ley que prohíba los clubes de mujeres,† el diputado Amar afirma que «por

---

* El 22 de diciembre de 1789 la Asamblea Nacional excluye oficialmente a las mujeres del derecho a votar, exclusión que mantiene la Constitución de 1791 y luego, por un voto, la Convención Nacional del 24 de julio de 1793.

† El decreto se promulga el 30 de octubre de 1793. El artículo I está redactado en estos términos: «Quedan prohibidos los clubes y sociedades populares de mujeres, sea cual sea su denominación».

naturaleza» no tienen las cualidades necesarias para ejercer derechos políticos e inmiscuirse en los asuntos de gobierno: «Las costumbres y la propia naturaleza les han asignado sus funciones: iniciar la educación de los hombres, preparar el espíritu y el corazón de los niños para las virtudes públicas, encaminarlos desde edad temprana al bien, elevar su alma e instruirles en el culto político de la libertad: estas son sus funciones, además de las tareas domésticas».[72]

Si se saltan las convenciones, se las considera una especie de monstruos, «mujeres-hombres». Así lo analiza Jean-Jacques Rousseau en *Emilio o De la educación*: «Desde la sublime elevación de su genio, mira con desprecio todas las obligaciones de mujer y siempre empieza por hacerse hombre a la manera de mademoiselle Ninon de l'Enclos».[73] Entre 1797 y 1799, las famosas *merveilleuses** encarnarán lo que se espera del sexo femenino: la sumisión y la seducción. Las mujeres más comprometidas en el movimiento revolucionario serán reprimidas, y a veces ejecutadas, pues son numerosas las que participan activamente en la Revolución francesa y algunas incluso lucharán en 1792 en Valmy y en Jemmapes, como las hermanas Fernig. Muchas proclamarán con contundencia sus reivindicaciones, como la neerlandesa Etta Palm d'Aelders,[74] la chocolatera Pauline Léon, que reclama armas para las mujeres,[75] la revolucionaria belga Anne-Josèphe Théroigne de Méricourt, la *salonnière* Madame Roland, que será guillotinada, o la escritora Olympe de Gouges. En 1784, esta burguesa cultivada, apasionada de la literatura y del teatro, osa

---

* Las *merveilleuses*, junto con su contraparte masculina, los *incroyables*, fueron sendos grupos sociales que, dispuestos a mostrar su rechazo a los ideales más revolucionarios, escandalizaron a la capital con sus actitudes exageradamente refinadas y afectadas, además de libertinas y provocadoras, especialmente por medio de la vestimenta. *(N. de la T.)*

escribir una pieza subversiva antiesclavista, *Zamore et Mirza ou l'Esclavage des Noirs*,[76] por la que estuvo a punto de acabar en la cárcel. También lucha para que las mujeres tengan los mismos derechos —legislativos, políticos y sociales— que los hombres: «La identidad de deberes ha de entrañar la de derechos». En los 17 artículos[77] de su *Declaración de los derechos de la mujer y la ciudadana*,[78] reivindica esta igualdad, precisando que no hay derechos especiales para las mujeres (artículo VII). Olympe de Gouges quiere presentar la declaración, redactada el 5 de septiembre de 1791, a la Asamblea legislativa del 28 de octubre, pero la Convención rechaza su petición. Meses después de este rechazo, exhorta a las mujeres a reaccionar: «Mujeres, ¿no sería ya el momento de que nosotras también hiciéramos una revolución? Las mujeres siempre estarán aisladas unas de otras, y jamás formarán un solo cuerpo con la sociedad a no ser para maldecir a su sexo y dar lástima a los otros».[79]

El feminismo de Olympe de Gouges, su oposición a la pena de muerte —había reclamado el destierro del rey— y el apoyo mostrado a los girondinos tras su caída serán la causa de su detención y posterior ejecución en la guillotina, el 3 de noviembre de 1793: «Quiso ser hombre de Estado y parece que la ley castigó a esta conspiradora por haber olvidado las virtudes que son adecuadas a su sexo».[80]

En marzo de 1792, Anne-Josèphe Théroigne de Méricourt invitaba a las ciudadanas a organizarse como un cuerpo armado* y declaraba ante la Sociedad Fraternal de los Mínimos: «France-

---

* Después de la petición, firmada por más de 320 parisinas y presentada por Pauline Léon a la legislativa, reclamando el derecho a formar una guardia nacional femenina.

sas, os lo repito una vez más, elevémonos a la altura de nuestros destinos; rompamos nuestras cadenas, por fin ha llegado la hora de que las mujeres salgan de su vergonzosa nulidad, donde la ignorancia, el orgullo y la injusticia de los hombres las tienen esclavizadas desde hace mucho tiempo; situémonos en la época en que nuestras madres, las galas y las orgullosas germanas, deliberaban en las asambleas públicas y luchaban junto a sus esposos para rechazar a los enemigos de la libertad».[81] Pero no era bueno querer salir de su condición. De ello dan fe las palabras de Pierre-Gaspard Chaumette que, aplaudiendo la ejecución de varias mujeres, fustigaba así su memoria: «La mujer-hombre, la descarada Olympe de Gouges, que fue la primera en crear sociedades de mujeres, abandonó el cuidado de su casa, quiso politiquear y cometió crímenes. [...] Todos estos seres inmorales han sido aniquilados por la espada vengadora de las leyes. Y vosotras [las republicanas], ¿querríais imitarlas? ¡No! No seréis realmente interesantes y dignas de estima hasta que seáis lo que la naturaleza ha querido que fueseis. Queremos que las mujeres sean respetadas, por eso las forzaremos a respetarse a sí mismas».[82]

Al lado de estas grandes figuras femeninas de la revolución, algunas mujeres del pueblo asisten regularmente a las sesiones de la Convención Nacional y del Tribunal Revolucionario. A partir de noviembre de 1794, temiendo el retorno de la reacción, las jacobinas, «asiduas de las tribunas», como se las denomina, apoyarán ruidosamente a los diputados montañeses y al Terror. Como acuden a las sesiones con sus labores de aguja, muy pronto recibirán el nombre de *tricoteuses*. El siglo XIX las calificará de «furias de la guillotina» y de «rabiosas», y oponiéndolas a la revolución las convertirá en monstruos sanguinarios a imagen de la revolución.

Sin embargo, se habían elevado algunas voces masculinas para denunciar la suerte reservada a las mujeres.

En 1789, aparece *Le Catéchisme du genre humain*,[83] de François Boissel. Este libro, que denuncia las «tres plagas de la humanidad» —la propiedad privada, la religión y el matrimonio, esclavizador de las mujeres— que hay que «eliminar para favorecer el tránsito del hombre al camino del conocimiento y la autonomía», convierte a su autor en el precursor del socialismo, según Jean Jaurès. Este filósofo y hombre de leyes, organizador del Club de los Jacobinos, es también uno de los grandes defensores de la causa de las mujeres. Según él, «la mujer es superior al hombre y madre del género humano». Reprocha a los hombres «haberse apropiado de las mujeres y haberlas compartido con el fin de tener hijos que les sucedan en su propiedad». Nicolas de Condorcet, diputado girondino del Aisne, también participa activamente en la causa de las mujeres pronunciándose a favor de su derecho al voto. En 1787, declara que nunca ha existido un Estado democrático, «porque nunca las mujeres han ejercido los derechos de ciudadanía».[84] Tres años más tarde, denuncia la argumentación utilizada para excluir a las mujeres del derecho a participar en la vida de la ciudad.[85] Para este matemático, si aparentemente son menos aptas que los hombres es porque no tienen acceso a la misma educación. Al igual que François Poulain de la Barre, considera que las diferencias entre los dos sexos no son «naturales», sino consecuencia de «leyes inicuas»: «No es la naturaleza sino la educación, la existencia social, la que causa tal diferencia con los hombres. [...] Es injusto alegar, para seguir negando a las mujeres el disfrute de sus derechos naturales, motivos que cobran cierta realidad tan solo porque no disfrutan ellas de dichos derechos».[86]

El 29 de abril de 1793, Pierre Guyomar, diputado de Costas del Norte, presenta en la Convención Nacional un opúsculo en el que afirma que «la mitad de los individuos de una sociedad no está facultada para privar a la otra mitad del derecho imprescriptible de emitir su voto. Desprendámonos ya del prejuicio del sexo, como nos hemos desprendido del prejuicio del color de los negros».[87] Este ferviente defensor de la igualdad de derechos no tendrá demasiado éxito, como tampoco Jacques-Marie Rouzet. También en abril, este diputado de Alto Garona publica un opúsculo titulado *Proyecto de Constitución francesa*, en el que defiende el derecho de voto para las mujeres y su participación en la vida política. El 30 de octubre de 1793, mientras la Convención quiere prohibir a las mujeres la posibilidad de crear clubes políticos, el diputado Louis-Joseph Charlier declara a la Asamblea: «A pesar de los inconvenientes que acaban de citarse, no sé en qué principio podemos apoyarnos para quitar a las mujeres el derecho a reunirse pacíficamente. A menos que se cuestione que las mujeres forman parte del género humano, ¿se les puede privar de ese derecho que es común a todo ser pensante?». Charlier tampoco será comprendido y los clubes femeninos se clausurarán.

A pesar de la acción de muchas mujeres durante la revolución y de la oposición de algunos hombres contrarios a la desigualdad entre los sexos, las diferencias se acentúan en el siglo XIX, tras la promulgación, el 21 de marzo de 1804, del Código civil, que restringirá las libertades femeninas convirtiendo a las esposas en menores, «como los niños y los locos»; solo la viuda tiene casi los mismos derechos civiles que el hombre.[88]

El Código de Napoleón consagra por ley la privación de derechos a las mujeres y de este modo institucionaliza su inferioridad.

Art. 213: El marido debe protección a su mujer, la mujer obediencia a su marido.

Art. 214: La mujer está obligada a habitar con su marido y debe seguirle a donde él estime conveniente que deberán vivir [...].

Art. 215: La mujer no puede pleitear en un juicio sin la autorización de su marido [...].

Art. 217: La mujer [...] no puede donar, vender, hipotecar, adquirir, a título gratuito u oneroso, sin la autorización de su marido en el acto o su autorización por escrito.

Art. 229: El marido podrá pedir el divorcio por causa de adulterio de su mujer.

Art. 230: La mujer podrá pedir el divorcio por causa de adulterio de su marido, cuando él haya mantenido a su concubina en el domicilio común.

Art. 372: (El hijo) queda bajo su autoridad hasta su mayoría de edad o su emancipación.

Art. 373: Únicamente el padre ejerce esta autoridad durante el matrimonio.

Art. 1.421: El marido es el único administrador de los bienes de la comunidad. Puede vender, enajenar, hipotecar sin la intervención de su mujer.

Art. 1.428: El marido administra todos los bienes personales de su esposa. Puede ejercer por sí solo todas las acciones inmobiliarias y posesorias que pertenecen a su mujer. No puede enajenar los inmuebles personales de su mujer sin su consentimiento.

Pierre-Joseph Proudhon es el jefe de filas de esos hombres —políticos, filósofos y escritores— que lucharon contra la emancipación de las mujeres.[89] Al comienzo de la revolución industrial, las obreras tienen muchas dificultades para encontrar trabajo. Pese a la fuerte oposición, las mujeres expresarán una voluntad política y participarán activamente en la construcción de una nueva sociedad donde puedan ocupar el lugar que les corresponde, sobre todo aliándose con la izquierda, republicana, utópica y luego socialista. Flora Tristán, obrera y mujer de letras, será una de las figuras más importantes de la militancia socialista y feminista de la década de 1840,[90] años que suponen un punto de inflexión en la lucha de las mujeres por el reconocimiento de sus derechos. El debate sobre su lugar en la sociedad se plantea finalmente en la ciudad, en especial en la prensa (*La République, La Démocratie Pacifique*).

Las «mujeres de 1848»

> El hombre más oprimido puede oprimir a otro ser, que es su mujer. La mujer es la proletaria del proletario.
>
> FLORA TRISTÁN[91]

A principios del siglo XIX, el filósofo utópico Charles Fourier (1772-1837) defiende una organización social basada en pequeñas unidades productivas sociales autónomas, los falansterios, una especie de cooperativas de producción y consumo, cuyos miembros —hombres, mujeres y niños de carácter y pasiones opuestas pero complementarias— son solidarios. Hombre de ideas vanguardistas, propone, por ejemplo, la creación de guarderías, afirmando que «el progreso social se produce gracias a los avances de las mujeres hacia la libertad, y la decadencia del orden social a causa de la mengua de la libertad de las mujeres».[92] Le acompañan en su lucha escritores famosos, que defenderán la emancipación de las mujeres, en especial los que frecuentan los célebres salones dirigidos por aristócratas eruditos, como Honoré de Balzac. En *Fisiología del matrimonio*, aparecido a finales de 1829, una especie de catálogo de situaciones sobre la felicidad conyugal compuesto por «Meditaciones», describe el matrimonio como un combate, toma partido por las mujeres[93] y defiende el principio de la igualdad de los sexos: «¡Atrás la civilización! ¡Atrás el pensamiento!... He aquí vuestro grito. Debéis mirar con horror la instrucción de vuestras mujeres, por esta razón, tan conocida en España: es más fácil gobernar un pueblo de idiotas que otro de sabios. [...] La ignorancia; solo con ella se mantiene el despotismo. [...] Por eso debéis retrasar todo lo posible el momento fatal en que vuestra mujer os pida un libro. Y esto es muy fácil. Pronunciad al principio, con desdén, el nombre de media azul, y sobre este tema hacedlas comprender luego lo ridículo que es entre nuestros vecinos una mujer pedante. [...] Crecen entre esclavos, y llegan a creer que han nacido para imitar a sus abuelas, empollar canarios, formar herbarios, regar rosalitos de Bengala, bordar tapicerías o armar cuellos...».[94]

En la década de 1830, la emancipación de las mujeres constituye el núcleo de la doctrina sansimoniana* y sus seguidores comparten la idea de recuperación de las reivindicaciones de las «muje-

---

* El sansimonismo es una corriente ideológica que tiene su origen en la doctrina socioeconómica y política de Saint-Simon, que le da el nombre. Entre sus seguidores se encuentra el fundador del positivismo Augusto Comte y muchas mujeres, como Marie Talon, Claire Bazard y Cécile Fournel.

res libres», expresadas durante la revolución. Una de esas mujeres, la periodista Claire Démar (1799-1833), publica en 1832 un opúsculo[95] en el que reclama la aplicación a la mujer de la *Declaración de los derechos del hombre y del ciudadano*: «Pueblo, no serás realmente libre, realmente grande, hasta el día en que la mitad de tu vida, tu madre, tu esposa y tu hija estén libres de la explotación que pesa sobre su sexo». Más adelante, se rebela contra el Código civil: «Se nos aplica el artículo del Código civil. Pero ¿acaso hemos asistido a su redacción? ¿Concuerda el Código con nuestros gustos y nuestra naturaleza?».[96]

Catorce años más tarde, el 16 de marzo de 1848, la escritora Jenny d'Héricourt (1809-1875) enviará una petición para reclamar el restablecimiento del divorcio. Las mujeres hallan un aliado en Stendhal que, en *Rojo y negro* (1830) y *La Cartuja de Parma* (1839), critica duramente la posición subordinada de la mujer. En 1842, el médico poeta Étienne de Neufville también escribe para denunciar con humor la situación de las mujeres en Francia: «En una palabra, ¡las francesas gozan de una libertad tan exorbitante que da miedo!».[97] En el capítulo siguiente de su obra, escribe con menos ironía: «Yo no envidio el escepticismo burlón de esos jóvenes que ponen a todas las mujeres al mismo nivel que las amantes fáciles que siempre han utilizado para obtener sus primeras sensaciones. Lo siento por ellos, porque es algo maravilloso poder disponer de otro sí mismo, su felicidad, su apoyo, su consuelo. ¡Malditos los que blasfeman contra la mujer!».[98]

Con la revolución de 1848 resurge la lucha de las mujeres por sus derechos civiles y cívicos. En febrero, una parte del pueblo de París, liderado por los liberales y los republicanos, se levanta contra el rey Luis Felipe, que abdica a favor de su nieto Felipe de

Orleans el 24 del mismo mes. Ese día se proclama la Segunda República, de modo que queda abolida la monarquía de Julio y se instaura un gobierno provisional. Aunque a partir del 4 de marzo, la *Marianne* encarna ya a la República, dos días antes el gobierno provisional había declarado electores a todos los hombres de más de veintiún años, pero ¡no a las mujeres! Este «sufragio universal masculino», que perdurará hasta 1944, lleva a las mujeres —periodistas, escritoras o simples obreras— a abrazar las ideas fourieristas, sansimonianas o socialistas, y a participar en el levantamiento.

Las «mujeres de 1848», como se denominan ellas mismas, lucharán para que los derechos de las mujeres —al trabajo, al voto, a recibir la misma instrucción que los hombres— sean por fin reconocidos. Creen en el papel que desempeñan las asociaciones (fundación de sociedades y clubes femeninos) y la prensa (creación de diarios feministas). Ese mismo marzo, la periodista Eugénie Niboyet (1796-1883) funda y administra el diario *La Voix des Femmes** y, tres meses más tarde, la socialista Jeanne Deroin (1805-1894), autora en 1831 de un alegato contra «la sumisión de las mujeres»,[99] lanza, junto con Désirée Gay (1810-1891), procedente como ella de un medio obrero, *La Politique des Femmes*.† En este diario, que desea mejorar la vida diaria de las obreras, cuya miseria es grande, se dirigen al gobierno provisional para pedirle trabajo y ayudas, así como la creación de talleres sociales industriales (los talleres nacionales). A partir de abril, algunas mujeres intentan que se oiga su voz en

---

* Lema: «Journal socialiste et politique, organe d'intérêts pour toutes les femmes».

† Lema: «Journal publié pour les intérêts des femmes et par une société d'ouvrières».

los clubes mixtos, pero ante el débil apoyo y a veces hostilidad por parte de los hombres (algunos antifeministas boicotean los debates), abren sus propios clubes, como el Club de la Emancipación de las Mujeres, el Club de las Mujeres o el Club de la Educación Mutua de las Mujeres. A través de ellos reivindican, apelando a sus deberes de madre, una mayor autonomía, por ejemplo, con el restablecimiento del divorcio, propuesta de Eugénie Niboyet, que será rechazada en mayo por la Cámara de los Representantes.

Las «mujeres de 1848» serán miembros activos de movimientos políticos que reclaman la igualdad de derechos. El 22 de marzo, Alix Bourgeois, presidenta del Comité de los Derechos de la Mujer, se dirige al alcalde de París y reclama el sufragio universal. El alcalde remite la decisión a la Asamblea Constituyente, que ha de ser elegida en abril. Pese a la prohibición, Eugénie Niboyet presenta a esta elección, en la que las mujeres no pueden participar ni como candidatas ni como votantes, la candidatura de la escritora republicana George Sand (1804-1876), pero esta la rechaza. Aunque, al igual que su bisabuela Madame Dupin, apoya el combate de las mujeres por sus derechos civiles y lucha contra los prejuicios de una sociedad conservadora, en la que algunos individuos, sobre todo las mujeres, son oprimidas y viven miserablemente (*Indiana*, 1832), considera que esta candidatura es ilegítima, ya que cree que la obtención de los derechos civiles es un paso previo indispensable para el libre ejercicio del sufragio. La prensa utiliza este *affaire* para ridiculizar a «las mujeres de 1848». El gobierno provisional de la República hace oídos sordos a sus reivindicaciones y, en junio, prohíbe el diario *La Voix des Femmes*. Solo el diputado Victor Considerant se atreverá a proponer el derecho al voto para las mujeres en la Asamblea del 19 de junio. Durante las Jornadas de Junio (del 22 al 26), la insurrección popular en París contra el cierre de los Talleres Nacionales decidido por la Asamblea será reprimida de forma sangrienta. Unas 600 mujeres, de las que 222 resultan heridas, serán encarceladas en la prisión de Saint-Lazare y luego liberadas. Puesto que las mujeres tienen prohibido el debate público en virtud del decreto del 26 de julio,* Désirée Gay y Jeanne Deroin fundan en agosto una nueva asociación y un nuevo diario, *L'Opinion des Femmes*,[100] cercanos a los socialistas.

El 10 de diciembre, Luis Napoleón Bonaparte es elegido presidente de la República, pero las reivindicaciones de las mujeres siguen sin escucharse, en una especie de «conspiración del silencio», como lo denuncia Henriette (Hortense Wild) en el diario *La Démocratie Pacifique* del 5 de enero de 1849. Esta compositora y militante fourierista propone el envío a cada diputado de una medalla en la que figure la frase: «El progreso social está subordinado a la extensión de los derechos de la mujer», propuesta que evidentemente se rechaza.[101] Desafiando la prohibición, Jeanne Deroin se presenta a las elecciones legislativas del 13 de mayo de 1849 en nombre de los principios universales de una «verdadera república», ya que para ella «la causa del pueblo y la causa de las mujeres están íntimamente unidas, y la igualdad de los sexos es la condición para un progreso real».[102] Su candidatura recibe pocos apoyos y las aspiraciones del derecho al voto y al trabajo de sus partidarias son ridiculizadas, con el pretexto de que ¡la emancipación de las mujeres sería una catástrofe para el orden doméstico![103] Un mes antes, un artículo anónimo atribuido a Pierre-Joseph Proudhon, publicado en las columnas de

---

* Que ordena sobre todo el cierre de los clubes; solo los socialistas de extrema izquierda manifiestan su oposición a ese decreto.

Peuple, ataca con violencia esta candidatura: «En una reciente comida socialista, ha ocurrido un hecho muy grave que nos resulta imposible silenciar. Una mujer ha planteado seriamente su candidatura a la Asamblea Nacional. [...] No podemos tolerar semejantes pretensiones y semejantes principios, sin protestar enérgicamente en nombre de la moral pública y de la propia justicia. [...] La igualdad política de los dos sexos, es decir, la asimilación de la mujer al hombre en las funciones públicas, es uno de los sofismas que rechazan no solo la lógica sino también la conciencia humana y la naturaleza de las cosas. [...] El cuidado de la familia es el santuario de la mujer». Estos pretextos serán utilizados de nuevo en 1918. Las mujeres, que habían ocupado masivamente las fábricas y los talleres durante la Primera Guerra Mundial, una vez restablecida la paz tuvieron que reintegrarse a su hogar.[104]

La lucha de las mujeres se extiende por toda Europa[105] y Estados Unidos.[106] En cambio en Francia, en los años que siguen a la revolución de 1848 se produce una regresión de la condición de las mujeres debido a un refuerzo del dominio social masculino apoyado en la política.[107] Jenny d'Héricourt, indignada por las posturas antifeministas de Pierre-Joseph Proudhon, publica en diciembre de 1856 «M. Proudhon et la question des femmes» en la *Revue Philosophique et Religieuse*. Proudhon no se dignará responder a los argumentos presentados que contradicen esa supuesta inferioridad natural de las mujeres, sino que, en una carta aparecida en 1857 en la misma revista, se limitará a burlarse de su «especie de cruzada», considerando que sus reivindicaciones son «un síntoma exagerado de la renovación general que se produce, una confusión debida precisamente a la debilidad del sexo y a su incapacidad de conocerse y gobernarse a sí mismo».[108]

Pese a las vivas protestas que estas palabras suscitan, seguirá criticando con virulencia a las «mujeres libres».[109] Jenny d'Héricourt, acérrima defensora de la independencia material y moral de las mujeres, responde: «Emancipar a la mujer es reconocerla y declararla libre, igual al hombre ante la ley social y moral y ante el trabajo».[110] En esa época, los hombres consideran el acceso de las mujeres en las fábricas una competencia desleal, en especial los sindicalistas proudhonianos,[111] que en 1866 votarán el rechazo al trabajo de las mujeres en el Congreso de Ginebra de la Asociación Internacional de los Trabajadores. Las mujeres conseguirán algunos apoyos importantes,[112] sobre todo el de John Stuart Mill, que rechaza la idea de que existe una «esencia femenina»,[113] y del periodista librepensador Léon Richer.* Sin embargo, Pierre-Joseph Proudhon contribuyó a forjar la idea del socialismo masculino, idea que perdurará hasta la Segunda Guerra Mundial.

A finales del siglo XIX, la lucha de las mujeres contra las desigualdades entre los sexos† continúa. Las mujeres fundan y dirigen varios periódicos.‡ Séverine, la periodista libertaria que dirige *Le Cri du Peuple*, condena el hecho de que «ignorantes que no saben leer ni escribir, patanes que maltratan a los animales, que están borrachos perdidos de la mañana a la noche, holgazanes, bribones (chulos), que chochean, están medio locos, o son locos

---

* En abril de 1869, funda el semanario *Le Droit des Femmes* y, un año más tarde, la Asociación para el Derecho de las Mujeres, que presidirá Maria Deraismes.

† Siempre les pagan un salario inferior al de los hombres y no pueden disponer libremente de él y, por supuesto, no tienen derecho al voto.

‡ Como el diario *La Fronde*, fundado en 1897 por la actriz feminista Marguerite Durand.

supuestamente curados, e imbéciles son electores y [...] las mujeres, consideradas inferiores a ellos, tienen una única obligación: pagar; y un único derecho: callarse».[114]

En 1886, es la gran Louise Michel (1830-1905) la que escribe para defender la causa de las mujeres, a las que describe como «ganado humano que se aplasta y vende»: «Si la igualdad entre los dos sexos estuviera reconocida, se produciría una enorme brecha en la estupidez humana. [...] Nunca he comprendido que exista un sexo cuya inteligencia se pretende atrofiar, como si a la raza le sobrara... [...] Esclavo es el proletario, esclava entre todos es la mujer del proletario. [...] En todas partes sufre el hombre en esta sociedad maldita; pero no hay dolor comparable al de la mujer».[115] Esta institutriz y militante anarquista exhorta a las mujeres a ocupar, y no a «mendigar», su puesto en la sociedad, ya que ellas también luchan por conquistar «los derechos de la humanidad».[116]

Doce años más tarde, Jules Guesde, periodista y político socialista, defiende enérgicamente el derecho de las mujeres al trabajo:[117] «No, por mucha superioridad de fuerza que se le suponga al hombre, y por muy remunerador que sea su trabajo, no se puede condenar a la mujer a dejarse mantener por él. [...] "Cortesana o ama de casa", nada más lejos de la realidad que ese famoso dilema del sofisma hecho hombre, Pierre-Joseph Proudhon... No, el lugar de la mujer está tanto en el hogar como fuera de él. [...] ¿Por qué razón —por muy esposa o madre que sea, por no hablar de las que no son ni una cosa ni la otra— la mujer no puede también manifestarse socialmente en la forma que le convenga? Asegurar a la mujer, como al hombre, el desarrollo integral y la libre aplicación de sus facultades».[118]

EN EL SIGLO XX

> No sé si los grandes de ese mundo nos leerán,
> pero creo que no sería inútil que lo hicieran.
>
> LÉONORA MIANO[119]

A principios del siglo XX, las mujeres no han conseguido ni el derecho al trabajo* ni el derecho al voto. Sin embargo, son muchas las mujeres que han dado muestras de su competencia y logrado espectaculares avances para la sociedad en muchos ámbitos, sobre todo en el terreno científico, como Marie Curie, premio Nobel de Física en 1903 (junto con su marido Pierre y Henri Becquerel) y de Química en 1911. En este contexto social de la segunda mitad del siglo XIX y principios del XX, nace y se desarrolla la prehistoria.

No podemos acabar este capítulo sin citar la *Histoire générale du féminisme des origines à nos jours*, de Léon Abensour. Este profesor de geografía e historia en el Instituto de Besançon, nacido en 1889, fue un ferviente defensor de los derechos de las mujeres.[120] El prólogo de esta obra, escrita en 1921, es de una modernidad sorprendente: «Está llevándose a cabo una gran revolución. [...] Considerada ayer por todos los doctores de la ley un ser inferior, juzgada por la opinión pública incapaz de vivir sin la ayuda masculina, excluida por "la debilidad de su espíritu" de los consejos de la ciudad, la mujer se alza poco a poco del abismo al que, por los siglos de los siglos, la maldición de Jehová arrojó a Eva. [...]

---

* Las mujeres casadas no tendrán derecho a disponer libremente de su salario hasta 1907, y pasarán casi setenta años hasta que la ley francesa establezca, en 1972, la igualdad de remuneración entre mujeres y hombres.

Desde hace medio siglo, y sobre todo desde 1914, la mujer ha demostrado ser, según las palabras de Voltaire, "capaz de todo aquello de que los hombres son capaces". Es un hecho contra el que todos los argumentos teóricos carecen de fuerza. Por consiguiente, concluir que, en un futuro más o menos lejano (y sin duda menos que más), las mujeres serán, en todo el planeta, iguales a los hombres, no parece que sea una temeridad».

Acaba el prólogo rindiendo un vibrante homenaje a las mujeres, que durante siglos lucharon por sus derechos: «Para obtener la revisión del proceso que la injusticia de la historia parecía haber decidido en su contra, desde hace siglos las mujeres han luchado, sufrido, trabajado con su cerebro o sus brazos. De generación en generación, las "rebeldes" se transmiten la idea, como los corredores antiguos la "llama". Y el que, haciendo caso omiso de los grimorios del pasado, se tome la molestia de examinar la historia verdadera, la vida del pasado, descubrirá con sorpresa que en todas las épocas ha habido mujeres que, en todas las ramas de la actividad humana, han sabido realizar tareas masculinas, por placer o necesidad. Estas reclaman la igualdad de sexos; aquellas la presentan ya conseguida. Feminismo teórico, feminismo práctico, ambos explican la evolución de nuestras costumbres y de nuestras ideas. Ambos anuncian la gran revolución que poco a poco está llevándose a cabo».[121]

La lucha de las mujeres se intensifica a finales del siglo XIX con la creación de varios movimientos feministas en diferentes países,[122] el primero en Estados Unidos, el International Council of Women, creado en 1888.[123] La obtención del derecho al voto, núcleo de las reivindicaciones de estos movimientos feministas,[124] será un combate que durará más de ciento cincuenta años. Un proceso largo y difícil. Mientras que desde 1879 muchos países ya habían concedido a las mujeres el derecho al voto,[125] y que incluso el papa Benedicto XV había aceptado el principio del voto femenino en 1918, en Francia en 1935 las mujeres todavía no pueden ejercer este derecho.[126]

Durante diecisiete años, el Senado rechaza sistemáticamente los proyectos de ley de derecho al voto de las mujeres aprobados desde 1919 por la Cámara de los Diputados.[127] Algunas abogadas se sublevarán contra esta situación. Maria Vérone,[128] secretaria de redacción del diario *La Fronde*, presenta en la primavera de 1924 a los electores parisinos una lista femenina, formada por artistas, periodistas, abogadas, médicas y exploradoras, y proclama: «No se puede conseguir nada si el hombre y la mujer no trabajan juntos».[129] Siete años más tarde, Germaine Poinso-Chapuis[130] denuncia con vehemencia esta injusticia: «Nuestro sufragio, supuestamente universal, se traduce en realidad en la expulsión de más de la mitad de la nación adulta y en el rechazo, a favor de una minoría cuyo único privilegio es el sexo, de todas las peticiones de nuestra organización política. [...] Cuando se trata de obediencia a las leyes, de pago de impuestos, de formalidades administrativas que hay que cumplir, solo hay una categoría de ciudadanos, y no dos. En estos casos las mujeres están sometidas a las mismas reglas que se imponen a los hombres. Obedecen las leyes en cuya elaboración no han participado. Pagan los impuestos que no han aprobado; poco importa si la Declaración de los Derechos del Hombre incluye en su carta el privilegio, completamente legítimo para el ciudadano, de votar sus impuestos».[131] Pero no hay nada que hacer, el Senado sigue en sus trece, y el 31 de marzo de 1932 la Cámara de los Diputados se ve obligada de nuevo a invitar «al gobierno a utilizar toda su influencia en el Senado para conseguir que esta Asamblea someta a deliberación los textos votados sobre esta cuestión por la Cámara de los Diputados».[132]

Ante la obstinación de los senadores, la feminista radical Louise Weiss crea en 1934 La Mujer Nueva, un movimiento que organizará actos espectaculares, como el del 2 de junio de 1936, en que algunas militantes ofrecen a los senadores calcetines que llevan la inscripción: «Aunque no nos den el derecho al voto, sus calcetines serán zurcidos». La última negativa del Senado, en julio de 1936, es más incomprensible aún teniendo en cuenta que el 4 de junio Léon Blum, entonces presidente del Consejo de Ministros, había nombrado a tres mujeres subsecretarias de Estado.* Habrá que esperar a la enmienda presentada el 24 de marzo de 1944 en la Asamblea Consultiva provisional en Argelia por el dirigente del Partido Comunista francés Fernand Grenier, para que el voto femenino se apruebe finalmente en Francia. Las intervenciones del general De Gaulle[133] fueron decisivas, sobre todo la del 18 de marzo de 1944, cuando declaró: «El nuevo régimen ha de incluir una representación elegida por todos los hombres y todas las mujeres de nuestro país». El 21 de abril de ese mismo año, las mujeres serán por fin «electoras y elegibles en las mismas condiciones que los hombres».[134] Dos años más tarde, el principio de igualdad entre hombres y mujeres en todos los ámbitos se inscribe ya en el preámbulo de la Constitución.[135] En 1947, por primera vez será ministra una mujer,[136] Germaine Poinso-Chapuis, pero habrá que esperar a 1974 para ver a otra mujer en este cargo: Simone Veil, que también ocupará la cartera de Sanidad. El 15 de mayo de 1991, Édith Cresson será primera ministra; no obstante, el acceso a las responsabilidades políticas sigue siendo difícil y lento para las mujeres.

---

* A Cécile Brunschvicg, en Educación, Suzanne Lacore, en Sanidad, e Irène Joliot-Curie, en Investigación Científica.

En el siglo XX, las mujeres obtienen en Occidente el pleno reconocimiento de sus derechos,* pero su verdadera emancipación no se producirá hasta el cambio de siglo con la igualdad de acceso de las mujeres y de los hombres a los mandatos electorales y a los cargos electivos (en 1999), la paridad en los escrutinios de lista (ley del 6 de junio de 2000), la alternancia estricta mujeres-hombres en la composición de las listas electorales municipales y la obligación de paridad en los ejecutivos regionales y municipales (ley del 31 de enero de 2007). En 2008, el artículo 1 de la Constitución se completa en los siguientes términos: «La ley favorece el acceso igual de las mujeres y los hombres a los mandatos electorales y a las funciones electivas, así como a las responsabilidades profesionales y sociales».

Las mujeres libraron otra batalla, que dista mucho de haber acabado: la de la reapropiación de su cuerpo y el control de su sexualidad. Hasta la segunda mitad del siglo XX no hubo en Europa y Estados Unidos avances notables, protagonizados por movimientos feministas,[137] que permitieron a las mujeres liberarse por fin del dominio masculino sobre su sexualidad.[138] El cambio se produjo en la década de 1970, después del «Manifiesto de las 343», publicado en *Le Nouvel Observateur*, el 5 de abril de 1971. Al firmar el manifiesto «Yo he abortado», redactado por Simone de Beauvoir, esas 343 mujeres reclaman «el libre acceso a los medios anticonceptivos y al aborto libre». La demanda de las mujeres no será atendida hasta que Simone Veil, ministra de Sanidad, pronuncie el histórico discurso del 26 de noviembre de 1974 en la

---

* En Francia, a partir de la década de 1950, las mujeres irán obteniendo de forma progresiva los mismos derechos que el hombre. Por ejemplo, podrán ejercer una actividad profesional sin la autorización de su marido y, en 1965, abrir una cuenta bancaria.

Asamblea Nacional: «Porque la situación actual es mala, diría más, es desastrosa y dramática. [...] Porque frente a una mujer que decide interrumpir su embarazo, [los médicos] saben que al negarse a aconsejarla y apoyarla la arrojan a la soledad y la angustia de un acto realizado en las peores condiciones, con el que corre el riesgo de quedar mutilada para siempre. Saben que esa misma mujer, si tiene dinero, irá a algún país vecino, o incluso a ciertas clínicas de Francia, donde podrá poner fin a su embarazo, sin correr ningún riesgo ni sufrir ninguna penalidad. Y esas mujeres no son necesariamente las más inmorales o las más inconscientes. Son trescientas mil cada año. [...] Hay que terminar con este desorden. Hay que terminar con esta injusticia».[139]

En 1980, la violación pasa a ser un crimen con penas de entre quince y veinte años de cárcel y, en 1984, una ley castiga la violencia sexual. En 1990, el Tribunal de Casación reconoce la violación entre esposos y, dos años más tarde, una ley reprime la violencia doméstica y el acoso sexual en el trabajo.[140] Pese a todas estas leyes, como atestiguan los recientes movimientos, a raíz del caso Weinstein de octubre de 2017 —#BalanceTonPorc, #MeToo, #NousToutes—, la violencia sexual y sexista contra las mujeres sigue existiendo.[141] El seísmo Weinstein relanzó el debate sobre la virilidad masculina. En *Le Mythe de la virilité*, la profesora de filosofía Olivia Gazalé muestra hasta qué punto el mito de la superioridad masculina, fundamento de las sociedades, no solo ha justificado y organizado el sometimiento de las mujeres, sino que también ha condenado a los hombres a un «deber de virilidad», pesado fardo con el que cargar. Si hoy en día se habla de una «crisis de la virilidad», la causa no es la emancipación de las mujeres, «es la virilidad que ha caído en su propia trampa, una trampa que el hombre se ha tendido a sí mismo al querer encerrar en ella a la mujer».[142] Si genera angustia, es beneficiosa, porque permite la reinvención de la masculinidad y el abandono de esa visión arcaica que es la *mâltitude* ('machitud').[143] La deconstrucción del modelo de la omnipotencia sexual del hombre, iniciada desde hace un siglo, dista mucho de haber acabado y debe continuar. El 30 de abril de 2019, Estados Unidos amenazó en la ONU con un veto si no se retiraba el pasaje que se refería a «la salud sexual y reproductiva», términos que sobreentendían un apoyo al aborto, y que aparecían en la resolución para combatir la utilización de la violación como arma de guerra, resolución que sin embargo se había aprobado dos veces antes, en 2009 y 2013. Señalemos que Rusia, el Vaticano, Arabia Saudí y Baréin mantenían la misma postura que la administración Trump... Actitud mucho más deplorable teniendo en cuenta que, en los conflictos armados, las mujeres víctimas de agresiones sexuales a menudo son objeto de terribles mutilaciones, como ha referido numerosas veces el médico congoleño Denis Mukwege. En 2018, Denis Mukwege y la yazidí Nadia Murad, exesclava de la organización Estado Islámico, recibieron el Premio Nobel de la Paz, «por sus esfuerzos para poner fin al uso de la violencia sexual como arma de guerra».

Según los hombres, las mujeres habrían gozado durante siglos de una especie de privilegio: la protección frente a los males de la guerra, los negocios y la política. Las feministas de la segunda mitad del siglo XX rechazan este privilegio y reivindican la universalidad de los derechos. En 1949, Simone de Beauvoir,[144] en *El segundo sexo*, libro que modificó profundamente la mirada de las mujeres sobre sí mismas y su condición, cuestiona la sociedad patriarcal que las mantiene en una posición de subordinadas, en especial por tener estudios menos elevados y por la institución del matrimonio. Las mujeres ya no quieren, como la Cenicienta o la Bella Durmiente, esperar al «príncipe azul para conseguir fortuna y felicidad», sino que, según la escritora, «quieren que por fin se les concedan los derechos abstractos y las posibilidades concretas sin cuya combinación la libertad no pasa de ser una farsa». Y aporta las razones: «Los antifeministas deducen del examen de la historia dos argumentos contradictorios: 1.º las mujeres nunca han creado nada importante; 2.º la situación de la mujer nunca ha impedido el desarrollo de las grandes personalidades femeninas. En las dos afirmaciones hay mala fe; los éxitos de algunas privilegiadas no compensan ni excusan la mengua sistemática del nivel colectivo; y que estos éxitos sean escasos y limitados prueba precisamente que las circunstancias les son desfavorables. [...] El hecho que condiciona la situación actual de la mujer es la pervivencia obstinada en la civilización nueva que se está creando de tradiciones más antiguas. [...] Se abren para las mujeres las fábricas, las oficinas, las facultades, pero se sigue considerando que para ella el matrimonio es una carrera muy honrosa que la dispensa de cualquier otra participación en la vida colectiva. [...] Los padres educan a sus hijas pensando en el matrimonio, en lugar de favorecer su desarrollo personal; ella le encuentra tantas ventajas que lo acaba deseando; el resultado es que es menos frecuente que se especialice, su formación es menos sólida que la de sus hermanos, no se implica totalmente en su profesión; se condena así a seguir siendo inferior; y se cierra el círculo vicioso: esta inferioridad refuerza su deseo de encontrar un marido [...] Todo empuja a las mujeres a desear ardientemente gustar a los hombres. Siguen estando en su conjunto en posición de vasallaje. El resultado es que la mujer se conoce y se elige, no en la medida en que existe para sí, sino tal y como la define el hombre».[145]

Desde hace siglos las mujeres luchan por la igualdad de derechos, pero sigue habiendo dificultades, en Francia y en la mayoría de los países, para el acceso a los puestos de responsabilidad y a la igualdad de salarios, o para poner fin a las discriminaciones sexistas y a los actos de violencia. El Día Internacional de los Derechos de la Mujer, instaurado en 1982 y que se celebra cada 8 de marzo, no basta para cambiar este estado de cosas. Son las mentalidades, tanto las de las mujeres como las de los hombres, las que deben cambiar. Sobre todo, hay que restituir el papel que corresponde a cada uno en la historia y en la prehistoria. Hacer visibles a las mujeres es la tarea a la que se ha consagrado desde hace más de sesenta años la historiografía de la historia de las mujeres. Y tal como la formula la historiadora Michelle Perrot, ha de «cuestionar la realidad de esta especificidad».[146]

Hasta la década de 1960, los tratados sobre las mujeres, escritos casi en exclusiva por hombres, parecen, usando la expresión de la filósofa y psicoanalista Monique David-Ménard, «notablemente ahistóricos».[147] ¡Sin duda porque muy pocas mujeres tenían acceso a una educación universitaria que les habría permitido ser autoras de trabajos científicos[148] o escritoras!* La historiografía de la historia de las mujeres, que aparece muy tímidamente a principios del siglo XX, se desarrolla primero en Estados Unidos y luego en Europa gracias a los trabajos de historiadoras estadounidenses y británicas y a los movimientos sociales de finales de la década de 1960.[149]

En 1973, Antoinette Fouque, junto con las militantes del MLF,† funda Éditions des Femmes, que publica a autoras fran-

---

* Virginia Wolf lo recalcará en *Una habitación propia*, publicada en 1929: una mujer ha de disponer «de un poco de dinero y una habitación propia» para poder crear.

† En 1968, Fouque había participado en la fundación de ese Movimiento de Liberación de las Mujeres en Francia.

cesas y extranjeras. Su motivación es política, a través de esta editorial «hay que contribuir a la liberación de las mujeres». Pero, diez años más tarde, la estadounidense Joan Scott constata que «la ambición de incorporar la historia de las mujeres a la historia sin más y, de golpe, transformar a esta desde dentro, no se ha visto cumplida».[150] En la década de 1980, esta historiadora y otras investigadoras feministas[151] introducen la noción de género, como norma social, en el análisis de los procesos históricos de dominio masculino. Joan Scott se dedicará a la deconstrucción de las categorías «hombre» y «mujer» que, según dice, organizan la sociedad en un sistema binario y desigual: «La historiografía de las mujeres solo puede entenderse desde el punto de vista del género, que es un "elemento constitutivo" de relaciones sociales basadas en diferencias percibidas entre los sexos, y el género es una primera manera de significar relaciones de poder».[152] De modo que, para comprender cómo se elaboran lo masculino y lo femenino y las relaciones entre los dos sexos que de ello derivan, hay que distinguir entre el sexo, que es biológico, y el concepto de género, que tiene que ver con la organización social y política. Ahora bien, la historia de las mujeres, y del género,[153] es un ámbito ultrasensible, que suscita polémica, sobre todo en Francia. Muchos investigadores y políticos la consideran no pertinente y, por tanto, le niegan valor científico y la juzgan una forma de activismo feminista.[154] Sin embargo, los trabajos llevados a cabo desde 1980 han demostrado hasta qué punto no solo es pertinente, sino también indispensable[155] para comprender la condición de las mujeres y su evolución en el tiempo.[156] A la historia de las mujeres, dirigida por los movimientos feministas, se le reprocha su corporativismo.[157] La fuerte hostilidad que todavía suscita ¿no será porque pone al descubierto la dominación masculina y sus consecuencias? Si hay que «desmasculinizar la historia y las ciencias sociales»,[158] como dice Ivan Jablonka, este autor se olvida de mencionar la aportación teórica del pensamiento feminista a la lucha por su libertad e independencia. Los hombres no han sido pioneros en este combate, son las mujeres las que, sobre todo durante la Revolución francesa y a lo largo del siglo XIX, encabezaron la reivindicación de los derechos civiles y políticos. Algunas mujeres parecen haberse convertido al orden patriarcal, haber sido cómplices, pero «ceder no es consentir».[159] El problema no es la elección (de la sumisión), sino la falta de elección a la que reduce la dominación masculina. Si se acepta el consentimiento de las mujeres a su propia sumisión, esto hace *in fine* que persista.[160] La historia de las mujeres analiza las relaciones entre los sexos en el pasado, pero también en el presente, a través de cuestiones como la virilidad y la violencia, la sexualidad y el consentimiento, el patriarcado, el reparto del trabajo doméstico y la maternidad.

Aunque desde la década de 2000[161] se han publicado en francés numerosas guías de los principales recursos documentales, audiovisuales o bibliográficos útiles para la historia de las mujeres,[162] casi treinta años después de Jean Scott, la historiadora Isabelle Ernot constata que «la historia de las mujeres y del género no parece que en realidad haya conseguido cambiar esta "historia sin más" ni hacer que se tomen en consideración sus aportaciones».[163] Tal vez, recalca, porque la tarea es demasiado ardua ante las resistencias encontradas: «¿Este proyecto era una utopía, o los elementos de resistencia son tan poderosos que hacen difícil su realización?». Las interpretaciones de la historia divergen en función de la perspectiva en que nos situamos, de modo que es necesario, como sugiere Isabelle Ernot, trabajar en la producción de un contradiscurso basado en un enfoque antropológico y pluridisciplinar «que podría lograr construir un nuevo tipo de relato, no monolítico».[164] No podemos estar más de acuerdo con estas palabras, y es lo que modestamente hemos intentado hacer en este libro.

Epílogo
Mujeres y feminismo de ayer y de hoy

Estamos en los albores de una revolución. Del jefe guerrero vikingo que resultó ser una mujer a las amazonas escitas, pasando por las mujeres artistas prehistóricas, cuya presencia en las cuevas adornadas está atestiguada por los recientes trabajos de los arqueólogos, algunas ideas heredadas sobre el reparto de roles entre los sexos quedan hechas trizas. Deconstruir los argumentarios sexistas, más ideológicos que científicos, es la tarea que se propone sobre todo la arqueología de género, que está aún en sus inicios. La brecha está abierta y ya no se cerrará hasta que la mujer haya encontrado el lugar que le corresponde en la historia.

La ciencia prehistórica desempeña una función esencial en este combate, ya que explora las profundidades del tiempo, allí donde se supone que el patriarcado halla su justificación original. Ahora bien, justificación no proporciona ninguna. Cuantos más conocimientos acumulamos, más se comprueba lo contrario: que el patriarcado carece de toda base antropológica. Está bastante arraigado en nuestras sociedades para que parezca «natural», pero basta cambiar la escala y retroceder en el tiempo hasta las sociedades más antiguas para comprender que la jerarquización entre los géneros solo se fundamenta en prejuicios. El patriarcado es más frágil de lo que sus defensores quieren hacernos creer. Cincuenta años después del nacimiento del Movimiento para la Liberación de las Mujeres, este sistema continúa, pese a todo, produciendo efectos devastadores.

Los actos de violencia contra las mujeres continúan. ¡No, no es normal pegar a tu mujer! En Francia, 200.000 mujeres son maltratadas por su pareja, y muchas mueren a causa de ello. En 2019 hubo en Francia 146 feminicidios.* ¿Cómo es posible que esta plaga persista,[1] a pesar de los discursos y las actuaciones llevadas a cabo?[2] Porque hunde sus raíces en un inconsciente colectivo, modelado a lo largo de los siglos, en que la esposa era propiedad de su marido. En el siglo XIX, a esos crímenes se los denominaba «crímenes de propietario». Hoy en día se califican como «crímenes pasionales», lo que no es mucho mejor, pues en ningún caso se trata de pasión, sino de posesión del cuerpo de las mujeres.

Esta apropiación pasa evidentemente por el control de su sexualidad. Desde finales del siglo XIX, las mujeres reivindican el dominio de su cuerpo y, desde la década de 1970, el derecho al placer.[3] Sin embargo, en nombre de pretextos religiosos o costumbres, muchas mujeres sufren mutilaciones sexuales,† una ablación parcial o total del clítoris, considerado el órgano del placer. En Francia, hasta 2017[4] no ha habido en los libros de texto de ciencias naturales una representación completa del sexo femenino, ¡con clítoris incluido! El sexo de la mujer no es ni

---

* En 2019, 146 mujeres murieron a manos de sus compañeros o excompañeros, según el Ministerio del Interior, y 150 según el Colectivo Feminicidios.

† En 2004, la OMS registraba 180.000 al año en la Unión Europea y, según el INED, 53.000 en Francia.

tabú ni vergonzoso, e ignorar el clítoris es negar la existencia del placer femenino.

El patriarcado no es «natural», es una manera de pensar y actuar que instaura un orden de cosas basado en un binarismo de sexos y en una jerarquía entre ellos. Han existido sociedades matriarcales y siguen existiendo. No son un espejo invertido de las patriarcales, que reproducen el dominio de un sexo sobre otro, sino sociedades de igualdad política real entre los sexos,[5] donde las tareas económicas y sociales se consideran complementarias. Estamos muy lejos de esto. En el mundo occidental, las desigualdades subsisten en todos los ámbitos: doméstico, político, religioso y económico.

Según las estimaciones del Foro Económico Mundial, de seguir al ritmo actual, la igualdad en el mundo no se conseguirá hasta dentro de... doscientos dos años.[6] Entre las personas que en las empresas reciben los salarios más altos, las mujeres son minoría. Son las que trabajan a tiempo parcial, ocupan mayoritariamente los puestos menos cualificados ¡y se producen disparidades en el acceso a ciertos empleos!* En el campo de la investigación, la situación de las mujeres ha mejorado estos últimos años, pero las desigualdades persisten. En la Academia de Ciencias francesa, las mujeres son claramente menos numerosas que los hombres.† Hasta finales del siglo XIX, no podían ni ingresar

---

* El 12 de octubre de 2018, en un artículo de *Le Monde*, un colectivo de 520 historiadoras lamenta la falta de paridad en su disciplina. Ya en 2010, en la primera mesa redonda de Encuentros de la Historia, celebrada en Blois, la asociación Mnémosyne, que promueve la historia de las mujeres y del género, lamentaba las pocas historiadoras premiadas.

† Treinta y dos mujeres de un total de 268 miembros. La primera mujer elegida para la Academia de Ciencias, creada en 1666, fue la matemática y física Yvonne Choquet-Bruhat, en 1979.

en ella ni ejercer una profesión científica. Sin embargo, desde el siglo XVII, las aportaciones de las mujeres son notables. Muchas publican artículos en revistas científicas de renombre, pero amparadas en el anonimato o con nombre falso.[7] No obstante, salvo algunas excepciones,[8] se mantienen a la sombra de los científicos y jamás se citan sus trabajos; a algunas incluso se las plagia o se les arrebata sus investigaciones —lo que todavía ocurre en nuestros días.

Las mujeres representan el 3 por ciento de los galardonados con el Nobel,* solo una ha recibido la Medalla Fields (en 2014) y cinco la Medalla de Oro del Centro Nacional para la Investigación Científica (CNRS), que se entrega cada año desde 1954. Aunque estas pioneras están en vías de obtener hoy la fama que merecen, lo cierto es que, entre el total de científicos, las mujeres raramente ocupan cargos de dirección de grandes organismos o de laboratorios de investigación. En una carta dirigida en 2019 a los investigadores, el PDG del CNRS Antoine Petit se defiende pretextando, con una pizca de paternalismo, que «es difícil promocionar a personas que no se postulan». ¿No será más bien la endogamia masculina de los órganos de gobierno y selección la que explica la falta de paridad en la investigación científica?† En el ámbito de la arqueología, por ejemplo, el oficio es mixto pero, sobre el terreno, no empieza a feminizarse hasta finales del siglo XX.[9] En 2016, en el Instituto Nacional de Investigaciones Arqueológicas Preventivas (INRAP), solo un tercio

---

* Solo veinte desde 1901, tres en Física, cinco en Química y doce en Fisiología o Medicina; en 2020, 863 hombres frente a 52 mujeres.

† El 15 de julio de 2019, seis investigadores abandonan el Alto Consejo por la Igualdad entre Mujeres y Hombres (HCE). Los dimisionarios critican la ausencia de mujeres investigadoras en el seno del Consejo en el nuevo «colegio de personalidades cualificadas».

de los puestos de jefes de operación sobre el terreno y de dirección de los servicios territoriales los ocupaban mujeres, pese a que estas representaban el 61 por ciento de la plantilla. Los avances son lentos y los mecanismos de dominio persisten, como atestigua un artículo de *Le Monde* del 10 de junio de 2020, en el que estudiantes e investigadoras denuncian el acoso al que están sometidas en las excavaciones y el reparto de tareas según el género.

La falta de paridad se ve alimentada por nuestro entorno visual —revistas, fotografías, cine, publicidad, videojuegos, cómics, etcétera—, concebido casi exclusivamente desde una perspectiva de hombre heterosexual, que impone a los espectadores una visión del mundo puramente masculina.[10] Esa *male gaze* ('mirada masculina'), inconsciente, recuerda a la dirigida a las estatuillas femeninas prehistóricas.

Los prejuicios sexistas se encuentran en la alimentación. ¡Es bien sabido que a las mujeres les gusta el pescado, el té y las verduras, mientras que los hombres prefieren la carne, la cerveza y el tocino![11] Sin embargo, los gustos alimentarios no están fijados en el cerebro, sino que son las tradiciones culturales que se transmiten desde la infancia las que crean esta diferenciación.[12] El paradigma naturalista pretende que el dimorfismo sexual sea en exclusiva genético, pero eso significa minimizar el hecho de que las conductas culturales influyen notablemente. Esta segregación alimentaria, que según algunos investigadores aparece ya en el Neolítico, habría influido en la estatura y la corpulencia de los hombres y las mujeres. Los niños, que tenían un régimen más rico en proteínas y recibían las mejores raciones de carne, se habrían hecho más altos y más fuertes que las niñas.[13] Esta conducta cultural de discriminación por el género habría modelado cuerpos masculinos y femeninos diferentes. Hoy en día, en Occidente, estas diferencias físicas tienden a difuminarse.

Actualmente, las mujeres toman cada vez más el control de su cuerpo y denuncian los sistemas de dominación. La onda expansiva #MeToo muestra que las cosas evolucionan, a veces más rápido de lo que se esperaba.

¿Por qué, pues, el patriarcado perdura desde hace tanto en nuestras democracias? Tal vez porque no está basado solo en un dominio económico y político sino también, e incluso sobre todo, en lo que Carol Gilligan llama un dominio psicológico.[14] Según esta autora, las mujeres tienen una moral distinta, que puede definirse como una ética del *care* ('cuidado', 'solicitud', 'empatía'), centrada en el cuidado de los otros, no por naturaleza, sino por la experiencia.* En el sistema patriarcal, a los niños y las niñas se los educa de manera diferente, según el sexo, especialmente en cuanto se refiere a las relaciones con los demás. La vulnerabilidad se declara femenina, los niños han de disimularla y anular toda empatía.[15] Este desapego permite instaurar un orden político con subordinaciones y opresiones y, de este modo, el patriarcado político se alimenta del patriarcado psicológico.[16] Ahora bien, la diferencia entre los hombres y las mujeres no está inscrita en nuestros genes. El *care* es una capacidad compartida por todos, los niños deben aprender a recuperar esta actitud. Hay que desprenderse del patriarcado psicológico para acabar con el patriarcado.[17]

---

* Esta filósofa y psicóloga estadounidense es la autora del concepto de *care*.

Eso pasa por la desmasculinización de la lengua francesa, que era mucho más igualitaria en la Edad Media que hoy. En el siglo XVII se decreta que el masculino prevalece sobre el femenino,[18] porque es más «noble», y a lo largo del siglo siguiente se retoma y justifica esta regla gramatical por el hecho de que el macho es superior a la hembra.[19] Desde entonces, generaciones de alumnas y alumnos repiten incansablemente que «el masculino domina sobre el femenino», preparándose así para ocupar puestos diferentes y jerarquizados en la sociedad.[20]

Es difícil que los cambios se acepten, como la virulencia de los debates en torno a la «escritura inclusiva» ha demostrado.[21] Aunque la feminización de los nombres de oficios empezó hace unos cuarenta años en los países francófonos, hasta el 28 de febrero de 2019 la Academia Francesa no validó, gracias sobre todo a la iniciativa de la escritora Dominique Bona, la feminización de profesiones, cargos, títulos y grados. Estamos tan solo al inicio de este gran cambio. En el futuro, en el espacio público, estatuas, calles, plazas, colegios e institutos otorgarán por fin visibilidad a las mujeres que, ellas también, han participado en la historia.

Las mujeres no son ni inferiores ni están subordinadas por «naturaleza», como durante tanto tiempo se nos ha querido hacer creer. Y debido a esta creencia, a lo largo de siglos, los hombres se han arrogado el control de su sexualidad y les han asignado un puesto en la sociedad limitado a la esfera doméstica. Han extraído la justificación de esta conducta de los textos sagrados, religiosos y eruditos..., todos ellos escritos por hombres. Los estudios filosóficos, históricos, antropológicos y sociológicos de los últimos decenios han mostrado que las percepciones biológicas de lo masculino y lo femenino no eran ni inmutables ni universales.

La mujer no es por «naturaleza» ese otro al que se puede poseer. Si sociedades y culturas han forzado a las mujeres durante siglos a entrar en el molde reductor de los roles que les han destinado, es hora ya de pensar en una complementariedad entre los dos sexos y no en un dominio de uno sobre el otro. El patriarcado ha de sustituirse por otro sistema, que debemos construir juntos.

Agradecimientos

Quiero expresar toda mi gratitud a Guillaume Allary y a Nicole Lattès por su apoyo y sus sensatos consejos.

Doy las gracias de corazón a todo el equipo de Éditions Allary, y muy especialmente a Malcy Ozannat por nuestras fructíferas y amigables conversaciones.

Mi enorme y afectuoso reconocimiento a Philippe, que me ha acompañado a lo largo de la redacción de este libro.

Anexos

Bibliografía general

ABENSOUR, Léon, *Histoire générale du féminisme. Des origines à nos jours*, Ginebra, Slatkine Reprints, 1979 (1.ª ed. 1921).
ADLER, Laura, *Dictionnaire intime des femmes*, París, Stock, 2017.
BARD, Christine, y CHAPERON, Sylvie (eds.), *Dictionnaire des feministes. France XVIII-XXIe siècles*, París, PUF, 2017.
BAUNE de, Sophie A. (ed.), *Écrire le passé. La fabrique de la préhistoire et de l'histoire à travers les siècles*, París, CNRS Éditions, 2010.
BEAUVALET-BOUTOUYRIE, Scarlett, *Les femmes à l'époque moderne, XVIe-XVIIIe siècles*, París, Belin, 2003.
BENSEDDIK, Nacéra, *Femmes en Afrique ancienne*, Burdeos, Ausonius Éditions, «ScriptaAntiqua» 102, 2017.
BINANT, Pascale, «Femmes de la préhistoire absentes ou mythifiées», *Dossiers d'Archéologie*, n.º 386, 2018, pp. 74-75.
BLAFFER HRDY, Sarah, *The Woman That Never Evolved*, Cambridge, Massachusetts, Harvard University Press, 1999.
—, *Mothers and Others, the Evolutionary Origins of Mutual Understanding*, Cambridge, Massachusetts, Harvard University Press, 2009.
BONTE, Pierre, e IZARD, Michel, *Dictionnaire de l'ethnologie et de l'anthropologie*, París, PUF, 1991.
CARROY, Jacqueline; EDELMAN, Nicole; OHAYON, Annick, y RICHARD, Nathalie (eds.), *Les femmes dans les sciences de l'homme (XIX-XXe siècles). Inspiratrices, collaboratrices ou créatrices?*, París, Seli Arslan, 2005.

CAUVIN, Jacques, *Naissance des divinités, naissance de l'agriculture. La révolution des symboles au Néolithique*, París, Flammarion, 1998.

CHOLLET, Mona, *Sorcières. La puissance invaincue des femmes*, París, Zones, 2018. [Hay trad. cast.: *Brujas. ¿Estigma o la fuerza invencible de las mujeres?*, Barcelona, Ediciones B, 2020.]

Clio. Femmes, Genre, Histoire, revista francesa semestral, que publica trabajos de historia de las mujeres y del género (de todas las sociedades y todos los periodos).

COHEN, Claudine, *L'Homme des origines. Savoirs et fictions en préhistoire*, París, Seuil, 1999.

—, *La femme des origines. Images de la femme dans la préhistoire occidentale*, París, Belin-Herscher, 2003. [Hay trad. cast.: *La mujer de los orígenes*, Madrid-Valencia, Cátedra-Instituto de la Mujer, 2011.]

—, *Femmes de la Préhistoire*, París, Belin, 2016.

DAUMAS, Cécile, *Qui a peur du deuxième sexe?*, París, Hachette Littératures, 2007.

DELIÈGE, Robert, *Anthropologie de la famille et de la parenté*, París, Armand Colin, «Cursus», 2011.

DELPORTE, Henri, *L'image de la femme dans l'art préhistorique*, París, Picard, 1993.

DUBY, Georges, y PERROT, Michelle (eds.), *Histoire des femmes en Occident. De l'Antiquité à nos jours*, 5 vols., París, Perrin, 1991-1992. [Hay trad. cast.: *Historia de las mujeres en Occidente*, Madrid, Taurus, 5 vols., 1991-1993.]

DUHARD, Jean-Pierre, *Le réalisme physiologique des figurations féminines du paléolithique supérieur en France*, tesis doctoral en antropología y prehistoria, Burdeos, Universidad de Burdeos-I, 1989.

ENGELS, Friedrich, *El origen de la familia, la propiedad privada y el Estado*, 1884.

FRAISSE, Geneviève, *Les femmes et leur histoire*, París, Gallimard, 1998.

GARDEY, Delphine, y LÖWY, Ilana (eds.), *L'invention du naturel, les sciences et la fabrication du féminin et du masculin*, París, Éditions des Archives Contemporaines, 2000.

GARGAM, Adeline, y LANÇON, Bertrand, *Histoire de la misogynie. De l'Antiquité à nos jours*, París, Les Éditions Arkhê, 2013.

GILLIGAN, Carol, *In a Different Voice: Psychological Theory and Women's Development*, Cambridge, Massachusetts, Harvard University Press, 1982.

GIMBUTAS, Marija, *The Language of the Goddess: Unearthing the Hidden Symbols of Western Civilization*, Londres, Thames and Hudson, 1989. [Hay trad. cast.: *El lenguaje de la diosa*, Madrid, Dove, 1996.]

GRÉGOR, Isabelle, y LARANÉ, André, *Les femmes à travers l'Histoire. Avancées et reculs de l'Antiquité à nos jours*, Herodote.net, 2019.

HÉRITIER, Françoise; PERROT, Michelle; AGACINSKI, Sylviane, y BACHARAN, Nicole, *La plus belle histoire des femmes*, París, Seuil, 2011.

KNIBIEHLER, Yvonne, y FOUQUET, Catherine, *La femme et les médecins*, París, Hachette, 1983.

LEROI-GOURHAN, André, *Les religions de la Préhistoire*, París, PUF, 1964. [Hay trad. cast.: *Las religiones de la Prehistoria*, Barcelona, Lerna, 1987.]

—, «Le symbolisme des grands signes dans l'art pariétal paléolithique», *Bulletin de la Société préhistorique française*, 55 (7-8), 1958.

—, *Préhistoire de l'art occidental*, París, Mazenod, p. 73.

MANICA, Andrea, *et al.*, «The effect of ancient population bottlenecks on human phenotypic variation», *Nature*, vol. 448, 2007, pp. 346-348.

MÉNDEZ, Fernando L., *et al.*, «The Divergence of Neandertal and Modern Human Y Chromosomes», *The American Journal of Human Genetics*, 98, 2016.

PATOU-MATHIS, Marylène, *Le Sauvage et le préhistorique, miroir de l'homme occidental: de la malédiction de Cham à l'identité nationale*, París, Odile Jacob, 2011.

—, *Préhistoire de la violence et de la guerre*, París, Odile Jacob, 2013.

PERROT, Michelle (ed.), *Une histoire des femmes est-elle possible?*, Marsella, Rivages, 1984.

—, *Mon histoire des femmes*, París, Seuil, 2008. [Hay trad. cast.: *Mi historia de las mujeres*, México, Fondo de Cultura Económica, 2008.]

POUCHET, Félix-Archimède, *Théorie positive de la fécondation des mammifères*, París, Roret, 1842.

RIOT-SARCEY, Michèle, *Histoire du féminisme*, París, La Découverte, 2008.

SEMONSUT, Pascal, *Le Passé du fantasme. La représentation de la Préhistoire en France dans la seconde moitié du XXe siècle (1940-2012)*, Arlés, Éditions Errance, 2013.

TESTARD, Alain, *La déesse et le grain: Trois essais sur les religions néolithiques*, París, Éditions Errance, 2010.

—, *L'Amazone et la cuisinière. Anthropologie de la division sexuelle du travail*, París, Gallimard, 2014.

—, *Les morts d'accompagnement. La servitude volontaire (I)*, París, Errance, 2004.

THÉBAUD, Françoise, *Écrire l'histoire des femmes et du genre*, Lyon, ENS Éditions, 2007 (1.ª ed. 1998). [Hay trad. cast.: *Escribir la historia de las mujeres y del género*, Oviedo, KRK Ediciones, 2014.]

TILLIER, Annick (ed.), *Des sources pour l'histoire des femmes: guide*, París, BNF, 2004.

TILLY, Louise A., y SCOTT, Joan W., *Women, Work, and Family*, Nueva York, Holt, Rinehart and Wiston, 1978.

VANHAEREN, Marian, y D'ERRICO, Francesco, «Le mobilier funéraire de la Dame de Saint-Germain-la-Rivière et l'origine paléolithique des inégalités», *Paléo*, n.º 15, 2003.

VIDAL, Catherine (ed.), *Féminin Masculin. Mythes et idéologies*, París, Belin, 2006.

VIENNOT, Éliane, *L'âge d'or de l'ordre masculin. La France, les femmes et le pouvoir, 1804-1860*, París, CNRS Éditions, 2020.

VILLOTTE, Sébastien; CHURCHILL, Steven E.; DUTOUR, Olivier, y HENRY-GAMBIER, Dominique, «Subsistence Activities and the Sexual Division of Labor in the European Upper Paleolithic and Mesolithic: Evidence from Upper Limb Enthesopathies», *Journal of Human Evolution*, vol. 59, 2010.

VIRGILI, Fabrice, «L'histoire des femmes et l'histoire des genres aujourd'hui», *Vingtième Siècle. Revue d'Histoire*, n.º 75, 2001, pp. 5-14.

ZANCARINI-FOURNEL, Michelle, *Histoire des femmes en France XIXe-XXe siècles*, Rennes, Presses Universitaires de Rennes, 2005.

Las grandes etapas de la evolución humana

–4.000 años: aparición del trabajo de los metales, cobre y oro, Egipto, Baluchistán (Pakistán).

–9.500 años: primera domesticación de las plantas (cebada, trigo), región del Creciente Fértil, Oriente Próximo y Medio.

–10.500-8.500: primera domesticación de la cabra y del cordero, región del Creciente Fértil, Oriente Próximo y Medio.

–12.000 años: primeros poblados sedentarios, región del Creciente Fértil, Oriente Próximo y Medio.

–20.000-15.000 años: primeras vasijas, China, Japón.

–36.000-33.000 años: primera domesticación del lobo, Bélgica, Rusia (Altái).

–40.000: las representaciones figurativas más antiguas de arte mobiliario, «El hombre-león» de la cueva Hohlenstein-Stadel, Alemania, realizadas por sapiens, auriñacienses.

–52.000-40.000 años: las representaciones figurativas más antiguas del arte parietal, Borneo y hacia –35.000 años en Francia (cueva Chauvet, Ardèche), realizadas por sapiens, auriñacienses.

–75.000 años: los ornamentos más antiguos, confeccionados por sapiens en Blombos, Sudáfrica.

–140.000-100.000 años: las sepulturas más antiguas en Oriente Próximo, neandertales y sapiens.

–300.000 años: el sapiens más antiguo, descubierto en Marruecos.

–415.000 años: dominio del fuego en Europa, tal vez desde 790.000 años en Israel.

–430.000 años: los representantes más antiguos del linaje neandertal, La Sima de los Huesos, España.

Hacia –700.000: llegada a Europa del *Homo heidelbergensis* procedente de África, probable antepasado del linaje neandertal.

Hacia –2 millones de años: primera salida de África a Eurasia por representantes del género *Homo*.

Hacia –2,4 millones de años: el representante más antiguo del género *Homo*, en África oriental.

Hacia –3,3 millones de años: las herramientas talladas más antiguas, en África oriental.

Hacia –4,2 millones de años: el australopiteco más antiguo, en África oriental.

Hacia –8 millones de años: separación de los linajes humanos del de los chimpancés.

En Europa

Edad del Hierro: entre 1.200 años a. C. y finales del siglo I d. C. aproximadamente.

Edad del Bronce: entre 2.200 y 800 años a. C. aproximadamente.

Neolítico: entre 6.400 y 2.500 años a. C. aproximadamente.

Mesolítico: entre 9.700 y 6.400 años a. C. aproximadamente.

Paleolítico superior: entre 43.000 y 10.000 años a. C. aproximadamente.

Paleolítico medio: entre 350.000 y 35.000 años a. C. aproximadamente.

Paleolítico inferior: entre 760.000 y 350.000 años a. C. aproximadamente.

Notas

Epígrafe

1. Jacques Chancel, *Radioscopie*, París, Éditions du sous-sol, 2018.

Introducción

1. Sigmund Freud (1912), «El tabú de la virginidad», en *Obras completas*, 3 vols., Madrid, Biblioteca Nueva, 1967-1968, vol. I, p. 976.

2. Según el psiquiatra suizo Carl Gustav Jung (*Tipos psicológicos*, 1921), uno de los dos arquetipos más representados en las culturas y las religiones de todas las épocas es el *anima*, la representación femenina en el imaginario del hombre, siendo el otro el *animus* (la representación masculina en el imaginario de la mujer).

3. Carl Gustav Jung, *Las relaciones entre el yo y el inconsciente*, Barcelona, Paidós, 2009.

4. Simone de Beauvoir, *Le deuxième sexe*, vol. I, París, Gallimard, 1949, p. 222. [Hay trad. cast.: *El segundo sexo*, Editor digital KayleighBCN, p. 157.]

5. Nicole-Claude Mathieu, «Études féministes et anthropologie» y «Différenciation des sexes», en Pierre Bonte y Michel Izard (eds.), *Dictionnaire de l'ethnologie et de l'anthropologie*, París, PUF, 1991.

[Hay trad. cast.: *Diccionario de etnología y antropología*, Madrid, Akal, 1996.]

6. Trabajos de la arqueóloga estadounidense de origen lituano Marija Gimbutas.

7. Joan Wallach Scott, *Gender and the Politics of History*, Nueva York, Columbia University Press, 1988 [hay trad. cast.: *Género e historia*, México, Fondo de Cultura Económica, 2008]; Danielle Léveillé, «L'androcentrisme en anthropologie. Un exemple: les femmes inuit», en *Cahiers de recherche du Groupe de recherche multidisciplinaire féministe* (GREMF), Quebec, Universidad de Laval, 1989; Kate Millett, *La politique du mâle*, París, Seuil, 1983 (1.ª ed., 1969); Christine Delphy, *L'ennemi principal*, vol. I: *Économie politique du patriarcat*, París, Éditions Syllepse, «Nouvelles questions feministes», 1998. [Hay trad. cast.: *Por un feminismo materialista: el enemigo principal y otros textos*, Barcelona, La Sal, 1982.]

8. Françoise Héritier, Michelle Perrot, Sylviane Agacinski y Nicole Bacharan, *La plus belle histoire des femmes*, París, Seuil, 2011, pp. 21-27.

1. VISIÓN NOVELESCA DE LAS MUJERES PREHISTÓRICAS

1. Que son motivo de escándalo cuando se presentan por primera vez al público en la sección de antropología y etnografía de la *Rétrospective du travail et des sciences anthropologiques* de la Exposición Universal de París de 1889.

2. El dibujo del pintor checo František Kupka titulado *Les débuts de l'humanité. L'habitant de la grotte de la Chapelle-aux-Saints à l'époque moustérienne*, aparecido en *L'Illustration* del 20 de febrero de 1909, muestra cómo la prensa contribuyó a forjar ese mito de un hombre (en este caso Neandertal) simiesco y primitivo.

3. Escultura de Emmanuel Frémiet, *Homme à l'âge de pierre aux prises avec son ours* (en la década de 1850), cuadros de Maxime Faivre, *Deux mères* (1888), en los que una mujer armada con un mazo defiende a sus dos hijos, y de Paul Jamin, *La fuite devant le mammouth* (1885) o *Dangereuse rencontre* (1899), que representa a una «pareja» frente a unos leones.

4. Pinturas de Fernand Cormon (*Âge de Pierre*, 1884), de Angèle Delasalle (*Le retour de la chasse*, 1898), la escultura de Frederick Blaschke (*Neanderthal Woman and Baby*, 1929), el grabado *L'homme fossile*, de Pierre Boitard, frontispicio de *Paris avant les hommes*, Passard, 1861.

5. Escultura de Louis Mascré, *L'artiste magdalénien de la race Cromagnon*; estatua de bulto redondo de Paul Richer, *Premier artiste* (1890); pintura de Paul Jamin, *Un peintre décorateur à l'âge de Pierre: le portrait de l'aurochs* (1903).

6. Frontispicio *La famille préhistorique*, de Louis Figuier, en *L'Homme primitif*, 1870.

7. Como en *Ève, proie des hommes*, de Henri-Jacques Proumen, 1934.

8. Léon Lambry, «Rama, la fée des cavernes», en *La Semaine de Suzette*, 1928.

9. Aparecido en 1897, contiene hermosos grabados, algo atrevidos, de Antoine Calbet.

10. Seudónimo de Joseph Henri Honoré Boex (1856-1940) y de Séraphin Justin François Boex (1859-1948), escritores de origen belga. A partir de 1908, ponen fin a su colaboración y publican por separado con los seudónimos J.-H. Rosny el Mayor y J.-H. Rosny el Joven, respectivamente.

11. Jean M. Auel, *Les enfants de la terre*, 6 vols., París, Presses de la Cité, 1980-2011.

12. Pascal Semonsut, *Le passé du fantasme. La représentation de la préhistoire en France dans la seconde moitié du XXe siècle (1940-2012)*, París, Éditions Errance, 2013, pp. 165-171.

13. Según nuestras investigaciones, esta «imagen» podría estar inspirada en una ilustración del cuento *Barba azul*, de Charles Perrault (1628-1703), del inglés Edmund Evans: «La arrastra por las escaleras de la torre» (hacia 1888).

14. Como en el cuadro de Maxime Faivre, *El invasor* (1884).

15. J.-H. Rosny, «Scènes préhistoriques», *La Revue Indépendante*, n.º 21, julio de 1988, y *Les origines, essai sur les temps préhistoriques*, 1895.

16. Como en *La guerre du feu* de J.-H. Rosny el Mayor, 1909. [Hay trad. cast.: *La conquista del fuego*, Barcelona, Hipótesis, 2004.]

17. Marylène Patou-Mathis, *Préhistoire de la violence et de la guerre*, París, Odile Jacob, 2013.

18. Especialmente el etnólogo escocés John Ferguson McLennan, el antropólogo británico Edward Tylor, el prehistoriador inglés John Lubbock y el sociólogo inglés Herbert Spencer.

19. Por el escritor estadounidense Robert Ardrey en *African Genesis: A Personal Investigation into the Animal Origins and Nature of Man*, Nueva York, Dell, 1961. [Hay trad. cast.: *Génesis en África: la evolución y el origen del hombre*, Barcelona, Hispano Europea, 1969.] Ardrey defiende la idea de que el hombre es un depredador nato.

20. Sigmund Freud (1929), «Malestar en la civilización», en *Obras completas, op. cit.*, vol. III, p. 37.

21. Jean-Jacques Rousseau (1755), *Discours sur l'origine et les fondements de l'inégalité parmi les hommes*. [Hay trad. cast.: *Discurso sobre el origen y los fundamentos de la desigualdad entre los hombres*, Barcelona, Península, 1976.]

22. Marylène Patou-Mathis, *Préhistoire de la violence et de la guerre, op. cit.*

23. Friedrich Engels (1884), *Der Ursprung der Familie, des Privateigentums und des Staats*. [Hay trad. cast.: *El origen de la familia, la propiedad privada y el Estado*, Madrid, Alianza, 2013].

24. Las de los guerreros y los esclavos, cuya presencia queda atestiguada en algunas sepulturas. Por ejemplo, entre 4500 y 3500 a. C., se sacrificaron esclavos en los ritos funerarios en el yacimiento de Gournier en la Drôme (Alain Testard, Christine Jeunesse, Luc Baray y Bruno Boulestin, «Les esclaves des tombes néolithiques», *Pour la Science*, n.º 396, octubre de 2010, pp. 74-80).

25. Descubierto en 1951 por David French, Alan Hall y James Mellaart, este yacimiento consta de dos tells separados por un río; el tell este estuvo ocupado sobre todo entre 7560 y 6400 a. C. y el tell oeste básicamente entre 6000 y 4340 a. C. (James Mellaart, *Çatal Hüyük. A Neolithic Town in Anatolia*, Nueva York, McGraw-Hill, 1967).

26. Según el arqueólogo inglés Ian Hodder, que reanudó en 1993 el estudio de este yacimiento («Çatal Hüyük: the Leopard Changes in Spots. A Summary of Recent Work», *Anatolian Studies*, n.º 64, 2014, pp. 1-22). Sin embargo, para el etnólogo Alain Testart, la posición de la «mujer sentada», descubierta en este yacimiento, sería el signo de la aparición de una jerarquización de la sociedad (*La déesse et le grain. Trois essais sur les religions néolithiques*, París, Éditions Errance, 2010).

27. Explorada por la antropóloga y arqueóloga peruana Ruth Solís, la civilización de Caral está fechada entre 2600 y 2000 a. C. (Ruth Solís, *La ciudad sagrada de Caral-Supe en los albores de la civilización en el Perú*, Lima, Universidad Nacional Mayor de San Marcos, Fondo Editorial, 1997).

28. Llamada también civilización harappa, fue descubierta en numerosos yacimientos en torno a Pakistán fechados entre 2600 y 1900 a. C.

29. En la mitología celta, el druida Gwydion «viola» a la diosa Arianrod con su varita mágica; en la mitología sumeria, Enki viola a Uttu a pesar de la prohibición. En la mitología grecorromana, para se-

ducir a las mortales, los dioses utilizan la astucia, adoptan diferentes apariencias corporales; Cefiso viola a Liríope y Zeus a Leto.

30. Georges Vigarello, *Histoire du viol. XVIe-XXe siècle*, París, Seuil, 1998. [Hay trad. cast.: *Historia de la violación*, Madrid, Cátedra, 1999.]

31. Donald Winnicott, *Playing and Reality*, Londres, Routledge Publications, 1971. [Hay trad. cast.: *Realidad y juego*, Barcelona, Gedisa, 1993, p. 109.]

32. Françoise Héritier-Augé, «Famille», en Pierre Bonte y Michel Izard (eds.), *Dictionnaire de l'ethnologie et de l'anthropologie, op. cit.*, pp. 273-275 [trad. cast. cit., p. 288].

33. Robin Fox, *Kinship and Marriage. An Antropological Perspective*, Cambridge, Cambridge University Press, 1967. [Hay trad. cast.: *Sistemas de parentesco y matrimonio*, Madrid, Alianza, 1972.]

34. John Ferguson McLennan, *Primitive Marriage. An Enquiry into the Origin of the Form of Capture in Marriage Ceremonies*, 1865.

35. Friedrich Engels, *El origen de la familia, la propiedad privada y el Estado, op. cit.*

36. Tesis defendida en 1948 por Claude Lévi-Strauss en su obra *Les structures élémentaires de la parenté* (París, Presses Universitaires de France, 1949). [Hay trad. cast.: *Las estructuras elementales del parentesco*, Barcelona, Paidós, 1991.]

37. Marcel Mauss (1973), *Essai sur le don. Forme et raison de l'échange dans les sociétés archaïques*, París, PUF, pp. 149-279. [Hay trad. cast.: *Ensayo sobre el don: forma y función del intercambio en las sociedades arcaicas*, Buenos Aires-Madrid, Katz, 2009.]

38. Por otra parte, todavía hoy en algunas sociedades el grupo de parientes masculinos de una mujer la cede a cambio de uno o más bienes, el «precio de la esposa o de la novia» (compensación), al que se añade a veces una compensación a los padres del novio: la dote (forma anticipada de la herencia). El antropólogo belga Robert Deliège

ha demostrado en sus investigaciones que el «precio de la novia» era una característica frecuente de las sociedades igualitarias (o matrimonios isógamos que unían cónyuges del mismo estatus social), como en algunas sociedades de África central, mientras que la «dote» era más frecuente en las sociedades jerarquizadas y sobre todo en los matrimonios hipergámicos (aquellos en que una mujer se casa con un hombre de estatus superior), como en la sociedad india (Robert Deliège, *Anthropologie de la famille et de la parenté*, París, Armand Colin, «Cursus», 2011).

39. Françoise Héritier, Michelle Perot, Sylviane Agacinski, Nicole Bacharan, *La plus belle histoire des femmes*, París, Seuil, 2011, p. 24

40. Charles Darwin (1871), *The Descent of Man, and Selection in Relation to Sex*, Londres, John Murray, 1871. [Hay trad. cast.: *El origen del hombre y la selección en relación al sexo*, Madrid, Edaf, 1982.]

2. Contexto histórico e intelectual de la aparición de la prehistoria como disciplina científica

1. Nicole-Claude Mathieu, «Feministas (Estudios) y antropología» y «Diferenciación entre los sexos», en Pierre Bonte y Michel Izard (eds.), *Dictionnaire de l'ethnologie et de l'anthropologie, op. cit.* [trad. cast. cit., pp. 289 y ss.].

2. Sófocles, *Antígona* (442 a. C.), Madrid, Edaf, 1997, p. 323.

3. Jean Verdon, *Les femmes en l'An Mille*, París, Perrin, 1999, p. 19.

4. Tomás de Aquino, *Suma Teológica* 1, cuestión 92, artículo 1.

5. La aparición de la mujer en ocasiones tiene un origen misterioso, sobrenatural. En la mitología egipcia, Neit, fecundada por el Verbo, crea el mundo y fija sus límites con la ayuda de siete telas, mediante siete palabras justas. Su primer propósito fue crear un lugar donde asentarse, la Tierra (con sus cuatro santuarios sobre una colina: Esna,

Sais, Netjer y Buto); el segundo, una ciudad (Dep) y una tierra del bienestar (Sais); el tercero, treinta dioses inmanentes; el cuarto, plantas y animales (su alimento); el quinto, su hijo Ra (el dios del sol); el sexto, los humanos y los dioses (de las lágrimas y de la saliva de su hijo, respectivamente). Su séptimo objetivo fue la protección de su hijo (Nadine Guilhou y Janice Peyré, *Mythologie égyptienne*, París, Marabout, 2005).

6. Génesis 2, 18, 20-24, Biblia Herder, Barcelona, 2003.

7. Conjunto de textos considerados sagrados por los judíos y los cristianos. La Biblia hebrea o Tanak, cuyos libros más antiguos datan de los siglos III y I a. C., se traducirá, primero al griego antiguo, hacia el año 270 a. C., en Alejandría (la *Septuaginta*), luego al latín, en el siglo II a partir de la *Septuaginta* (la *Vetus Latina*), y entre 390 y 405, por Jerónimo de Estridón (san Jerónimo, 347-420), uno de los cuatro Padres de la Iglesia latina, a partir de los textos hebreos (la *Vulgata*). La Biblia hebrea se denominará «Antiguo Testamento» a partir de mediados del siglo II. El Pentateuco corresponde a los cinco primeros libros, la Torá de los judíos.

8. Conjunto de escritos relativos a la vida de Jesús y las enseñanzas de sus primeros discípulos, seleccionados por la Iglesia en 363 con ocasión del Concilio de Laodicea, comprende, entre otros, los cuatro Evangelios canónicos (Mateo, Marcos, Lucas y Juan), y catorce Epístolas, atribuidas en su mayoría a Pablo de Tarso (san Pablo, siglo I-hacia 67-68). Jerónimo de Estridón hizo una primera traducción al latín a partir de textos griegos.

9. Según el suizo Daniel Marguerat, profesor emérito de teología protestante, el contexto de la época permitía a las mujeres participar activamente en las primeras comunidades cristianas y debían aceptar la autoridad estatal (Daniel Marguerat, «Saint Paul contre les femmes?», en *Le Dieu des premiers chrétiens*, Ginebra, Labor et Fides, 1990).

10. Ambrosiaster, *Comentario a las Cartas a los Corintios*, Madrid, Ciudad Nueva, 2017. Autor latino desconocido que escribió *Comentarios* a las trece Epístolas de san Pablo en la época del papa Dámaso, entre 366 y 384.

11. Primera Epístola de san Pablo a los Corintios 11, 4-8, Biblia Herder.

12. «Tanto en el hombre como en la mujer se encuentra la imagen de Dios en lo esencial, esto es, en cuanto a la naturaleza intelectual [...]. Sin embargo, en cuanto a algo secundario se encuentra la imagen de Dios en el hombre y no en la mujer. El hombre es principio y fin de la mujer, como Dios es principio y fin de toda criatura. Por eso el Apóstol, después de haber dicho que el varón es imagen y gloria de Dios, muestra por qué lo dijo, añadiendo (vv. 8-9): "Pues no procede el varón de la mujer, sino la mujer del varón, y no fue creado el varón para la mujer, sino la mujer para el varón"» (Tomás de Aquino, *Suma Teológica*, 1, cuestión 93, artículo 4).

13. Uno de los textos fundamentales del judaísmo rabínico.

14. *L'Encyclopédie*, entrada «Femme», vol. VI, 1751, p. 450.

15. «Todos los varones cobardes y que llevaron una vida injusta, según el discurso probable, cambiaron a mujeres en la segunda encarnación» (Platón, *Timeo*, 90e, Madrid, Gredos, 1997).

16. Aristóteles, *Reproducción de los animales*, libro I, Madrid, Gredos, 1994.

17. «Pues igual que de seres mutilados unas veces nacen individuos mutilados y otras no; de la misma forma, unas veces nace una hembra y otras nace un macho. Y es que la hembra es como un macho mutilado» (*ibid.*, libro II, 737a).

18. *Ibid.*, libro I, 728a.

19. *Ibid.*, libro I, 724a.

20. «Se llama líquido seminal a lo que proviene del que engendra, en todos los animales que por naturaleza copulan, y que con-

tiene en primer lugar un principio de generación» (*ibid.*, libro I, 724b).

21. Jerónimo de Estridón, Carta a Pamaquio (numerada canónicamente «LVII»).

22. Jerónimo de Estridón, Carta a Ctesifonte (numerada canónicamente «133»).

23. Tomás de Aquino, *Suma Teológica*, 1, cuestión 92, artículo 1.

24. Es el inventor de la medicina legal y uno de los fundadores de la Escuela italiana de criminología. Basándose en la frenología, plantea la teoría del «criminal nato», reconocible por determinadas características físicas. Además, para Lombroso la criminalidad es hereditaria.

25. Cesare Lombroso y Guglielmo Ferrero, 1893, *La Donna delinquente: la prostituta e la donna normale*, traducido al francés en 1896 con el título *La femme criminelle et la prostituée* (Félix Alcan, colección «Bibliothèque de philosophie contemporaine»); reed. 1991, Grenoble, Jérôme Millon, p. 157.

26. En el artículo de Paul-Joseph Barthez que empieza así: «Todo el mundo ha oído hablar de una disertación anónima, en la que se pretende que las mujeres no forman parte del género humano, *mulieres homines non esse*», en *L'Encyclopédie*, «Femme (anthropologie)», vol. VI, 1751, p. 471.

27. Obra del médico Charles Clapiès.

28. La leyenda probablemente tenga su origen en una cuestión lingüística: el obispo se habría preguntado si *homo* designaba al ser humano en general y no solo al sexo masculino. En latín clásico esta palabra designa a todos los seres humanos (sin distinción de sexo); la palabra *vir* designa a un individuo del sexo masculino y *femina* (hembra) o *mulier* al de sexo femenino. En el siglo VI, en el vocabulario teológico el término *vir* se utiliza cada vez más en un sentido espiritual, para nombrar al hombre o a la mujer que posee la fuerza y la

gracia, es decir, la virtud (*virtus*). La palabra *homo*, en cambio, se utiliza cada vez más para designar a un individuo del sexo masculino, y más raramente femenino.

29. Roxane Darlot-Harel, *Un épisode de la «guerre des sexes»? Valens Acidalius/Charles Clapiès, Paradoxe sur les femmes, où l'on tâche de prouver qu'elles ne sont pas de l'espèce humaine, 1776*, trabajo de fin de máster 2, 2016.

30. *Ibid*.

31. Por orden de Zeus, Pandora es modelada, a partir de arcilla y agua, por Hefesto, dios del fuego, de la forja de la metalurgia y de los volcanes, y animada por Atenea, diosa de la sabiduría, que le otorgó la habilidad manual y la vistió con suntuosos ropajes. Recibió de Afrodita la belleza, de Apolo el talento musical, de Hermes la curiosidad, el arte de la mentira y de la persuasión, y de Hera, su madre, los celos. Su creación a partir de la arcilla, como la del primer hombre, es de origen mesopotámico —V y IV milenios— (Jean Haudry, *Le feu dans la tradition indo-européenne*, Arché, Milán, 2016, p. 345).

32. «Le infundió habla el heraldo de los dioses y puso a esta mujer el nombre de Pandora, porque todos los que poseen las mansiones olímpicas le concedieron un regalo, perdición para los hombres que se alimentan de pan» (Hesíodo, *Los trabajos y los días* [hay trad. cast.: Aurelio Pérez Jiménez y Alfonso Martínez Díez, Madrid, Gredos, 1997, p. 126]. La idea, retomada por Hesíodo, de que la mujer es el origen de todos los males de los humanos procede de las antiguas leyendas georgianas (Georges Charachidzé, *Prométhée ou le Caucase. Essai de mythologie contrastive*, París, Flammarion, 1986).

33. *La Théogonie*, texto fijado por Ernest Falconet y Louis-Aimé Martin, Desrez, 1838, p. 134, en *Les Petits poèmes grecs*, traducción de Anne Bignan.

34. La expresión «pecado original» está explícita en el libro del Génesis: «Y Yahveh-Dios dio al hombre este mandato: "Podrás comer de

todos los árboles del jardín, pero del árbol de la ciencia del bien y del mal no comas, pues el día en que comas morirás sin remedio"» (Génesis 2, 16-17, Biblia Herder). Encontramos el pecado en las Epístolas de Pablo a los Romanos (5, 12): «Por medio de un solo hombre entró el pecado en el mundo, y por el pecado la muerte; y así la muerte pasó a todos los hombres, pues todos pecaron» (Biblia Herder).

35. Génesis 3, 6, 11-13, 15, 17, 20, 23, Biblia Herder.

36. Roland Hureaux, *Gnose et gnostiques. Des origines à nos jours*, París, Desclée de Brouwer, 2015.

37. Eclesiástico 42, 12-13.

38. Libro II, versículos 213-214. *Las leyes de Manu* (*Manava-Dharma-Sastra*) es un tratado de leyes de la tradición hindú del Dharma que data probablemente del siglo II.

39. Según el historiador Henri Arvon, en India, durante la era védica (II milenio, siglo VI a. C.), las mujeres tenían un estatus tan bajo como el de los esclavos. No eran más que un objeto de intercambio entre familias, que eran patrilineales (Henri Arvon, *Le Bouddhisme*, París, PUF, 1972. [Hay trad. cast.: *El budismo*, México D.F., Publicaciones Cruz, 2002.]

40. *Ibid.*

41. Vol. XI, p. 543, citado en Henri Arvon, *Le Bouddhisme*, op. cit.

42. Tertuliano, *De cultu feminarum. El adorno de las mujeres*, libro I, cap. 1, Málaga, Universidad de Málaga, Servicio de Publicaciones, 2001. Son sorprendentes los comentarios de ese teólogo cartaginés sobre las mujeres, que desempeñaban un papel reconocido en el seno del montanismo, movimiento cristiano considerado herético, al que Tertuliano se adhirió al final de su vida.

43. Pierre-Joseph Proudhon, «La femme est un joli animal», en *De la justice dans la Révolution et dans l'Église*, vol. I, 1858. [Hay trad. cast.: *La Justicia en la revolución y en la iglesia*, Barcelona, Impr. Narciso Ramírez, 1874.]

44. En la *Histoire naturelle du genre humain*, publicada en dos volúmenes primero por Dufart en el año IX (1800-1801) y reeditada luego en 1824, Julien-Joseph Virey clasifica a la humanidad en razas que jerarquiza. Se interesa también por el origen y la edad del Hombre.

45. Idea que Julien-Joseph Virey reitera en 1823 en *De la femme sous ses rapports physiologiques, moral et littéraire*, París, Éditions Crochard. [Hay trad. cast.: *La mujer bajo los puntos de vista fisiológico, moral y literario*, Barcelona, Almacén de Libros, 1881.]

46. Frase pronunciada en la Convención el 9 de brumario del año II (1793) (*Archives numériques de la Révolution française-Archives parlementaires*, sesión del 30 de octubre de 1973, vol. 78, p. 50).

47. *Panarion*, 79, 1, 6. Traducido también como: «En efecto, la raza de las mujeres es débil, inconstante y de mediocre inteligencia». Epifanio de Salamina (o de Chipre) fue un obispo y teólogo cristiano del siglo IV.

48. Jacques Jouanna, *Hippocrate*, París, Fayard, 1992, pp. 239-245.

49. Pierre Cabanis, «De l'influence du sexe sur le caractère des idées et des affections morales», quinta memoria de *Rapports du physique et du moral de l'homme*, 1798, p. 131. Las *Mémoires des Rapports du physique et du moral de l'homme* son doce. Seis fueron leídas ante los miembros del Institut en 1796-1797 y publicadas en 1798, y las otras seis se añadieron a la edición definitiva de 1802 publicada en dos volúmenes, editados por separado por el doctor Laurent Cerise, 1843, y por Louis Peisse, 1844, cita extraída de Louis Peisse, 1844, Gallica BNF, p. 221. [Hay trad. cast.: *Relaciones de lo físico y moral del hombre*, París, en la imprenta de J. Smith, 1826.]

50. Jacques-Louis Moreau de la Sarthe, *Histoire naturelle de la femme, suivie d'un traité d'hygiène appliquée à son régime physique et moral aux différentes époques de sa vie*, 3 vols., París, Duprat, 1903.

51. Leigh Van Valen, «Brain Size and Intelligence in Man», *American Journal of Physical Anthropology*, n.º 40, 1974, pp. 417-423.

52. George J. Romanes, «Mental Differences Between Men and Women», *Popular Science Monthly*, n.º 31, 1887. Citado en B. Kevles, *Females of Species: Sex and Survival in the Animal Kingdom*, Cambridge, Massachusetts, Harvard University Press, 1986, pp. 8-9.

53. Fue redactado por el fisiólogo alemán Johann Spurzheim y el médico neurólogo franco-alemán Franz Joseph Gall. Johann Spurzheim popularizó la «fisiología intelectual» de Franz Joseph Gall con el nombre de «frenología» y colaboró en su obra: *Anatomie et physiologie du système nerveux en général et du cerveau en particulier. Avec des observations sur la possibilité de reconnaître plusieurs dispositions intellectuelles et morales de l'homme et des animaux par la configuration de leurs têtes* (vol. 1, París, Frédéric Schoell, 1810). Spurzheim publicó varios tratados, entre los que se encuentran *Principes de l'éducation* (1821) y *Nature morale et intellectuelle de l'homme* (1832).

54. Paul Broca, «Sur le volume et la forme du cerveau suivant les individus et suivant les races», *Bulletins de la Société d'Anthropologie*, n.º 2, 1861, pp. 48-50.

55. *Ibid.*, p. 15.

56. *Ibid.*, p. 46.

57. *Ibid.*

58. *Ibid.*

59. Ese discípulo de Paul Broca fue director adjunto del laboratorio de antropología de la École Pratique des Hautes Études (EPHE) y secretario general de la Sociedad de Antropología de París (SAP). Contrario a las derivaciones ideológicas y políticas de la antropología física, rechazó el concepto de desigualdad racial que estaba en boga en su época.

60. Charles Darwin, *El origen del hombre y la selección en relación al sexo, op. cit.*

61. Paul Topinard, «Le poids du cerveau d'après les registres de Paul Broca», *Revue d'Anthropologie*, serie 2, 5, 1882, pp. 1-30.

62. *Ibid.*

63. Alexander von Brandt, «Rapport sur le poids du cerveau», 1867, en Léonce Manouvrier, «Sur l'interprétation de la quantité dans l'encéphale et dans le cerveau en particulier», en *Bulletins et mémoires de la Société d'Anthropologie de Paris*, segunda serie 1885.

64. Charles Darwin, «Caracteres sexuales secundarios del hombre», en *El origen del hombre y la selección en relación al sexo, op. cit.*, tercera parte, cap. 19.

65. Léonce Manouvrier, «Sur l'interprétation de la quantité dans l'encéphale et dans le cerveau en particulier», *op. cit.*

66. Louis Lapicque, «Comparaison du poids encéphalique entre les deux sexes de l'espèce humaine», en *Comptes rendus des séances de la Société de Biologie*, sesión del 9 de noviembre, n.º 63, 1907, p. 434.

67. Catherine Vidal, *Nos cerveaux, tous pareils, tous différents!*, París, Belin, 2015.

68. Catherine Vidal, *Hommes, femmes: avons-nous le même cerveau?*, París, Le Pommier, 2007; *Le cerveau évolue-t-il au cours de la vie?*, París, Le Pommier, 2009.

69. La estadounidense Lise Eliot, profesora de neurociencia, precisa que el único estudio que demuestra una diferencia entre el cerebro derecho y el cerebro izquierdo de las mujeres y los hombres ha sido refutado por otros cincuenta estudios (Lise Eliot, *Pink Brain, Blue Brain: How Small Differences Grow Into Troublesome Gaps and what We Can Do about it*, Boston-Nueva York, Houghton Mifflin Harcourt, 2009).

70. Sandra F. Witelson, I. Glezer y Debra L. Kigar, «Women have greater density of neurons in posterior temporal cortex», *Journal of Neuroscience*, n.º 15, 1995, pp. 3.418-3.428.

71. Estos resultados proceden de un estudio llevado a cabo en los cerebros de 521 mujeres y 428 hombres de entre ocho y veintidós años (Madhura Ingalhalikar *et al.*, «Sex differences in the structural connectome of human brain», *PNAS*, vol. 111 [2], 2014, pp. 823-828).

72. Esto es así sobre todo para el neurobiólogo estadounidense Apostolos Georgopoulos, para quien los cerebros de las mujeres son irrevocablemente diferentes a los de los hombres (estas afirmaciones aparecen en el artículo «Male and Female Brains Are Different, but Researchers Still Exploring What that Means», *CBC News*, 3 de marzo de 2016).

73. Por ejemplo, el córtex de los cerebros femeninos es más espeso y el volumen de los cerebros masculinos más grande (Michael Price, «Study finds some significant differences in brains of men and women», *AAAS, Science*, 2017).

74. Jacques Jouanna, «La Naissance de l'art médical occidental», en Mirko D. Grmek (ed.), *Histoire de la pensée médicale en Occident*, vol. I: *Antiquité et Moyen Âge*, París, Seuil, 1995, pp. 54-56.

75. «Sexo, El, (Moral): hablando en términos absolutos el sexo, o mejor dicho el bello sexo, es el epíteto que se aplica a las mujeres...» (Louis de Jaucourt, *L'Encyclopédie*, vol. XV, p. 138, 1.ª ed., 1751). El médico Pierre Roussel redacta también textos referentes al hombre sin hablar de su sexo.

76. Pierre Roussel, *Système physique et moral de la femme*, 1775. Después de la Revolución francesa, esta obra se reeditará sistemáticamente durante todo el siglo XIX.

77. Hipócrates, *Tratados hipocráticos*, libro 4, Madrid, Gredos, 1983-2003.

78. Jacques Jouanna, *Hippocrate, op. cit.*, pp. 239-245.

79. Platón, *Timeo, op. cit.*, 91c, pp. 259-260.

80. Elsa Dorlin, *La matrice de la race: généalogie sexuelle et coloniale de la nation française*, París, La Découverte, 2006, p. 24.

81. Pierre Roussel, *Système physique et moral de la femme, op. cit.*

82. Jean-François de Saint-Lambert, *Principes des mœurs chez toutes les nations ou Catéchisme universel*, vol. 1, 1798.

83. Pierre Cabanis, «De l'influence du sexe sur le caractère des idées et des affections morales», 1798, *Rapports du physique et du*

moral de l'homme, quinta memoria, Louis Peisse, 1844, Gallica BNF, pp. 218-259.

84. «Réflexions sur le courage des femmes», artículo publicado en el *Mercure de France,* marzo de 1745.

85. Pierre Cabanis, *op. cit.*, p. 223.

86. Émile Durkheim, «La prohibition de l'inceste et ses origines», *Année sociologique,* vol. I, 1897, pp. 1-70. Texto reproducido en *Journal sociologique,* París, PUF, 1969, pp. 37-101. [Hay trad. cast.: *L'année sociologique: memorias, prefacios, notas críticas, reseñas y noticias completas,* Madrid, Centro de Investigaciones Sociológicas, 2018.]

87. Laura Lévi Makarius, *Le sacré et la violation des interdits,* París, Payot, 1974, p. 24.

88. *Ibid.,* pp. 22-23.

89. Jean-Paul Roux, *Le sang. Mythes, symboles et réalités,* París, Fayard, 1988, pp. 61-63. [Hay trad. cast.: *La sangre: mitos, símbolos y realidades,* Barcelona, Península, 1990.]

90. Levítico 15, 25-28, Biblia Herder.

91. Corán II, 222.

92. Jean-Loïc Le Quellec y Bernard Sergent, «Menstruations (origin)», en *Dictionnaire critique de mythologie,* París, CNRS Éditions, 2017, pp. 776-778.

93. *Ibid.,* «Vagin (origine)», *op. cit.,* pp. 1313-1317.

94. «Las relaciones entre la cabeza de un guerrero decapitado metamorfoseado en luna y la menstruación se mencionan en dos mitos de los indios del Brasil. En el de los kuniba, para vengarse de su hermana, que le había denunciado, el hombre transformado en luna "la castigó con menstruaciones"» (Claude Levi-Strauss, *Mythologiques III. L'origine des manières de table,* París, Plon, 2014 [hay trad. cast.: *Mitológicas III. El origen de las maneras de mesa,* México, Siglo XXI, 2012]).

95. René Girard, *La violence et le sacré, op. cit.,* p. 61. [Hay trad. cast.: *La violencia y lo sagrado,* Barcelona, Anagrama, 1983.]

96. Jean-Paul Roux, *op. cit.*, pp. 11 y 57.

97. *Ibid.*, p. 11; Laura Lévi Makarius, *op. cit.*, p. 22.

98. Las mujeres perciben su «impureza» como una «realidad objetiva», según la etnóloga Laura Lévi Makarius (*op. cit.*, pp. 60-61).

99. Bertrand Hell, *Le sang noir. Chasse et mythe du Sauvage en Europe*, París, Flammarion, 1994, p. 84.

100. Alain Testart, *L'amazone et la cuisinière. Anthropologie de la division sexuelle du travail*, Gallimard, París, 2014.

101. *Ibid.*, p. 133.

102. Yvonne Verdier, *Façons de dire, façons de faire. La laveuse, la couturière, la cuisinière*, París, Gallimard, 1979, p. 23.

103. Françoise Héritier, *Masculin/Feminin. La pensée de la différence*, París, Odile Jacob, 1995, p. 26. [Hay trad. cast.: *Masculino/femenino: el pensamiento de la diferencia*, Barcelona, Ariel, 2002.]

104. «Siendo un bebé, la princesa es objeto de un hechizo que se hará realidad en la adolescencia, en el momento de la pubertad, cuando cae en un sueño profundo (=repliegue sobre sí mismo) en medio de un bosque de espinos. Solo el valor y el beso de un príncipe enamorado la sacan de su sopor. La edad adulta, con la maternidad que le espera, está representada por la figura de su madre, y la vejez por la del hada mala» (Bruno Bettelheim, *Psicoanálisis de los cuentos de hadas*, Barcelona, Crítica, 1977).

105. Hilde Olrik, «Le sang impur. Notes sur le concept de prostituée-née chez Lombroso», *Romantisme*, n.º 31, 1981, pp. 167-178.

106. Como atestiguan ciertas supersticiones: las mujeres que tienen la regla cortan la mayonesa, son gafes en el juego, estropean la carne si participan en una cacería o hacen que se marchiten las plantas. En la publicidad de tampones o compresas, ¡la sangre fue representada por un líquido azul durante mucho tiempo!

107. En Maurice Olender, *Race sans histoire*, París, Points, 2009, p. 18.

108. Fundador en el siglo II de la escuela Mādhyamika (budismo Mahāyāna).

109. *La précieuse guirlande des avis au roi*, citada por el dalái lama en *Comme la lumière avec la flamme. Le Bouddhisme du Tibet*, Mónaco, Éditions du Rocher, 1997.

110. René Girard, *La violence et le sacré*, op. cit., pp. 56-57 [trad. cast. cit., p. 66].

111. *Ibid.*, pp. 58-59 [trad. cast. cit., p. 68].

112. Sigmund Freud (1912), «El tabú de la virginidad», en *Obras completas*, op. cit., vol. I, pp. 973-982.

113. *Le Traité tripartite* (98 páginas), escrito de la biblioteca copta de Nag Hammadi, es obra de un maestro valentiniano que expone su interpretación del sistema sobre el que la Iglesia valentiniana basa su doctrina. Traducción de E. Thomassen y L. Painchaud, Quebec, Éditions Peeters (Lovaina), Les Presses de l'Université Laval, 1989 (www.naghammadi.org).

114. Jean-Baptiste Louyer-Villermay (1755-1837), discípulo de Pinel: *Traité des maladies nerveuses ou vapeurs, et particulièrement de l'hystérie et de l'hypocondrie*, dos ediciones, en 1816 y en 1832.

115. Frédéric Dubois d'Amiens, *Histoire philosophique de l'hypocondrie et de l'hystérie*, 1833.

116. En el artículo «Névrose» del *Panckoucke*, redactado por el alienista Philippe Pinel. Aunque el alienista Jean-Étienne Esquirol, autor del artículo «Folie» en la misma obra, desmiente esta diferencia, al mismo tiempo ilustra su artículo con cuatro rostros de mujer que representan las cuatro figuras de la locura: melancolía, furor, idiocia y demencia.

117. Según Julien-Joseph Virey y Louis-Jacques Moreau de la Sarthe. Los primeros asilos para los alienados no se crean hasta 1838.

118. Especialmente el médico Charles Le Pois (*Discours de la nature, causes et remèdes des maladies populaires accompagnées de dysenterie*, 1623). Lo que confirmará en 1847 el médico Pierre Briquet en su *Traité clinique et thérapeutique de l'hystérie*.

119. Estudio llevado a cabo en colaboración con el fisiólogo austríaco Josef Breuer (1842-1925) (*Studien über Hysterie, La histeria* [1895], en Sigmund Freud, *Obras completas, op. cit.*, vol. I).

120. Jules Michelet, *L'Amour*, 1858. (Wikisource: *Œuvres complètes* de J. Michelet, s. d. (1893-1898), *L'Amour, la Femme*, pp. 39-40). [Hay trad. cast.: *El amor*, Barcelona, Luis Tasso Serra, impresor y editor, 1885, pp. 47 y 54.]

121. Jules Michelet, *La femme*, 1859, libro I, p. 48. [Hay trad. cast.: *La mujer*, México, Fondo de Cultura Económica, 2004.]

122. Honoré de Balzac, *Physiologie du mariage*, 1829. [Hay trad. cast.: *Fisiología del matrimonio*, Barcelona, Petronio, 1971.]

123. Aristófanes, *Lisístrata* —la que disuelve el ejército—, comedia escrita en 411 a. C. Para forzar a sus maridos a acabar una guerra cuyas consecuencias sufren, las mujeres atenienses, encabezadas por Lisístrata, deciden hacer una huelga sexual. Y mientras sus maridos se aburren, ellas negocian la paz con los delegados de Esparta.

124. Jenofonte, *El Económico*, VII, 22, 24, 26, 30.

125. Pierre Roussel, *Système physique et moral de la femme, op. cit.*

126. Julien-Joseph Virey, artículo «Femme» en el *Dictionnaire des sciences médicales*.

127. Pierre Cabanis, *op. cit.*, pp. 235-238.

128. *Ibid.*, p. 240.

129. Julien-Joseph Virey, artículo «Homme» en el *Dictionnaire des sciences médicales*.

130. Pierre-Joseph Proudhon, *De la justice dans la Révolution et dans l'Église, op. cit.*, vol. I.

131. Extracto de un discurso radiofónico pronunciado por Pétain en 1942, citado en Henry d'Humières, *Vérités sur l'action du maréchal Pétain*, París, Lettres du monde, 2003.

132. Pascal Riché, «Non, Vichy n'a pas inventé la fête des Mères (mais presque)», *L'Obs*, 31 de mayo de 2015.

133. Raphaël Liogier, *Descente au cœur du mâle. De quoi #MeToo est-il le nom?*, París, Les liens qui libèrent, 2018.

134. «Asimismo, que las mujeres se presenten con vestidos decorosos, arregladas modesta y sobriamente, sin peinados complicados, sin oro, sin perlas, sin ropas suntuosas» (Primera carta de san Pablo a Timoteo 2, 9).

135. Laetitia Ciccolini, «Devenir chrétienne à Cartaghe (IIe-IIIe siècle)», *Centre interdisciplinaire d'études du religieux (Cier)*, número especial *Actes de la journée Jeunes chercheurs sur la conversion*, 2011.

136. Corán, sura XXXIII, aleya 59.

137. Para quien «la virginidad es un don de la gracia» (*De virginibus velandis*; *Du voile des vierges*, X, en *Œuvres de Tertullien*, vol. III, traducidas al francés por Eugène-Antoine de Genoude, 2.ª edición, 1852).

138. Tertuliano, *Du voile des vierges, op. cit.*, cap. VII.

139. *Ibid.*, cap. XI.

140. Ese cuento de Perrault está inspirado en *Sole, luna e Talia* (V, 5; jornada quinta, cuento cinco), uno de los cuentos napolitanos del *Pentamerone* (*Cuento de los cuentos*) de Basile, publicado en 1634, después de su muerte.

141. Giambattista Basile, «El Sol, la Luna y Talia», *Pentamerone*, jornada quinta, cuento cinco. [Hay trad. cast.: *El cuento de los cuentos*, Palma de Mallorca, José J. de Olañeta, 1992; la traducción utilizada aquí, de María Segura Usúa, se encuentra disponible en internet: <https://bibliotecadeloscuentos.wordpress.com/2016/02/20/sol-luna-y-talia/>.]

142. «A las mujeres se les reprocha haber tenido otras parejas, en cambio para un hombre haber tenido muchas parejas es sinónimo de virilidad. Se trata de un hecho absolutamente universal y supone lo que yo llamo la escisión moral; la escisión es negar el goce de las mujeres en el sentido más físico del término. [...] Si se impide a las mujeres

gozar, tener un orgasmo, se les impide también gozar del mundo, gozar en el sentido civil, del derecho de propiedad. Si las mujeres son en sí mismas una propiedad, no pueden ser propietarias. Lo que hay que pedir hoy es la igualdad sobre la soberanía del propio cuerpo. Si esta no se les reconoce, de nada sirve reconocerles el resto» (Raphaël Liogier, *op. cit.*).

143. Según Pierre Cabanis: «El conocimiento de la organización humana da ya muchas luces para el de la formación de ideas. [...] Influjo de las edades, de los sexos, de los temperamentos, de las enfermedades, del régimen, del clima, sobre la formación de ideas y afectos morales» (*Rapports du physique et du moral de l'homme*, en *Œuvres philosophiques de Cabanis*, C. Lehec y J. Cazeneuve (eds.), París, PUF, 1956, segunda memoria, cap. 16, p. 156).

144. Pierre Roussel, *Système physique et moral de la femme*, *op. cit.*

145. Pierre Cabanis, *op. cit.*, Louis Peisse, 1844, Gallica BNF, p. 236.

146. *Ibid.*, p. 245.

147. *Ibid.*, p. 246.

148. Julien-Joseph Virey, *De la femme sous ses rapports physiologique, moral et littéraire*, París, Crochard, 1823, p. 424, y el artículo «Femme», *Panckoucke*.

149. «No hay causa menos rara que ver a varias mujeres (porque por muchas razones fáciles de hallar, están sujetas a estos desórdenes nerviosos), no hay cosa menos rara, digo, que el verlas adquirir en sus arrebatos histéricos una penetración, un talento, una elevación de ideas, y una elocuencia de que ellas carecían naturalmente; y estos dotes, que no son más que enfermizos, se desaparecen con el restablecimiento de la salud» (Pierre Cabanis, *op. cit.*, Louis Peisse, 1844, Gallica BNF, p. 248).

150. Cesare Lombroso y Guglielmo Ferrero, *La Donna delinquente: la prostituta e la donna normale*, *op. cit.*

151. Julien-Joseph Virey, extracto del artículo «Homme» en el *Dictionnaire des sciences médicales*.

152. *Ibid.*

153. Pierre Cabanis, *op. cit.*, Louis Peisse, 1844, Gallica BNF, p. 242.

154. «En general las mujeres doctas no saben nada en el fondo, embrollan y confunden ellas todos los objetos e ideas» (*ibid.*, p. 243).

155. *Ibid.*, p. 243.

156. «[...] llevando el mosquete y marchando al paso de ataque, o regentando de lo alto de una cátedra» (*ibid.*, p. 181).

157. Jean-Jacques Rousseau, *Émile ou De l'éducation*, vol. IV, libro V, 1782, p. 475. [Hay trad. cast.: *Emilio o De la educación*, Madrid, EDAF, 1985, p. 420.]

158. Pierre-Joseph Proudhon, *op. cit.*, vol. I.

159. *Ibid.*

160. Charles Darwin, *On the Origin of Species by Means of Natural Selection*, Londres, John Murray, 1859. [Hay trad. cast.: *El origen de las especies*, Barcelona, Penguin Random House, 2019.]

161. Charles Darwin, «Estructura corporal del hombre», en *El origen del hombre y la selección en relación al sexo, op. cit.*

162. Charles Darwin, «Caracteres sexuales secundarios en el hombre», en *El origen del hombre y la selección en relación al sexo, op. cit.*

163. Charles Darwin, «Diferencias en las facultades de los dos sexos», en *El origen del hombre y la selección en relación al sexo, op. cit.*

164. *Ibid.*

165. *Ibid.*

166. Por ejemplo, cuando Charles Darwin escribe, basándose en las escasas mujeres que destacan en las artes y las ciencias: «La diferencia fundamental entre el poderío intelectual de cada sexo se manifiesta en el hecho de que el hombre consigue más eminencia en cualquier actividad que emprenda de la que logra alcanzar la mujer, tanto si di-

cha actividad requiere pensamiento profundo, poder de raciocinio, imaginación aguda o, simplemente, el empleo de los sentidos o las manos» (*ibid.*).

167. «Para hacer a la mujer igual al hombre, sería preciso orientarla, en cuanto alcanza la edad adulta, a la energía y la perseverancia, que su razón y su imaginación fueran ejercitadas en su más alto grado, entonces probablemente transmitiría esas cualidades a todos sus descendientes, en especial a las hijas adultas. La clase entera de las mujeres mejoraría siguiendo ese plan si durante muchas generaciones las mujeres que poseyeran en el más alto grado las virtudes que acabamos de mencionar tuvieran una descendencia más numerosa que las otras mujeres» (*ibid.*).

168. Palabras de Patrick Tort en la sede del Instituto Charles Darwin Internacional, del que es director científico. Remite al artículo «Femmes» del *Dictionnaire du darwinisme et de l'évolution*, vol. 2, París, PUF, 1996, pp. 1638-1642, y a *L'Effet Darwin*, París, Seuil, 2008.

169. Es el punto de vista del alemán Franz Pruner-Bey, racista, opuesto a las teorías de Darwin, y de Samuel Morton, médico estadounidense que intenta establecer una clasificación de las «razas» considerada objetiva por basarse en las medidas craneanas. Está convencido de que los «blancos» (caucásicos), en concreto los teutones y los anglosajones, que tienen un gran cráneo y, por tanto, un gran cerebro, son superiores en inteligencia a las otras «razas» (Samuel G. Morton, *Crania Americana; or A Comparative View of the Skulls of Various Aboriginal Nations of North and South America. To Which is Prefixed and Essay on the Varieties of the Human Species*, Filadelfia, J. Dobson, 1839; y Samuel G. Morton, *Crania Aegyptiaca. Observations on Egyptian Ethnography, Derived from Anatomy, History, and the Monuments*, Filadelfia, J. Penington, 1844).

170. Samuel G. Morton, *An Illustrated System of Human Anatomy. Special, General and Microscopic*, Filadelfia, Grigg, Elliot and Co., 1849.

171. Carl Vogt, *Leçons sur l'homme. Sa place dans la création et dans l'histoire de la terre*, París, C. Reinwald, 1865, pp. 250-252.

172. Georges Romanes, «Mental Differences Between Men and Women», *Popular Science Monthly*, n.º 31, 1887. Extracto citado en Bettyann Kevles, *Females of the Species: Sex and Survival in the Animal Kingdom*, Cambridge, Massachusetts, Harvard University Press, 1986, pp. 8-9.

173. Muy controvertido por algunas de sus ideas sobre las mujeres y sobre las «razas», es famoso como especialista en el comportamiento de las masas (Gustave Le Bon, *Psychologie des foules*, París, Félix Alcan, 1895. [Hay trad. cast.: *Psicología de las masas*, Madrid, Morata, 1995.]

174. Gustave Le Bon, *Les lois psychologiques de l'évolution des peuples*, París, Félix Alcan, 1894. [Hay trad. cast.: *Leyes psicológicas de la evolución de los pueblos*, Madrid, Daniel Jorro, 1912.]

175. Gustave Le Bon, «La psychologie des femmes et les effets de leur éducation actuelle», *Revue Scientifique*, n.º 46 (15), 1890, pp. 449-460.

176. Gustave Le Bon, *op. cit.*; citado por Stephen Jay Gould, *La Mal-mesure de l'homme*, París, Odile Jacob, 1996, pp. 138-140. [Hay trad. cast.: *La falsa medida del hombre*, Barcelona, Crítica, 2007.]

177. Émile Durkheim, «La prohibition de l'inceste et ses origines», *Année sociologique, op. cit.*, pp. 1-70. Texto reproducido en 1969 en *Journal sociologique, op. cit.*, pp. 37-101.

178. Simone de Beauvoir, *Le deuxième sexe, op. cit.*, pp. 285-286 [trad. cast., p. 269].

179. Éric Fassin, «L'empire du genre. L'histoire politique ambiguë d'un outil conceptual», *L'Homme*, 3-4 (n.º 187-188), 2008, pp. 375-392.

180. Judith Butler, *Gender Trouble: Feminism and the Subversion of Identity*, Nueva York, Routledge, 1990. [Hay trad. cast.: *El género en disputa*, Barcelona, Paidós, 2017.]

181. Christine Guionnet y Érik Neveu, *Féminins/masculins. Sociologie du genre*, París, Armand Colin, 2014.

182. Aunque de manera significativa, Freud califica la sexualidad femenina de «continente negro» (*Die Frage der Laienanalyse*, citado por Raymond Corbey, «Freud et le Sauvage», en *Des sciences contre l'homme*, París, Autrement, 1993, p. 97).

183. Élisabeth Roudinesco y Michel Plon, *Dictionnaire de la psychanalyse*, París, Fayard, 2011. [Hay trad. cast.: *Diccionario de psicoanálisis*, Buenos Aires, Paidós, 1999.]

184. Catherine Vidal, *Hommes, femmes: avons-nous le meme cerveau?*, op. cit.

185. Lise Eliot, *Pink Brain, Blue Brain: How Small Differences Grow Into Troublesome Gaps and what We Can Do about it*, op. cit.

186. En un artículo titulado «Gender is not a social construct», publicado en abril de 2013 en *The Irish Times*, el estadounidense William Reville habla de la influencia de las hormonas prenatales y del caso del canadiense David Reimer, muerto en 2004, un hombre que, tras una reasignación de sexo (seguida por el sexólogo John Money, para quien el «género» era una adquisición, un aprendizaje, y no solo algo innato) y habiendo sido educado como una niña desde que tenía veintidós meses haciendo caso omiso de su sexo biológico, siempre se consideró un niño.

187. Stephen Jay Gould, *La Mal-mesure de l'homme*, op. cit.

188. Carta del apóstol san Pablo a los Efesios 5, 21-24: «Sed sumisos unos a otros en el temor de Cristo: las mujeres a sus maridos como al Señor. Porque el marido es cabeza de la mujer, como también Cristo, salvador del cuerpo, es cabeza de la Iglesia. Pues bien, como la Iglesia está sometida a Cristo, así también las mujeres a sus maridos en todo» (Biblia Herder).

189. «Durante la instrucción, aprendan las mujeres en silencio, con plena sumisión. No permito que la mujer enseñe ni que ejerza autoridad sobre el hombre, sino que debe mantenerse en silencio.

Dios formó primero a Adán y después a Eva. Y no fue Adán el seducido, sino la mujer que, una vez seducida, incurrió en la transgresión» (Primera carta del apóstol san Pablo a Timoteo 2, 11-14, Biblia Herder). Y según el historiador judeorromano Flavio Josefo: «La mujer, dicen las Escrituras, es en todo inferior al varón. Por tanto, que obedezca al varón, no para su ignominia, sino para que siga su dirección y mandato, porque Dios otorgó al varón fortaleza y poder» (*Contra Apión*, libro II, 201, texto escrito hacia 93 d. C.).

190. «Como en todas las reuniones de los fieles, las mujeres callen en las asambleas, pues no les está permitido hablar, sino que se muestren sumisas, como manda la ley» (Primera carta del apóstol san Pablo a los Corintios 14, 33-34, Biblia Herder).

191. «Si no camina según lo que le indican, apártala de ti» (Eclesiástico 25, 26, Biblia Herder).

192. «Así hablarás a los israelitas: "Si uno muere sin dejar hijos, traspasaréis su heredad a su hija. Si no tiene hijas, la heredad pasará a sus hermanos. Si tampoco tiene hermanos, su heredad pasará a los hermanos de su padre. Si su padre no tiene hermanos, su heredad pasará al pariente más próximo de su familia: este será el heredero". Esta será para los israelitas una norma de derecho, como se lo ordenó Yahveh a Moisés» (Números 27, 8-11, Biblia Herder).

193. Corán IV, 34.

194. Algunos pasajes incluso afirman que «Donde las mujeres son honradas, ahí los dioses están satisfechos; pero donde no son honradas, ningún rito sagrado dará frutos».

195. Tratado en verso escrito por uno o varios brahmanes donde se enuncian las reglas que hay que observar para vivir en una sociedad ideal.

196. «Las mujeres casadas deben ser colmadas de atenciones y presentes por sus padres, sus hermanos, sus maridos y los hermanos de sus maridos, cuando estos desean larga prosperidad. Donde se honra a

las mujeres, están satisfechas las Divinidades; pero cuando no se las honra, son estériles todos los actos piadosos. Toda familia en que las mujeres viven afligidas, no tarda en extinguirse; pero cuando no son desgraciadas, la familia aumenta y prospera en cualquier circunstancia. Por lo que los hombres que tienen deseos de riqueza deben tener consideraciones con las mujeres de su familia, darles adornos, vestidos y manjares escogidos, en tiempo de las fiestas y de las ceremonias solemnes» (*Las leyes de Manu*, libro III, versículos 55-59).

197. «Una muchachita, una joven, una mujer de edad avanzada, no deben hacer nada por voluntad propia, aun en su casa. Durante su infancia, una mujer debe depender de su padre; durante su juventud, depende de su marido; si ha muerto su marido, de sus hijos; si no tiene hijos, de los parientes próximos de su marido y, en su defecto, de los de su padre; si no tiene parientes paternos, del soberano; una mujer no debe nunca gobernarse a su antojo; que no trate de separarse de su padre, de su esposo o de sus hijos; pues separándose de ellos expondría a las dos familias al desprecio» (*ibid.*, libro V, versículos 147-149); «Día y noche las mujeres deben estar mantenidas por sus protectores en estado de dependencia; y deben estar sometidas a la autoridad de las personas de quienes dependen, cuando tienen muy grande inclinación a los placeres inocentes y legítimos. Una mujer está bajo la guarda de su padre durante su infancia; bajo la guarda de su marido durante su juventud; bajo la guarda de sus hijos, durante su vejez; no debe nunca conducirse a su capricho» (*ibid.*, libro IX, versículos 2-3).

198. *Ibid.*, libro V, versículo 154.

199. Para el filósofo y caudillo griego Jenofonte (*ca.* 430-355 a. C.), la mujer ha de estar estrechamente vigilada: «¿Qué podría saber cuando la tomé por esposa, Sócrates? No tenía ni quince años cuando llegó a mi casa, y había pasado los años anteriores estrechamente vigilada, de modo que viera, escuchara y hablara lo menos posible» (*El Económico*).

200. «A todos los animales de la primera clase les es ventajoso el ser gobernados por el hombre, puesto que esto les da seguridad. Igualmente entre los sexos, puesto que el varón es superior y la mujer es inferior por naturaleza, el varón es el que gobierna y la hembra es el súbdito» (Aristóteles, *Política*, I, 2, 1254b, en *Obras completas*, Madrid, Aguilar, 1973, p. 1415).

201. «En efecto, el hombre libre gobierna al esclavo, el hombre gobierna a la mujer y el padre gobierna a los hijos, y todo ello de distinta manera. Y todos poseen las distintas partes del alma, pero las poseen de distintas maneras: el esclavo, en efecto, no ha conseguido en absoluto la parte deliberativa del alma; la mujer la tiene, pero sin una plenitud de autoridad, y el niño la tiene, pero en una forma aún sin desarrollar» (*ibid.*, I, 5, 1260a, p. 1425).

202. *Ibid.*, 1337a.

203. «El hombre naturalmente se inclina más a vivir en pareja que en sociedad política, tanto más que la familia es anterior a la ciudad y más necesaria que esta última, y que la reproducción es común a todos los seres vivos. Sin embargo, para los demás seres la unión no va más lejos, mientras que el hombre no se une a la mujer solamente para la procreación, sino también para la búsqueda de todo lo que es indispensable para la existencia; inmediatamente, en efecto, se hallan repartidos los trabajos, correspondiendo unos al hombre y otros a la mujer» (Aristóteles, *Ética a Nicómaco*, en *Obras completas*, VIII, 12, *op. cit.*, p. 1279).

204. Es autor de dieciséis obras poéticas compuestas entre los años 90 y 127, reunidas en un libro, las *Sátiras*, que será muy leído en la Edad Media.

205. «Ya iguales en malicia son la mujer plebeya y la patricia [...] Atiende el hombre, a veces de hambre y frío, como la sabia hormiga, temeroso. Pródiga la mujer, no considera en qué se agota el oro [...] No afecte tu mujer gala oratoria, ni en conciso lenguaje vibre el cor-

tado y rápido entimema: no sepa mucha historia, y en los libros no entienda algún pasaje. Me empacha la doctora que conserva de Palemón el arte en la memoria, y fiel las reglas del decir observa: me apesta la anticuaria que me apura, con versos nunca oídos, la paciencia, y de la amiga rústica censura la frase que repite, aunque no sea castiza, el hombre mismo. ¿No es lícito al esposo un solecismo?» (Juvenal, *Sátira VI, Las mujeres*, Madrid, Librería de la viuda de Hernando, 1892).

206. «La naturaleza como el derecho sitúan a la mujer en un estado de subordinación frente al hombre» (Ireneo de Lyon, *Contra las herejías*, libro III, fragmento 32).

207. «Y no se puede dudar de que, en el orden natural, los hombres dominan a las mujeres más bien que las mujeres a los hombres. Lo declara el Apóstol cuando dice: "La cabeza de la mujer es el varón" y "Mujeres someteos a vuestros maridos". El apóstol Pedro dice: "Del mismo modo que Sara obedecía a Abraham llamándolo señor"» (san Agustín, *El matrimonio y la concupiscencia*, libro I, cap. 10). «Hay también un orden natural en los hombres, de modo que las mujeres sirvan a sus maridos y los hijos a sus padres. Porque también en esto hay una justificación, que consiste en que la razón más débil sirva a la más fuerte. Hay, pues, una clara justificación en las dominaciones y en las servidumbres, de modo que quienes sobresalen en la razón, sobresalgan también en el dominio» (san Agustín, *Cuestiones sobre el Heptateuco*, libro I, cap. 153).

208. Antonio de Butrio, *Commentaria*, II, fol. 89r.

209. Especialmente en el decreto de Graciano que, redactado entre 1140 y 1150, se convierte en la ley oficial de la Iglesia católica en 1234 y será la base del *Corpus Juris canonici* (*Cuerpo del Derecho Canónico*), en vigor entre 1582 y 1917.

210. *Corpus Juris canonici*, en Abbé André, *Droit Canon*, vol. 2, col. 75, 1859.

211. Annie Jaubert, *Les femmes dans l'écriture*, París, Cerf, 1992.

212. A la primera edición le seguirán otras treinta en latín entre 1486 y 1669.

213. El británico Alan Macfarlane (*Witchcraft in Tudor and Stuart England*, 1970), el estadounidense Edward William Monter (*Witchcraft in France and Switzerland: The Borderlands During the Reformation*, 1976) y el francés Robert Descimon (*Qui étaient les Seize? Mythes et réalités de la Ligue parisienne, 1585-1594*, Librairie Klincksieck, 1983).

214. Mary Daly, *Gyn/Ecology: The Metaethics of Radical Feminism*, Boston, Beacon Press, 1978.

215. Silvia Federici, *Caliban and the Witch: Women, the Body and Primitive Accumulation*, Nueva York, Autonomedia, 2004. [Hay trad. cast.: *Calibán y la bruja: mujeres, cuerpo y acumulación primitiva*, Madrid, Traficantes de Sueños, 2010.]

216. Jules Michelet, *La sorcière*, París, E. Dentu Libraire-Éditeur, 1862. [Hay trad. cast.: *La bruja: una biografía de mil años fundamentada en las actas judiciales de la Inquisición*, Torrejón de Ardoz, Akal, 1987.]

217. Christina Larner, *Witchcraft and Religion: The Politics of Popular Belief*, Oxford, Basil Blackwell, 1984.

218. Alison Rowlands, «Witchcraft and Gender in Early Modern Europe», en *The Oxford Handbook of Witchcraft in Early Modern Europe and Colonial America*, Oxford University Press, 2013, pp. 449-467.

219. Pierre Cabanis, *op. cit.*, Louis Peisse, 1844, Gallica BNF, p. 235.

220. *Ibid.*, p. 222.

221. Julien-Joseph Virey, *De la femme sous ses rapports physiologique, moral et littéraire, op. cit.*

222. Pierre Cabanis, *op. cit.*, Louis Peisse, 1844, Gallica BNF, p. 237.

223. Julien-Joseph Virey, *De la femme sous ses rapports physiologique, moral et littéraire*, op. cit.

224. *Le ménagier de Paris* lo publica por primera vez en 1846 en París el barón Jérôme Pichon, bibliógrafo. Originariamente, *Le ménagier de Paris* fue un tratado de moral y economía doméstica compuesto hacia 1393 por un parisino para educar a su mujer.

225. «El mandamiento de Dios es que las mujeres estén sometidas a su marido como a su Señor, pues el marido es también el jefe de la mujer como nuestro Señor Jesucristo es el jefe de la Iglesia. [...] Como se lee en la Biblia de Eva, por cuya desobediencia y orgullo ella y todas las que vendrán después de ella fueron y han sido maldecidas por la boca de Dios. [...] La historia dice que antes de que pecara, no estaba sometida al hombre porque ella había sido hecha del hombre y de su costilla, pero esta sujeción era muy suave y moderada; pero después de esta maldición, fue totalmente sometida y, de mal o buen grado, todas las otras que vinieron y vendrán tuvieron y tendrán que sufrir y obedecer a lo que manden sus maridos, y se verán obligadas a aceptar sus órdenes» (Jérôme Pichon, *Le ménagier de Paris*, vol. I, primera parte, artículo 6, 1846).

226. Incluye también recetas de cocina, que se revisarán en los siglos XX y XXI.

227. Jérôme Pichon, op. cit., artículo 7.

228. *Ibid.*, vol. III, segunda parte, artículo 1.

229. En la entrada «Femme (Anthropologie)» del *Dictionnaire raisonné des sciences, des arts et des métiers*, el autor, el médico Paul-Joseph Barthez, menciona que los anatomistas no son los únicos que han «visto a la mujer» como un hombre fallido, sino que, citando a Marsilio Ficino, filósofo italiano del siglo XV, «filósofos platónicos tuvieron una idea semejante» (en especial el filósofo grecorromano Plotino, 205-270, en el segundo libro de la tercera *Enéada*), *L'Encyclopédie*, vol. VI, 1.ª edición, 1751, p. 469.

230. Redactado por el dramaturgo Joseph-François-Édouard de Corsembleu Sieur de Desmahis, *L'Encyclopédie*, vol. VI, 1.ª edición, 1751, p. 472.

231. Como se sugiere en la entrada «Femme, (Jurisp.)»: «La condición de las mujeres en general es distinta en muchas cosas de la de los hombres propiamente dichos. [...] Los hombres, por la prerrogativa de su sexo y la fuerza de su temperamento, son por naturaleza capaces de toda clase de empleos y de compromisos; en cambio las *mujeres*, a causa de la fragilidad de su sexo y de su delicadeza natural, están excluidas de muchas funciones, y son incapaces de ciertos compromisos. [...] no pueden poseer obispado ni otros beneficios, ni ser admitidas en las órdenes eclesiásticas, tanto mayores como menores. [...] En algunos estados monárquicos, como en Francia, las *mujeres*, ya sean hijas, casadas o viudas, no pueden suceder a la Corona. Las *mujeres* tampoco son admitidas en los empleos militares ni en las órdenes de caballería, excepto algunas, por consideraciones especiales. Conforme al derecho romano, que en este aspecto rige en todo el reino, las *mujeres* tampoco pueden ser admitidas en los cargos públicos; de modo que no pueden ser jueces, ni ejercer ninguna magistratura, ni actuar de abogado o de procurador. [...] Se dice comúnmente que hacen falta dos *mujeres* para dar un testimonio: sin embargo, no es que los testimonios de las mujeres se cuenten en esta proporción aritmética, en relación con los de los hombres, sino que esto solo se basa en el hecho de que el testimonio de las *mujeres* en general es superficial y está sujeto a variaciones. [...] FEMME MARIÉE [MUJER CASADA] es la que está unida a un hombre mediante los vínculos sagrados del matrimonio. Para saber de qué modo ha de considerarse la *mujer* en el estado del matrimonio, no recurriremos a lo que algunos críticos han escrito contra las *mujeres*; consultaremos una fuente más pura, que es las propias Escrituras. [...] Así, según las leyes antiguas y las nuevas, la *mujer casada* está sometida a su marido; ella está *in sacris mariti*, es decir, en su poder, de manera que

ha de obedecerle; y si falta a los deberes de su estado, el marido puede corregirla moderadamente. [...] El principal efecto del poder que tiene el marido sobre su *mujer* es que ella no puede asumir obligaciones, ni ella ni sus bienes, sin el consentimiento y la autorización de su marido, excepto para sus bienes parafernales, de los que es la dueña» (Chevalier de Jaucourt, *L'Encyclopédie*, vol. VI, 1.ª ed., 1751, p. 471).

232. «Femme, (Droit nat.)», *ibid.*, pp. 475-477.

233. Pierre Cabanis, *op. cit.*, Louis Peisse, 1844, Gallica BNF, pp. 242-243.

234. Según Cesare Lombroso, eso favorecería la «criminalidad latente» en esa «naturaleza inferior» (citado en Dvora Groman y Claude Faugeron, «La criminalité féminine libérée: de quoi?», en *Déviance et Société*, 3-4, 1979, pp. 363-376.

235. Véase el célebre *Livre pour l'enseignement de ses filles*, del caballero Geoffroi de La Tour Landry, escrito para sus hijas entre 1371 y 1373.

236. Cristina de Pizán, *La cité des dames*, I, XXXIII, 1405. [Hay trad. cast.: *La ciudad de las damas*, Madrid, Siruela, 2000, p. 127.]

237. Germaine de Staël, *Delphine*, 1802 [hay trad. cast.: *Delfina*, Barcelona, Tipografía de La Vanguardia, 1900]; *Corinne ou l'Italie*, 1807 [hay trad. cast.: *Corina. O Italia*, Barcelona, Orbis, 1989].

238. Germaine de Staël, *De la littérature considérée dans ses rapports avec les institutions socials* [1800], en *Œuvres complètes* de madame la baronesa de Staël-Holstein, 1844, vol. I, p. 305. [Hay trad. cast.: *La Literatura y su relación con la sociedad (La literatura considerada en relación con las instituciones sociales)*, Córdoba, Berenice, 2015.]

239. Sylvain Maréchal, *Projet de loi portant défense d'apprendre à lire aux femmes*, 1801. Autor citado por la filósofa Geneviève Fraisse en *Muse de la raison. Démocratie et exclusion des femmes en France*, París, Gallimard, 1995. [Hay trad. cast.: *Musa de la razón: la democracia excluyente y la diferencia de los sexos*, Madrid, Cátedra, 1991.]

240. Jules Michelet, «Pourquoi l'on ne se marie pas», en *La femme*, *op. cit.*

241. *Ibid.*, nota 4, «La femme dans la société».

242. Aunque a partir del 23 de junio de 1836, la real orden del ministro de Educación Joseph Pelet de la Lozère exhortaba a los ayuntamientos a tener al menos una escuela primaria para niñas, la ley Falloux del 15 de marzo de 1850 es la que fija el objetivo de una escuela primaria para niñas en cada municipio de más de ochocientos habitantes.

243. En 1861, gracias a numerosos apoyos, entre ellos el de los sansimonianos, la periodista Julie-Victoire Daubié (1824-1874) es la primera mujer que hace el bachillerato (por libre, en Lyon).

244. El 1 de octubre de 1862, Élisa Lemonnier (1805-1865) había abierto la primera escuela profesional para mujeres, ¡una escuela de costura!

245. André Léo, *La femme et les mœurs: monarchie ou liberté*, 1869. Todavía hoy, cuando un niño pregunta cómo ha nacido, se oye a menudo esta frase: «Porque papá puso una semillita en el vientre de mamá», como si la mujer fuera un simple receptáculo.

246. Primera mujer admitida en la Sociedad de Antropología de París (en 1870), también se la conoce por haber introducido en Francia las ideas de Charles Darwin, con su traducción de *El origen de las especies*.

247. Clémence Royer, *Introduction à la philosophie des femmes: cours donné à Lausanne: leçon d'ouverture*, 1859.

248. En su discurso de la sala Molière: «Reclamar la igualdad de educación para todas las clases es hacer tan solo la mitad del trabajo; reivindico esta igualdad para los dos sexos», en Jules Ferry, *Discours et opinions*, París, Armand Colin, 1893. Cuando se pone al frente del Ministerio de Educación y Bellas Artes, crea la Escuela Normal femenina en Sèvres y una agregaduría femenina (a raíz de la ley Paul Bert, que obliga a cada departamento a crear una Escuela Normal para chi-

cos y también para chicas a fin de formar maestros, «los húsares negros»). Y un año más tarde, crea institutos para chicas (ley del diputado Camille Sée del 21 de diciembre de 1880), proyecto defendido con gran empeño por el pedagogo Octave Grénard, autor de *L'enseignement secondaire des filles*, publicado en 1882 por Delalain Frères.

249. Siempre gracias a su impulso, las leyes de 1881-1882 permiten la creación de una escuela elemental gratuita, obligatoria (de seis a trece años) y laica, sin establecer diferencias entre niñas y niños.

250. Discurso de Camille Sée, Cámara de los Diputados, 24 de enero de 1880, en *Lycées et collèges de jeunes filles*, París, Cerf et Fils, 1888, pp. 191-192.

251. Para Jean-Jacques Rousseau, la primera y más importante cualidad de una mujer es la dulzura: «Las mujeres carecen de fuerza moral, de energía, de valor, de abnegación. Pero son abnegadas y sensibles, pues son madres» (*Émile ou De l'éducation, op. cit.*, 1782).

252. Jean-Jacques Rousseau, *Lettre à d'Alembert*.

253. «SEXE, LE, (Morale)»: «El *sexo* en términos absolutos, o más bien el *bello sexo*, es el epíteto que se aplica a las mujeres, del que no puede despojárselas, porque son el mayor adorno del mundo. Que unan a este merecido título cuanto es propio de su estado, el pudor, la moderación, la compasión y las virtudes de las almas tiernas: la música, la danza, el arte de difuminar los colores sobre la tela son los entretenimientos más adecuados para ellas; pero el cultivo de su espíritu es aún más importante y esencial. Que, por otra parte, su feliz fecundidad perpetúe los amores y las gracias; que la sociedad les deba su cortesía y sus gustos más delicados; que hagan las más caras delicias del ciudadano pacífico; que mediante una prudencia sumisa y una habilidad modesta, hábil y sin artificio, estimulen la virtud, reaviven el sentimiento de felicidad y suavicen todos los trabajos de la vida humana: esta es la gloria, este es el poder del *bello sexo*» (Louis de Jacourt, *L'Encyclopédie*, vol. XV, 1.ª ed., 1751, p. 138).

254. Odile Roynette, «La construction du masculin. De la fin du XIXᵉ siècle aux années 1930», *Vingtième Siècle. Revue d'Histoire*, n.º 75, 2002/3, pp. 85-96.

255. Sandra Puccini, «La femme ou l'humanité inachevée», en Claude Blanckaert, *Des sciences contre l'Homme*, «Série Science et Société», 8, vol. 1, París, Autrement, 1993, pp. 50-63.

256. Colette Guillaumin, *L'Idéologie raciste, genèse et langage actuel*, París, Gallimard, «Folio essais», 2002.

257. *Archives numériques de la Révolution française – Archives parlementaires*, t. 78, sesión del 30 de octubre de 1793, p. 50.

258. Como proclama el procurador del Ayuntamiento de París Pierre-Gaspard Chaumette, citado en Olivier Blanc, *Marie-Olympe de Gouges. Une humaniste à la fin du XVIIIᵉ siècle*, Belaye, Éditions René Viénet, 2003.

259. Por ejemplo, sobre Georges Sand en *De la justice dans la Révolution et dans l'Église, op. cit.*, vol. 1.

260. Pierre-Joseph Proudhon, *Avertissement aux propriétaires, ou lettre à M. Considérant, rédacteur de la Phalange, sur une défense de la propriété*, tercera memoria sobre la propiedad, 1841, p. 80.

261. «De modo que, lejos de aplaudir lo que hoy llamamos la emancipación de la mujer, yo me inclinaría más bien, si hubiese que llegar a tales extremos, por recluir a la mujer» (*ibid.*, p. 79).

262. Arthur Schopenhauer, *El amor, las mujeres y la muerte*, Madrid, Edaf, 2005.

263. «Habiendo reflexionado sobre la situación de las mujeres en la Grecia antigua. Bastante adecuada. Estado presente, un resto de la barbarie feudal de la Edad Media, artificial y contra natura. Deberían ocuparse de su interior; habría que alimentarlas bien y vestirlas bien, pero no mezclarlas con la sociedad. También deberían ser instruidas en la religión, pero ignorar la poesía y la política, no leer más que libros piadosos y de cocina. De vez en cuando, un poco de música, de

danza y también de jardinería y de labranza. Las he visto, en Epiro, trabajar muy bien en el mantenimiento de las calles. ¿Por qué no? ¿Acaso no siegan? ¿No son lecheras?» (Thomas Moore, *Letters and Journals of Lord Byron*, vol. II, 1830, p. 399).

264. Sin embargo, proclama en tres ocasiones «el genio» de Camille Claudel, «rebelión de la naturaleza», combate las tesis antifeministas de Johan Strindberg y escribe un ensayo sobre la prostitución en forma de rehabilitación de las «pobres prostitutas», sus hermanas de miseria (Octave Mirbeau, *L'amour de la femme vénale*, 1922); véase Pierre Michel, *Le cas Octave Mirbeau: entre «gynécophobie» et féminisme*.

265. Seudónimo de Caroline Rémy. Octave Mirbeau escribió este texto en agradecimiento a su artículo elogioso publicado en *Le Gaulois* el 12 de mayo de 1890.

266. Extracto de su artículo publicado el 9 de diciembre de 1894 en *Le Journal*.

267. «A woman cannot be herself in contemporary society, it is an exclusively male society with laws drafted by men, and with counsel and judges who judge feminine conduct from the male point of wiew», notas para una tragedia contemporánea, redactadas en Roma el 1 de octubre de 1878.

268. Joan Wallach Scott, *Gender and the Politics of History*, *op. cit.*; Danielle Léveillé, «L'androcentrisme en anthropologie, un exemple: les femmes inuit», *op. cit.*

269. Kate Millett, *op. cit.*; Christine Delphy, *op. cit.*

270. Eleanor Leacock, «Women's Status in Egalitarian Society: Implications for Social Evolution», en *Current Anthropology*, vol. 19, 1978, pp. 247-275.

3. LAS MUJERES PREHISTÓRICAS A LA LUZ DE LOS NUEVOS DESCUBRIMIENTOS Y DE LA ARQUEOLOGÍA DE GÉNERO

1. Entre las pioneras están las prehistoriadoras francesas Marthe Péquart, Suzanne de Saint-Mathurin, Annette Laming-Emperaire, Arlette Leroi-Gourhan, Denise de Sonneville-Bordes (especialista en las industrias líticas del Paleolítico superior); las arqueólogas británicas Mary Leakey, Margaret Murray (que trabajó en Egipto desde 1890) y Maud Cunnington; las griegas Anna Apostolaki y Semni Papaspyridi-Karouzou; las noruegas Eva Fett y Wencke Slomann; las estadounidenses Harriet Boyd-Hawes y Blanche Williams; la alemana Johanna Mestorf, sin olvidar a la estadounidense de origen lituano Marija Gimbutas.

2. Margarita Díaz-Andreu y Marie-Louise Sørensen, *Excavating Women. A History of Women in European Archaeology*, Londres, Routledge, 1998.

3. William A. Haviland, Dana Walrath, Harald E. L. Prins y Bunny McBride, *Evolution and Prehistory. The Human Challenge*, California, Wadsworth, 2007.

4. En 1979, la Asociación Arqueológica Noruega organiza un simposio titulado *Where They All Men*? (Marie-Louise Sørensen, *Gender Archaeology*, Cambridge, Polity Press, 2000).

5. Los trabajos de esta profesora del Museo de la Universidad de Bergen tratan sobre la división sexual de las tareas y de los rangos durante la Edad del Hierro en Noruega.

6. En un artículo que se ha hecho famoso, Margaret Conkey y Janet Spector resumen la crítica feminista de su disciplina (Margaret Conkey y Janet Spector, «Archaeology and the Study of Gender», *Advances in Archaeological Method and Theory*, vol. 7, 1984, pp. 1-38) y siete años más tarde, Joan Gero y Margaret Conkey publican una obra colectiva que consagra esta arqueología llamada «feminista»: Joan

Gero y Margaret Conkey (eds.), *Engendering Archaeology. Women and Prehistory*, Wiley-Blackwell, «Social Archaeology», 1991. Seis años después publicarán también «Programme to Practice. Gender and Feminism», *Archaeology. Annual Review of Anthropology*, vol. 26, 1997, pp. 411-437.

7. Kelley Hays-Gilpin, «Feminist Scholarship in Archaeology», *Annals of the American Academy of Political and Social Science*, 92 (571), 2000, pp. 89-106.

8. Joan Gero, «Sociopolitics and the Woman-at-Home Ideology», *American Antiquity*, vol. 50, 1985, pp. 342-350.

9. Cheryl Claassen, «Questioning Gender: An Introduction», en *Exploring Gender Through Archaeology. Selected Papers from the 1991 Boone Conference*, Maddison, Prehistory Press, 1-32, p. 4.

10. Roberta Gilchrist, *Gender and Archaeology. Contesting the Past*, Londres-Nueva York, Routledge, 1999.

11. Bruce C. Trigger, *A History of Archaeological Thought*, Cambridge, The Cambridge University Press, 1989. [Hay trad. cast.: *Historia del pensamiento arqueológico*, Barcelona, Crítica, 1992.]

12. Anne Augereau, *La condition des femmes au Néolithique. Pour une approche du genre dans le néolithique européen*, memoria de habilitación para dirigir investigaciones, Universidad París-I-Sorbona, 2018.

13. Chloé Belard, *Pour une archéologie du genre. Les femmes en Champagne à l'âge du Fer*, París, Hermann, 2017, pp. 269-270.

14. Caroline Trémeaud, *Genre et hiérarchisation dans le monde nord-alpin, aux âges du Bronze et du Fer*, Oxford, BAR International Series 2912, 2018.

15. En especial el etologista británico Richard Dawkins (*The Ancestor's Tale. A Pilgrimage to the Dawn of Life*, Londres, W & N, 2004) y, sobre todo, el bioquímico estadounidense Allan Wilson (*et al.*, «Mitochondrial DNA and two perspectives on evolutionary gene-

tics», *Biological Journal of the Linnean Society*, 26 (4), 1985, pp. 375-400) y el genetista inglés Bryan Skyles (*The Seven Daughters of Eve. The Science that Reveals our Genetic Ancestry*, Londres, W.W. Norton and Co., 2001).

16. En el arte paleolítico se plasman sobre todo animales, los humanos apenas representan el 6 por ciento de las imágenes (Patrick Paillet, *Qu'est-ce que l'art préhistorique? L'homme et l'image au Paléolithique*, París, CNRS Éditions, 2018). Se han contabilizado más de quinientas representaciones antropomorfas (Raphaëlle Bourrillon, *Les répresentations humaines sexuées dans l'art du Paléolithique supérieur européen: diversité, réminiscences et permanence*, tesis de la Universidad de Toulouse-II-Le Mirail, 2009).

17. Para más detalles, recomendamos la lectura del artículo de Raphaëlle Bourrillon, Carole Fritz y Georges Sauvet: «La thématique féminine au cours du Paléolithique supérieur européen: permanences et variations formelles», publicado en 2012 en el *Bulletin de la Société Préhistorique Française* [*BSPF*], 109 (1), pp. 85-103.

18. El nombre de «venus» fue asignado por el prehistoriador austríaco Josef Szombathy a la estatuilla femenina de Willendorf, esculpida a partir de un bloque calcáreo y recubierta parcialmente de ocre rojo, descubierta en Austria en 1908. Dadas sus connotaciones, resulta inapropiado.

19. Su libro *Lascaux, peintures et gravures*, escrito en 1959, se publicó en 1962, después de la versión inglesa, con el título *La signification de l'art rupestre paléolithique* (París, Éditions Picard).

20. Con figuras en los paneles de entrada y de fondo, centrales y periféricas.

21. Este grupo central está enmarcado por cérvidos que forman figuras de contorno. Otras parejas de opuestos, como el ciervo y el jabalí, aparecen en los mitos celtas, el ciervo y el oso por una parte, y el caballo y el jabalí, por la otra, en los relatos medievales (en *Tristán e Iseo*,

por ejemplo) y el jabalí y el oso en las leyendas indoeuropeas. En estas parejas de opuestos, algunos animales tienen siempre el mismo simbolismo sexual, el caballo y el león son masculinos y el bisonte femenino, pero dicho simbolismo cambia respecto a otros según las culturas.

22. Raphaëlle Bourrillon, *Les représentations humaines sexuées dans l'art du Paléolithique supérieur européen: diversité, réminiscences et permanence*, op. cit. Hay que añadir el busto femenino esculpido en un incisivo de caballo encontrado en Mas d'Azil.

23. De Laussel (Dordoña), Pech Merle (Lot), Chauvet (Ardèche) o de la Magdeleine des Albis (Tarn).

24. En el realismo fisiológico Duhard distingue varios realismos: sexual, kinésico, biológico, sociológico y patológico (Jean-Pierre Duhard, *Réalisme de l'image féminine paléolithique*, París, CNRS Éditions, «Cahiers du Quaternaire», n.º 19, 1993). También es autor de *Réalisme de l'image masculine paléolithique*, publicado en 1996 en Grenoble por Jérôme Millon.

25. Entre las más antiguas se encuentran el «busto minúsculo de mujer» (esculpido en un incisivo de caballo) de Mas d'Azil (Ariège) y las estatuillas en esteatita de las cuevas de Grimaldi (Italia), dadas a conocer por el arqueólogo Salomon Reinach en 1898, tras haber sido descubiertas por Louis Julien entre 1883 y 1895.

26. Descubierta en 2008 en el Jura suabo, se atribuye a la cultura auriñaciense.

27. Según André Leroi-Gourhan, existiría una relación cultural entre todos los niveles arqueológicos que han contenido «venus», y ciertos detalles anatómicos sugerirían un origen común en Europa oriental que fue seguido de una difusión hacia el oeste. Esta hipótesis la critican de entrada Léon Pales y Marie Tassin de Saint-Péreuse (*Les gravures de la Marche: II. Les humains*, París, Ophrys, 1976), y luego Jean-Pierre Duhard, para quien las semejanzas obedecen a razones fisiológicas, ya que el cuerpo femenino sufre modificaciones idénticas

debidas a la edad (Jean-Pierre Duhard, *Réalisme de l'image féminine paléolithique*, *op. cit.*). ¿Se sobreentendería, por tanto, que los autores de esas obras no tenían estilo propio?

28. Las de Grimaldi en Italia y de Mal'ta en Siberia.

29. Según el estudio de Delphine Dupuy, en este yacimiento se hallaron estatuillas femeninas básicamente de estilo realista, en marfil (7) y sobre todo en piedra caliza (159, de las que 105 están completas) (*Fragments d'images, images de fragments. La statuaire gravettienne, du geste au symbole*, tesis doctoral, arqueología y prehistoria, Universidad de Provence-Universidad de Aix-Marseille-I, 2007).

30. Acéfalas, sin pies, o acéfalas y sin pies (*ibid.*).

31. Delphine Dupuy, «L'incomplétude et le morcellement du corps feminine dans l'imaginaire paléolithique: les sculptures gravettiennes de Kostienski 1-I (Plaine russe - 22 000-23 000 ans BP)», en Jean Clottes (ed.), «L'art pléistocène dans le monde», *Préhistoire, Arts et Sociétés*, número especial 65-66, 2010-2011, pp. 1471-1491.

32. Delphine Dupuy, *Fragments d'images, images de fragments. La statuaire gravettienne, du geste au symbole*, *op. cit.*, p. 247.

33. Y aparentemente de forma discontinua, ya que se conoce la existencia de hiatus de unos 5.000 años entre las del Auriñaciense y del Gravetiense, y entre las del Gravetiense y del Magdaleniense superior.

34. Sobre todo en Francia y Rusia, pero también en Italia, Alemania, Austria, Chequia y Eslovaquia.

35. En Gagarino (Rusia) aparecieron siete venus repartidas en el interior de una cabaña de forma oval de más de cinco metros de ancho, y en Mal'ta estaban dispuestas en uno solo de los lados de la cabaña.

36. Muchas tienen la parte distal tallada en punta.

37. Como la *Mujer del cuello perforado* de Grimaldi.

38. Como la *Venus de Hohle Fels*.

39. Hipótesis propuesta para algunas estatuillas femeninas de Gagarino y de Grimaldi.

40. La «muñeca articulada» de Dolní Věstonice (Peter Ucko, *Anthropomorphic Figurines of Predynastic Egypt and Neolithic Crete*, Londres, A. Szmidla, 1968), el «Stylet» de Fontalès (Tarn y Garona) y muchas piezas de Brassempouy (denominadas «Muchacha», «Boceto de muñeca», «Lanzadera», «Colgante» y «Stylet»). En este último yacimiento, el excavador Henri Delporte descubrió también objetos estrechamente asociados —un fragmento de hueso largo con forma de una silueta humana en la concavidad de una epífisis de bóvido partida en dos— que interpreta como la evocación de una cuna y de una muñeca (Henri Delporte, «Fouilles de Brassempouy en 1982, 1983 et 1984», *Bulletin de la Société de Borda*, 399, 1985, pp. 457-489).

41. Édouard Piette, «La station de Brassempouy et les statuettes humaines de la période glyptique», *L'Anthropologie*, VI, 1895, pp. 129-151; Paul Broca, «Sur le volume et la forme du cerveau, suivant les individus et suivant les races», *Bulletins de la Société d'Anthropologie*, 1861, vol. 2, p. 97. En la misma obra escribe, p. 15: «[...] la pequeñez relativa del cerebro de la mujer [dependía] a la vez de su inferioridad física y de su inferioridad intelectual»; Marcellin Boule, *Hommes fossiles, éléments de paléontologie humaine*, París, Masson, 1921; René Verneau, *Les races humaines*, París, Baillière, 1890.

42. Desde 1949 (fecha de la aparición del artículo de Percival Kirby «The Hottentot Venus», en *Africana Notes and News*, 6 [3], pp. 55-62), se le han dedicado muchas obras. Léanse también los artículos del especialista en literatura africana Bernth Lindfors (1983-1985, 1996), que analizan las reacciones de la prensa británica de la época (1810-1815).

43. Desde 1994, Sudáfrica reclama la devolución de los restos de Saartjie Baartman. Habrá que esperar a la promulgación de la ley de restitución del 6 de marzo de 2002 para que la petición sea finalmente atendida. Los restos llegan a Ciudad del Cabo el 3 de mayo, y el 9 de

mayo de 2002, Día Nacional de la Mujer en Sudáfrica, se celebran los funerales cerca de su ciudad natal, Hankey. De acuerdo con los ritos de su comunidad y de la iglesia del Cristo de Manchester, sus restos son parcialmente incinerados y luego enterrados en presencia de los representantes de la comunidad joisán, ministros y el presidente de la República de Sudáfrica, Thabo Mbeki.

44. Nicolas Boudin, *Voyage de découvertes aux terres australes, exécuté par ordre de Sa Majesté, l'empereur et roi, sur les corvettes le Géographe, le Naturaliste et la goëlette le Casuarina, pendant les années 1800, 1801, 1802, 1803 et 1804*, l'Imprimerie impériale, «Historique», vol. I, 1807.

45. Georges Cuvier, *Extrait d'observations faites sur le cadavre d'une femme connue à Paris et à Londres sous le nom de Vénus hottentote*, Mémoires du Museum, III, 1817, pp. 259-274.

46. Sobre todo las del Magdaleniense. En Dordoña se descubrieron en las cuevas de Villars (Brigitte y Gilles Delluc, «La grotte ornée de Villars. Révision de la décoration et apports nouveaux», en *Préhistoire du Sud-Ouest*, 2017), Saint-Cirq (Brigitte y Gilles Delluc, «La grotte ornée de Saint-Cirq [Dordogne]», *Bulletin de la Société Préhistorique Française*, n.º 84, 1987, pp. 364-393), Comarque (Brigitte y Gilles Delluc, «La grotte ornée de Comarque à Sireuil [Dordogne], *Gallia Préhistoire*, 24, 1981, pp. 1-7; Jean-Pierre Duhard, Brigitte y Gilles Delluc, «Une femme sculptée dans la grotte ornée magdalénienne de Comarque à Sireuil [Dordogne]», *Bulletin de la Société Historique et Archéologique du Périgord*, CXX, 1993, pp. 843-850) y Fronsac (Jean-Pierre Duhard, Brigitte y Gilles Delluc, «La grotte ornée de Fronsac [Vieux-Mareuil, Dordogne]», en Société Préhistorique Française, *La vie préhistorique*, Quetigny, Éditions Faton, 1996, pp. 416-421).

47. Como las del Gravetiense. En el Périgord y en el Lot, se descubrieron en la cueva de Cussac (Jacques Jaubert *et al.*, «Le projet co-

llectif de recherche "Grotte de Cussac" [Dordogne, France]: étude d'une cavité ornée à vestiges humains du Gravettien», en Jean Clottes (ed.), «L'art pléistocène dans le monde», *Préhistoire, Art et Société*, número especial, vols. LXV-LXVI, 2010-2011, pp. 325-342; Marc Delluc, «Grotte de Cussac. Commune Le Buisson-de-Cadouin [Dordogne]», *Spelunca Mémoires*, n.º 34, 2009, pp. 167-172), y en el techo de la cueva de Pech Merle, en el Lot (Michel Lorblanchet, *Art pariétal. Grottes ornées du Quercy*, Rodez, Éditions du Rouergue, 2018).

48. Se atribuyen al Magdaleniense (Brigitte y Gilles Delluc, «Les fouilles de la grotte de La Roche à Lalinde [Dordogne]», *La Préhistoire du canton de Lalinde*, Les Pesqueyroux, 2008, pp. 123-156; Brigitte y Gilles Delluc y Francis Guichard, «Les fouilles de la grotte de La Roche à Lalinde [Dordogne]», *Préhistoire du Sud-Ouest*, n.º 16, 2008, pp. 185-205).

49. Brigitte y Gilles Delluc, «Les figures féminines schématiques du Périgord», *L'Anthropologie*, n.º 99, 1995, pp. 236-257.

50. En las cuevas perigordinas de Saint-Cirq, Fronsac, Les Combarelles (Monique y Claude Archambeau, «Les figurations humaines pariétales de la grotte des Combarelles», *Gallia Préhistoire*, n.º 33, 1991, pp. 53-81). En la estrecha «galería de las Mujeres» de Fronsac (Dordoña), cuatro siluetas femeninas bien alineadas ocupan el centro del panel principal y al fondo de esta cueva hay otras dos situadas frente a un caballo, un bisonte, una cabeza humana y dos manos (Jean-Pierre Duhard, Brigitte y Gilles Delluc, «La grotte ornée de Fronsac [Vieux-Mareuil, Dordogne]», *op. cit.*).

51. En Comarque y la decena de figuras alineadas situadas en el centro del panel de la pequeña cueva de La Font-Bargeix, en Dordoña (Brigitte y Gilles Delluc, «La grotte ornée de La Font-Bargeix [Champeaux-et-la-Chapelle-Pommier, Dordogne]», trabajos del Instituto de Arte Prehistórico de la Universidad de Toulouse-Le Mirail, XXXII, 1990, pp. 9-47).

52. Por ejemplo, en las de Oriente Próximo antiguo o en el hinduismo —llamada *Yoni*.

53. Se han contabilizado 259, 115 en el arte mobiliar y 144 en el arte parietal (Raphaëlle Bourrillon, Carole Fritz y Georges Sauvet, «La thématique féminine au cours du paléolithique supérieur européen: permanences et variations formelles», *op. cit.*, pp. 85-103).

54. Sobre todo en Dordoña, en Poitou-Charentes y en los Pirineos (Raphaëlle Bourrillon, *Les représentations humaines sexuées dans l'art du Paléolithique supérieur européen: diversité, réminiscences et permanence, op. cit.*).

55. Según el contorno de la imagen de la vulva, en esos dos tipos se han reconocido otras dos formas: la piriforme y la fusiforme. En el Magdaleniense, solo subsisten las formas triangulares y fusiforme y únicamente en el Périgord y los Pirineos (Raphaëlle Bourrillon, Carole Fritz y Georges Sauvet, «La thématique féminine au cours du paléolithique supérieur européen: permanences et variations formelles», *op. cit.*).

56. Entre las 168 imágenes de vulvas inventariadas por Raphaëlle Bourrillon, 58 tienen forma ovalar y 110 triangular, además las ovalares pertenecen sobre todo a las culturas auriñaciense y graveciense (40/58) y las triangulares al magdaleniense (Raphaëlle Bourrillon, *Les représentations humaines sexuées dans l'art du Paléolithique supérieur européen: diversité, réminiscences et permanence, op. cit.*).

57. Sobre hueso, marfil e incluso sobre piedra, como la de los yacimientos de Brno, en la República Checa, y de Kostienski I.

58. Como en la cueva de Covalanas, en España, o la Gran Cueva en Arcy-sur-Cure, en el Yonne.

59. Procedente sobre todo del desmoronamiento de las paredes por la acción del hielo. Así ocurre en los bloques auriñacienses de La Ferrassie, y en los abrigos de Blanchard, Castanet, Laussel, y Poisson, Cellier, en Dordoña.

60. Cueva de Bédeilhac, en Ariège.

61. Jean-Pierre Duhard, *Réalisme de l'image féminine paléolithique*, *op. cit.*

62. Abrigos de Cellier, La Ferrassie, en Dordoña (Brigitte y Gilles Delluc, «Les figures féminines schématiques du Périgord», *op. cit.*).

63. Abrigos de Blanchard, Castanet, La Ferrassie, en Dordoña (*ibid.*).

64. Como en las atribuidas al Magdaleniense que, según André Leroi-Gourhan, a menudo se localizan en corredores, como en Comarque, Saint-Cirq, Fronsac, en Dordoña (*ibid.*).

65. Como en el friso de La Font-Bargeix, en Dordoña, por ejemplo (Brigitte y Gilles Delluc, «La grotte ornée de La Font-Bargeix [Champeaux-et-la-Chapelle-Pommier, Dordogne]», *op. cit.*).

66. Por ejemplo, en la cueva de La Cavaille o en el abrigo del Fourneau du Diable, en Dordoña (Brigitte y Gilles Delluc, «Les figures féminines schématiques du Périgord», *op. cit.*).

67. A menudo figuras femeninas, como en Comarque o en Combarelles I, donde hay una vulva triangular en escudo grabada en el centro del panel que agrupa a un hombre, un antropomorfo y figuras femeninas esquemáticas (*ibid.*).

68. Claude Liebenson, *Le féminin dans l'art occidental? Histoire d'une disparition*, París, Éditions de la Différence, 2007, p. 17.

69. Según Raphaëlle Bourrillon, de ocho frente a una antes del Magdaleniense medio pero, a excepción de la plaqueta de Gönnersdorf (Alemania), la asociación vulva-falo se halla presente únicamente en los sitios perigordianos (Raphaëlle Bourrillon, *Les représentations humaines sexuées dans l'art du Paléolithique supérieur européen: diversité, réminiscences et permanence*, *op. cit.*).

70. Raphaëlle Bourrillon, Carole Fritz y Georges Sauvet, «La thématique féminine au cours du Paléolithique supérieur européen: permanences et variations formelles», *op. cit.*; Jean-Pierre Duhard, *Réalisme de l'image masculine paléolithique*, *op. cit.*

71. Denis Vialou, «Sexualité et art préhistorique», en François Sacco y Georges Sauvet, *Le propre de l'homme*, Lausana, Delachaux et Niestlé, 1998, pp. 151-171.

72. Jean-Pierre Duhard, *Réalisme de l'image féminine paléolithique*, *op. cit.*, p. 189.

73. Sandra G. Harding, *The Science Question in Feminism*, Ithaca, Nueva York, Cornell University Press, 1986.

74. Henri Delporte, *L'image de la femme dans l'art préhistorique*, París, Picard, 1993, p. 45.

75. Raphaëlle Bourrillon, «Les figures humaines sexuées segmentées et isolées: pérennité et ruptures», en Dario Seglie, Marcel Otte, Luis Oosterbeek y Laurence Remacle, *Prehistoric Art-Signs, Symbols, Mith, Ideology*, Bar international series 2028, 2009, pp. 21-28.

76. Véase Jean-Pierre Duhard, *Réalisme de l'image masculine paléolithique, op. cit.*

77. Raphaëlle Bourrillon ha anotado 33 falos en el arte mobiliar y 10 en el parietal, identificados principalmente en yacimientos franceses (sobre todo en Dordoña y en los Pirineos) del Paleolítico superior (sobre todo en el Magdaleniense). Grabados o realizados con el dedo sobre las paredes, los falos son en bulto redondo o están grabados en soportes mobiliares (principalmente de asta de reno o de ciervo). Su representación es esquemática o detallada y a veces está adornada con trazos geométricos (Raphaëlle Bourrillon, *Les représentations humaines sexuées dans l'art du Paléolithique supérieur européen: diversité, réminiscences et permanence, op. cit.*). En el arte mobiliar, el falo más antiguo es el esculpido en una clavija ósea (soporte del estuche córneo) probablemente de bisonte, descubierto en el abrigo Blanchard (Sergeac, Dordoña) al borde de un hogar que data del Auriñaciense. El falo grabado en una de las paredes de la cueva Cosquer (Bocas del Ródano) es especialmente realista: el glande y las dos bolsas están marcados con trazos. Es el único caso

junto con el de bulto redondo de Isturiz en el que se representa el escroto.

78. Dale Guthrie, *The Nature of Paleolithic Art*, Chicago, University of Chicago Press, 2006.

79. George Henri Luquet, *L'art primitive*, París, G. Doin y Cie, 1930; Timothy L. Taylor, *The Prehistory of Sex. Four Million Years of Human Sexual Culture*, Londres, Bantam, 1996.

80. Los hombres no van a casa de las mujeres del mismo clan materno, respetando así el tabú del incesto (Cai Hua, *Une société sans père ni mari. Les Na de Chine*, París, Presses Universitaires de France, 1997).

81. *Ibid.*

82. Patrick Paillet, *Qu'est-ce que l'art préhistorique? L'homme et l'image au Paléolithique, op. cit.*

83. En el sitio de La Marche se han encontrado más de tres mil plaquetas de caliza grabadas, la mayoría magdalenienses, en las que mayoritariamente se representan cuerpos humanos o rostros que a veces parecen caricaturas (Léon Pales y Marie Tassin de Saint-Péreuse, *Les gravures de la Marche: II. Les humains, op. cit.*).

84. Robert Bégouën *et al.*, «Plaquette gravée d'Enlène, Montesquieu-Avantès», *BSPF*, n.º 79 (4), 1982, pp. 103-109.

85. Jean-Pierre Duhard, *Réalisme de l'image féminine paléolithique, op. cit.*

86. Estas siluetas femeninas fueron descubiertas en la cueva de Courbet (Tarn), el abrigo de Fontalès (Tarn y Garona) y la Roche de Birol, en Lalinde (Dordoña), en tres niveles magdalenienses (Jean-François Alaux, «Gravure féminine sur plaquette de calcaire, du Magdalénien supérieur de la grotte du Courbet (commune de Penne, Tarn)», *BSPF*, n.º 69 (4), 1972, pp. 109-112) y también en Alemania, las «Damas de Gönnersdorf» (Gerhard Bosinski, Francesco D'Errico y Petra Schiller, *Die Gravierten Frauendarstellungen Von Gönnersdorf*, Stuttgart, Franz Steiner Verlag, 2001).

87. Como en Combarelles, donde se ha encontrado una docena (Monique y Claude Archambeau, «Les figurations humaines pariétales de la grotte des Combarelles», *op. cit.*).

88. Mayoritariamente magdalenienses, estas figuras masculinas esquemáticas son delgadas, pocas veces con un vientre abultado —cuevas de Combarelles y de La Font-Bargeix—, y a menudo con el pene en erección —Lascaux, Les Combarelles, Saint Cirq, Sous-Grand-Lac (Monique y Claude Archambeau, *op. cit.*; Brigitte y Gilles Delluc, «La grotte ornée de La Font-Bargeix [Champeaux-et-la-Chapelle-Pommier, Dordogne]», *op. cit.*; Brigitte y Gilles Delluc, «La grotte ornée de Saint-Cirq [Dordogne]», *op. cit.*; Brigitte y Gilles Delluc, «Quelques gravures paléolithiques de la petite Beune [grottes de Sous-Grand-Lac, de Vielmouly II y del Charretou]», *Bulletin de la Société Historique et Archéologique du Périgord supplément*, CXIV, 1987, pp. 163-184). En la «escena del pozo», en Lascaux, situada frente a una cabeza de caballo, un hombre en el suelo, itifálico y con cabeza de pájaro (tema que podemos ver en el propulsor representado a su lado) aparece junto a un bisonte destripado, precedido de un rinoceronte, y de muchos signos (dentados y tres series de dos puntos). Algunas representaciones masculinas presentan particularidades como la situada al fondo de la sala de las pinturas de la cueva de Villars: frente a un bisonte, se ve a un hombre de perfil, con los brazos extendidos hacia delante y los miembros inferiores en triple flexión (Brigitte y Gilles Delluc, «La grotte ornée de Villars. Révision de la décoration et apports nouveaux», *op. cit.*). En la cueva de Gabillou, frente a una figura femenina acéfala, el «hechicero», un hombre cubierto con una piel de bisonte, está representado de perfil, con los brazos extendidos hacia delante y los miembros inferiores en triple flexión (Jean-Pierre Duhard, «Les humains gravés de Gabillou», *Bulletin de la Société Historique et Archéologique du Périgord*, n.º 117, 1990, pp. 99-111).

89. Como en los bloques rocosos atribuidos al Auriñaciense de los abrigos perigordianos de Blanchard, La Ferrassie y Castanet, donde el falo, contiguo a una vulva esquemática, se prolonga con un trazo que quizá aluda a una eyaculación (Brigitte y Gilles Delluc, «Les figures féminines schématiques du Périgord», *op. cit.*). En la cueva de Cussac, además de las cuatro siluetas femeninas esquemáticas, cuatro de ellas de gran tamaño (situadas cerca de mamuts), otros paneles están decorados básicamente con sexos masculinos o vulvas, a veces asociados (Marc Delluc, «Grotte de Cussac. Commune Le Buisson-de-Cadouin [Dordogne]», *op. cit.*).

90. En la parte más estrecha de la galería vecina, llamada «de las Mujeres» (en el panel principal hay una serie de grabados femeninos esquemáticos y una vulva triangular), aparece un falo cerca de la imagen de una vulva (Brigitte y Gilles Delluc, «La grotte ornée de Fronsac [Vieux-Mareuil, Dordogne]», *op. cit.*).

91. Como el hallado en Mas-d'Azil (Ariège).

92. Por ejemplo, el esculpido en asta de reno de la Garenne en Saint-Marcel (Indre).

93. Como el notable doble falo de la Gorge d'Enfer (Dordoña) o el de cabeza humana del Roc de Marcamps (Gironde).

94. Pierre Lévêque, *Introduction aux premières religions: Bêtes, dieux et hommes*, París, Librairie générale française, 1997, pp. 11-42 y 62-73. [Hay trad. cast.: *Bestias, dioses y hombres: el imaginario de las primeras religiones*, Huelva, Universidad de Huelva, Servicio de Publicaciones, 1997.]

95. Excavado por el arqueólogo alemán Klaus Schmidt desde 1994 hasta 2014, Göbekli Tepe, situado al sudeste de Anatolia, data de finales del Mesolítico y principios del Neolítico, entre 9600 y 7300 a. C. La mayor parte de las piedras monumentales están grabadas con animales salvajes (serpientes, toros, vacas, pero también patos, grullas, zorros, leones, jabalíes, escorpiones, hormigas) y con motivos geométri-

cos y fálicos. Schmidt relaciona estas representaciones con culturas sumerias y mesopotámicas (Klaus Schmidt, *Le premier temple, Göbekli Tepe*, París, CNRS Éditions, 2015).

96. *Ibid*. Los grandes labios forman dos grandes repliegues cutáneos a una y otra parte de la vulva, y la cubren completamente. En las chicas preadolescentes, la vulva parece estar más adelantada que en las adultas, mostrando una parte mayor de los grandes labios y de la hendidura genital en posición erecta. Además, en las mujeres que han tenido muchos hijos los grandes labios pueden aumentar de dos a tres veces su volumen durante la excitación a causa de la vasocongestión. En cuanto a los labios menores, pueden alcanzar los 20 centímetros de longitud en algunas mujeres tras su primer embarazo (macroninfia, llamado todavía «delantal hotentote»).

97. Dale Guthrie, *The Nature of Paleoliyhic Art*, op. cit.

98. Georges-Henri Luquet, «Les Vénus paléolithiques», *Journal de Psychologie Normale et Pathologique*, 1937, pp. 429-460.

99. Según el prehistoriador Henri Bégouën (1863-1956) («À propos des vénus paléolithiques: letre ouverte à M. G. Luquet», *Journal de Psychologie Normale et Pathologique*, 1938, pp. 9-10).

100. Luce Passemard, *Les statuettes féminines paléolithiques dites vénus stéatopyges*, Nimes, Librairie Tessier, 1938, p. 10.

101. Pascal Picq y Philippe Brenot, *Le Sexe, l'Homme et l'Évolution*, París, Odile Jacob, 2009.

102. Yves Coppens, «L'ambiguïté des doubles vénus du Gravettien de France», *Comptes rendus des séances de l'Académie des inscription et belles-lettres*, 133 (3), 1989, pp. 566-571.

103. Por un lado, tenemos una gruesa matrona con una larga cabellera y, por el otro, una adolescente delgada, con una media melena de cabello liso. Para Nathalie Rouquerol, esta estatuilla no es más que la evolución de la vida de una mujer en cinco actos: el nacimiento, la adolescencia, la mujer que da a luz, la matrona y la muerte (vista de

frente, tiene las piernas unidas) (Nathalie Rouquerol, *La Vénus de Lespugue révélée*, Chateaulin, Locus Solus, 2018).

104. Claudine Cohen, *Femmes de la Préhistoire*, París, Belin, 2016.

105. Sobre todo el antropólogo estadounidense Lewis H. Morgan (*Systems of Consanguinity and Affinity of the Human Family*, Washington, Smithsonian Institution, 1871) y Friedrich Engels (*El origen de la familia, la propiedad privada y el Estado*, op. cit.).

106. Lewis H. Morgan, *op. cit.*; Friedrich Engels, *op. cit.*

107. La secuenciación del ADN mitocondrial de doce neandertales (seis adultos —tres mujeres y tres hombres—, tres adolescentes —entre los cuales, una chica—, dos niños y un recién nacido), descubiertos en la cueva de El Sidrón (España), muestra que cuatro adultos estaban emparentados, descendientes de un mismo linaje materno —los tres hombres (hermanos, tíos, sobrinos) y una de las tres mujeres (una hermana o una sobrina) madre de uno de los dos niños (Carles Lalueza-Fox *et al.*, «Genetic Evidence for Patrilocal Mating Behavior Among Neandertal Groups», *PNAS*, vol. 108 [1], 2011, pp. 250-253)—. Sin embargo, para confirmar esas relaciones de parentesco, se necesita el análisis de su ADN nuclear, y no solamente mitocondrial (que es transmitido por la madre). Esta cueva, descubierta en 1994, ha proporcionado una de las colecciones de huesos neandertales más importante, con 2.500 restos pertenecientes a catorce individuos muertos prácticamente al mismo tiempo. El sitio tiene una antigüedad de entre hace 48.600 y 45.300 años.

108. Según el análisis de ADN de una neandertal de la cueva de Denisova, en el Altái, de unos 50.000 años de antigüedad.

109. Anna Degioanni, Christophe Bonenfant, Sandrine Cabut y Silviana Condemi, «Living on the Edge: Was Demographic Weakness the Cause of Neanderthal Demise?», *Plos One*, 14 (5): e0216742.

110. Según la secuenciación del AND mitocondrial de los doce neandertales de la cueva de El Sidrón, los tres hombres y una de las

tres mujeres proceden de un mismo linaje materno, las otras dos mujeres son de linajes maternos diferentes (Carles Lalueza-Fox *et al.*, «Genetic Evidence for Patrilocal Mating Behavior Among Neandertal Groups», *op. cit.*).

111. Robert Deliège, *Les castes en Inde aujourd'hui*, París, PUF, 2004.

112. Presente en la Grecia antigua, la familia patriarcal aparece con toda su rigurosidad en Roma. En principio, la palabra *familia* no se aplica a la pareja y los hijos de un hombre, sino al conjunto de esclavos que le pertenecen. *Famulus* significa «esclavo doméstico».

113. Según Lewis H. Morgan, la familia habría pasado sucesivamente por cuatro formas que corresponderían a los tres estadios principales del desarrollo de la humanidad. En el «estadio salvaje», la primera etapa de la familia habría sido la consanguínea, a la que habría sucedido la familia de tipo punalúa; luego, en el estadio llamado de la «barbarie», la familia emparejada resultante de la unión emparejada (un hombre y una mujer) y, por último, la familia monogámica, que resulta de la unión conyugal, una de las marcas de la civilización incipiente (Lewis H. Morgan, *Ancient Society, or Researches in the Line of Human Progress from Savagery, through Barbarism to Civilization*, Londres, Macmillan and Co., 1877; Friedrich Engels, *El origen de la familia, la propiedad privada y el Estado, op. cit.*).

114. Emmanuel Todd, *L'origine des systèmes familiaux*, vol. I: *L'Eurasie*, París, Gallimard, 2011, pp. 370-371.

115. Claude Lévi-Strauss, «Les prohibitions du mariage», en *Annuaire de l'École Pratique des Hautes Études (sciences religieuses)*, 1956, pp. 39-40.

116. Reay Tannahill, *Sex in history*, Londres, Scarborough House, 1980.

117. Bronislaw Malinowski, *The Father in Primitive Psychology*, Londres, Kegan Paul, Trench, Trubner, 1927. Por ejemplo, para los tro-

briandeses, pueblo de la isla de Kiriwina (archipiélago de las Trobriand, Papúa-Nueva Guinea), sociedad matrilineal y jerarquizada, el esperma no contribuye a la concepción del hijo. Creen que los niños que han de nacer están encarnados en un espíritu llamado *waiwaia*, que entra en una mujer por la cabeza y desciende a su vientre, donde interrumpe su ciclo menstrual a fin de alimentarse con su sangre para desarrollarse.

118. Jean-Pierre Duhard, *Réalisme de l'image féminine paléolithique, op. cit.*

119. Edwin O. James, *The Cult of the Mother Goddess: An Archaeological and Documentary Study*, Londres, Thames and Hudson, 1959.

120. Timothy L. Taylor, *The Prehistory of Sex: Four Million Years of Human Sexual Culture, op. cit.*

121. A partir de los análisis isotópicos de dientes de humanos del Paleolítico medio y superior. Según los etnólogos y los antropólogos, en muchas culturas, los niños podían seguir teniendo acceso al pecho hasta una edad mucho más avanzada: hasta los doce años, por ejemplo, entre los esquimales y en las civilizaciones precolombinas (Yvette Piovanetti, «Breastfeeding Beyond 12 Months: An Historical Perspective», *Pediatric Clinics of North America*, 48 [1], 2001, pp. 199-206; Miguel Guzmán Peredo, *Prácticas médicas en la América antigua*, Ciudad de México, Ediciones Euroamericanas, 1992).

122. Carles Lalueza-Fox *et al.*, «Genetic Evidence for Patrilocal Mating Behavior Among Neandertal Groups», *op. cit.*

123. Más o menos dos tercios de las representaciones femeninas gravetienses están identificadas como mujeres embarazadas (Jean-Pierre Duhard, *Réalisme de l'image féminine paléolithique, op. cit.*).

124. Christine Delphy, *L'ennemi principal*, vol. I: *Économie politique du patriarcat, op. cit.*

125. Paola Tabet, *La construction sociale de l'inégalité des sexes. Des outils et des corps*, parte I: «Les mains, les outils, les armes», parte 2: «Fertilité naturelle, reproduction forcée», París, L'Harmattan, 1998.

[Hay trad. cast.: «Fertilidad natural, reproducción forzada» y «Las manos, los instrumentos, las armas», en *Los dedos cortados*, Bogotá, Universidad Nacional de Colombia, Facultad de Ciencias Humanas, Escuela de Estudios de Género, 2018.]

126. Esta pieza, grabada en un fragmento de omóplato, probablemente de bisonte, fue descubierta entre 1867 y 1868 por el abad Landesque. Sin embargo, hoy se discute la contemporaneidad de ambas figuras, ya que la mujer (sin cabeza) acostada entre las patas del animal está grabada en champlevé mientras que el reno (vientre y patas traseras) está esculpido en bajorrelieve.

127. Las relaciones reales o simbólicas entre ambas figuras siguen siendo desconocidas.

128. Hipótesis planteada para la silueta femenina esculpida de Terme Pialat, en Dordoña (Jean-Pierre Duhard, *Réalisme de l'image féminine paléolithique, op. cit.*).

129. Una de las cinco «venus», vista de frente, esculpidas en bajorrelieve sobre bloques rocosos descubiertos en el gran abrigo de Laussel. El bajorrelieve llamado «El cazador» en realidad representaría a una muchacha, y el llamado «Carte à jouer» representa sin duda a una parturienta (*ibid.*).

130. Jean-Pierre Duhard, Brigitte y Gilles Delluc, «Une femme sculptée dans la grotte ornée magdalénienne de Comarque, à Sireuil [Dordogne]», *op. cit.*

131. Delphine Dupuy, *Fragments d'images, images de fragments. La statuaire gravettienne, du geste au symbole*, *op. cit.*, p. 266.

132. Especialmente en el norte de Europa. Por ejemplo, la de Stensby (Dinamarca), que pertenece a la cultura llamada Maglemosiense, fechada entre 8400 y 6000 a. C., está representada sin cabeza, sentada, con los brazos y las piernas separados. Existen asimismo algunas siluetas femeninas grabadas en las paredes rocosas y, a diferencia de las estatuillas, son gráciles y a menudo se las representa practicando una

actividad (Patrick Ettighoffer, *Le Soleil et la Lune dans le paganisme scandinave du mésolithique à l'âge du Bronze récent [de 8000 à 500 av. J.-C.]*, París, L'Harmattan, 2012).

133. Sobre todo en Çatalhöyük. Este yacimiento fue excavado a partir de 1961 por el arqueólogo británico James Mellaart (1925-2012). Las excavaciones del tell este dejaron al descubierto decenas de habitaciones de las que más de la mitad están decoradas con ornamentos arquitectónicos (sobre todo, en las paredes o los bancos, bucráneos de uros y pares de cuernos en tierra y sobre las paredes, relieves modelados en forma de mamelón y figuras de «cuadrúpedos» con las patas separadas), que a veces están resaltados con pinturas (básicamente geométricas [cruces, rombos] rojas o negras, y también manos, cuerpos humanos sin cabeza rodeados de representaciones de rapaces, dos mujeres esteatopigias, grupos de hombres barbudos vestidos con un pareo «de piel de leopardo», a veces armados con arcos y flechas, que parecen acosar a animales salvajes, a menudo en erección: ciervos, toros salvajes/uros, jabalíes). Como en el caso de las decoraciones murales, algunos de esos temas se encuentran en cerámicas más recientes descubiertas en el tell oeste. Según James Mellaart y el arqueólogo Jean-Daniel Forest, las figuras llamadas «cuadrúpedos» representarían a mujeres pariendo (*Çatal Hüyük: A Neolitic Town in Anatolia*, op. cit.). Además, para Forest, los rombos y las cruces pintados serían símbolos masculinos y femeninos, respectivamente (Jean-Daniel Forest, «Çatal Höyük et son décor: pour le déchiffrement d'un code symbolique», en Jean Guilaine, *Arts et symboles du néolithique à la protohistoire*, París, Éditions Errance, 2003, pp. 41-58).

134. LeRoy McDermott, «Self-Representation in Upper Paleolithic Female Figurines», *Current Anthropology*, 37 (2), 1996, pp. 227-275.

135. Randall White y Michael Bisson, «Imagerie feminine du paléolithique: l'apport des nouvelles statuettes de Grimaldi», *Gallia Préhistoire*, n.º 40, 1998, pp. 95-132.

136. Randall White, *Prehistoric Art: The Symbolic Journey of Humankind*, Nueva York, Harry N. Abrams, 2003, pp. 138-141.

137. Jean-Pierre Duhard, *Réalisme de l'image féminine paléolithique, op. cit.*

138. Por ejemplo, para los pikumi (pueblo de los blackfoot, en América del Norte), la diosa So-At-Sa-Ki, Mujer-Pluma, se quedó embarazada mirando amorosamente una estrella. Yendo hacia el río, se cruzó con un hombre que afirmó ser la estrella y el padre del niño que llevaba en su seno.

139. Como ha escrito la arqueóloga neozelandesa Pamela Russell, «Forme et imagination: l'image féminine dans l'Europe paléolithique», *Paléo*, 5, 1993, pp. 375-388.

140. Jacques Cauvin, *Naissance des divinités, naissance de l'agriculture: la révolution des symboles au Néolithique*, París, Flammarion, «Champs», 1998.

141. Lewis R. Binford, «Archaeology as Anthropology», *American Antiquity*, 28 (2), 1962, pp. 217-225.

142. Margaret Mead, *Sex and Temperament in Three Primitive Societies*, Nueva York, William Morrow and Co., 1935. [Hay trad. cast.: *Sexo y temperamento en tres sociedades primitivas*, Barcelona, Paidós, 2006.]

143. Margaret Mead, *Male and Female: A Study of the Sexes in a Changing World*, Nueva York, William Morrow and Co., 1949. [Hay trad. cast.: *Macho y hembra: estudio de los sexos en un mundo de transición*, Caracas, Tiempo Nuevo, 1972.]

144. Armand Chatard, «La construction sociale du genre», *VEI Diversité*, n.º 138, 2004, pp. 23-30.

145. Jean-Pierre Duhard, «Les groupements humains dans l'art mobilier paléolithique français», *BSPF*, n.º 89 (6), 1992, pp. 182-183.

146. En dos plaquetas de La Marche —en una, cuatro individuos masculinos y en la otra tres hombres y una mujer—; en un fragmento

de asta de reno de la cueva de Mas d'Azil (Ariège), cuatro individuos, dos mujeres, un hombre y uno de sexo indeterminado (*ibid.*).

147. En un fragmento de hueso hallado en la cueva de Gourdan (Alto Garona), ocho hombres, probablemente cubiertos con pieles de animales, caminan en fila india, uno situado muy por delante de los otros (*ibid.*).

148. En el bastón perforado del abrigo de Mège en Teyjat (Dordoña), alrededor de un gran caballo, o tal vez un asno, hay tres pequeñas siluetas de hombres cubiertos con pieles de animal; en un hueso de águila en La Vache (Ariège), en torno a un caballo, un salmón, un oso, un bisonte y seis individuos, cinco hombres y un adolescente, caminan en fila india (*ibid.*).

149. *Ibid.*

150. *Ibid.*

151. Encontramos este objeto en manos de uno de los hombres en Raymonden y en las de ocho de los individuos que aparecen en el abrigo del castillo, y en La Vache el primer hombre sujeta dos.

152. En los casos citados, las atribuciones sexuales proceden del artículo citado de Jean-Pierre Duhard, «Les groupements humains dans l'art mobilier paléolithique français».

153. Uno de los dos, cubierto con una piel de bisonte, que ha conservado la cabeza y la cola, parece tocar un instrumento musical; esta hipótesis es discutida.

154. Algunos sexos representados pertenecen no a la figura antropomorfa, sino al animal (Sophie Tymula, «Figures composites de l'art paléolithique européen», *Paléo*, n.º 7, 1995, pp. 211-248).

155. En Lascaux, la escena pintada en los «pozos» ha dado lugar a muchas interpretaciones, como por ejemplo que se trata de un cazador armado de un propulsor y quizá herido por el bisonte representado con las vísceras a la vista; sobre la plaqueta de esquisto de la cueva de Péchialet (Dordoña), «caza del oso»; en Villars (Dordoña), bisonte

embistiendo a un hombre; en un bloque de Roc-de-Sers (Charente), un humano que lleva un bastón sobre el hombro perseguido por un bóvido (¿buey almizclero?); en una «arandela» de hueso del Mas d'Azil, un hombre armado, frente a un oso del que solo se ve la pata; en el asta de reno de Laugerie-Basse (Dordoña), un hombre se arrastra hacia un uro.

156. Jean-Pierre Duhard, «Les groupements humains dans l'art mobilier paléolithique français», *op. cit.*, pp. 182-183.

157. En el *Traité d'ostéologie*, de Marie-Geneviève-Charlotte Thiroux d'Arconville (Pamela Proffitt [ed.], *Notable Women Scientists*, Detroit, Gale Group, 1999, pp. 578-579).

158. Évelyne Peyre, «Du sexe et des os», en Catherine Vidal (ed.), *Féminin Masculin. Mythes et idéologies*, París, Belin, 2015, pp. 35-45.

159. Por ejemplo, *Miss Twiggy*, cráneo de *Homo habilis*, con una antigüedad de 1,8 millones de años, que fue descubierto en 1968 en la garganta de Olduvai, en Tanzania; los restos de una muchacha *Homo georgicus* exhumados en Dmanissi, en Georgia, en 1999; *Madame Arago*, una mandíbula y un hueso ilíaco de *Homo erectus* o anteneandertal, descubiertos en 1969 y 1974, respectivamente, en Tautavel, en los Pirineos orientales, por el equipo de Marie-Antoinette y Henry de Lumley; la neandertal de La Quina, en Charente, y la mujer sapiens descubierta en el abrigo de Cro-magnon, en Dordoña.

160. Évelyne Peyre, «Du sexe et des os», *op. cit.*

161. Se basan en una amplia muestra de especímenes actuales cuyo sexo es conocido y en un principio de decisión estadístico llamado «Diagnóstico sexual probabilístico» (DSP) (Jaroslav Bružek, Pascal Murail y Francis Houet, «Diagnose sexuelle probabilistique [DSP] à partir de données métriques de l'os coxal», *Bulletins et Mémoires de la Société d'Anthropologie de Paris*, 11 [3-4], 1999, p. 484).

162. Según el DSP y/o el enfoque morfoscópico (Jaroslav Bružek, «A method for visual determination of sex, using the human hip

bone», *American Journal of Physical Anthropology*, vol. 117, [2], 2002, pp. 157-168).

163. Como los esqueletos de la *Dama Roja* y de *Señora Ples*. El de la *Dama Roja*, llamado así porque está recubierto de ocre rojo, fue descubierto en 1823 en la cueva de las cabras en Paviland (país de Gales). Atribuido primero a una mujer de la época romana debido a sus adornos y luego a un sapiens fósil, se reasignó a un joven de hace 25.000 años. *Señora Ples* es el nombre asignado al cráneo de *Australopithecus africanus*, descubierto en abril de 1947 en el yacimiento de Sterkfontein, en Sudáfrica, por los paleoantropólogos Robert Broom y John T. Robinson, y podría pertenecer a un adulto joven del sexo masculino según el esqueleto parcial hallado en las cercanías. Se calcula que tiene una antigüedad de unos 2,05 millones de años. Si el esqueleto de la célebre Lucy fue atribuido por los descubridores a una mujer, para algunos paleoantropólogos sería más bien un hombre (¡«Lucien»!). Tampoco el sexo de la neandertal «Pierrette», nombre dado al esqueleto exhumado en 1979 en el extenso abrigo de la Roche en Pierrot (Saint-Césaire, Charente Marítimo) y con una antigüedad de 39.500 años más o menos, es aceptado unánimemente por los investigadores.

164. Como los esqueletos de la Quina, en Charente (una neandertal), y de la «Dama de Cavillon». Este esqueleto, con el cráneo cubierto de conchas y de ocre, se descubrió en 1872 en la cueva de Cavillon (Balzi Rossi, Italia). Atribuido primero a un hombre («el Hombre de Menton») por la riqueza del mobiliario funerario hallado en su tumba, ha resultado ser el de una sapiens de 24.000 años de antigüedad.

165. Charles Darwin, «Diferencias en las facultades de los dos sexos», en *El origen del hombre y la selección en relación al sexo, op. cit.*

166. Raphaël Liogier, *Descente au cœur du mâle. De quoi #MeToo est-il le nom?, op. cit.*

167. Kristen Hawkes *et al.*, «Grandmothering. Menopause, and the Evolution of Human Life Histories», *PNAS*, 95 (3), 1998, pp. 1336-1339.

168. Según la antropóloga estadounidense Jocelyn Peccei, con el aumento de la esperanza de vida la edad de la menopausia habría retrocedido a lo largo del tiempo (Jocelyn Peccei, «A Critique of the Grandmother Hypotheses: Old and New», *American Journal of Human Biology*, 13 [4], 2001, pp. 434-452).

169. Elizabeth Barber, *The Mummies of Ürümchi*, Nueva York, W. W. Norton and Co., 2000.

170. Según se desprende de los análisis de las lesiones de las regiones articulares (entesopatías) de esqueletos de finales del Paleolítico superior, no hay diferencia entre los sexos: no parece que los hombres efectuaran desplazamientos a mayores distancias que las mujeres (Sébastien Villotte, *Enthésopathies et activités des hommes préhistoriques. Recherche méthodologique et application aux fossiles européens du Paléolithique supérieur et du Mésolithique*, tesis de la Universidad Burdeos I, 2008; Brigitte Holt, «Mobility in Upper Paleolithic and Mesolithic Europe: evidence from the lower limb», *American Journal of Physical Anthropology*, 122 [3], 2003, pp. 200-215).

171. Claudine Cohen, *op. cit.*, p. 130.

172. Robert Deliège, *Les castes en Inde aujourd'hui*, *op. cit.*

173. Doce de los trece neandertales descubiertos en este yacimiento proceden de tres linajes maternos distintos. Dos de las tres mujeres, de las que una es la madre de dos de los niños, pertenecen a dos linajes maternos distintos y distintos a la de los tres hombres (Carles Lalueza-Fox *et al.*, «Genetic Evidence for Patrilocal Mating Behavior Among Neandertal Groups», *op. cit.*). Véanse también notas 107 y 110.

174. Alain Testart, *L'amazone et la cuisinière. Anthropologie de la division sexuelle du travail*, *op. cit.*

175. George P. Murdock y Caterina Provost, «Factors in the Division of Labor by Sex; A Cross-Cultural Analysis», *Ethnology*, vol. 12 (2), 1973, pp. 203-225. El estudio está hecho a partir de 185 sociedades no industriales o preindustriales llamadas «tradicionales»:

en más del 99 por ciento de los casos, por ejemplo, los hombres están asociados a las materias duras y las mujeres a las materias blandas, suaves o flexibles, menos diferenciado, en un 46,8 a un 86,4 de los casos, por ejemplo en un 53,2 de esas sociedades, los hombres trabajan las pieles. El mar (pesca, navegación) sería un dominio casi exclusivamente masculino.

176. Claudine Cohen, *Femmes de la Préhistoire, op. cit.*, p. 130.

177. Por ejemplo, en los neandertales de El Sidrón, de Spy, en Bélgica, y del Hortus, en el Hérault.

178. En muchas culturas se utilizan regularmente los dientes como una «tercera mano» para sostener un objeto, tirar, cortar, ablandar las pieles o las materias fibrosas. Estas actividades dejan marcas en los dientes. El análisis de las rayas que aparecen en la superficie dental revela que eran muy diferentes en las mujeres y en los hombres. Los dientes de las mujeres presentaban largas estrías y los de los hombres, hendiduras más profundas y más cortas y situadas sobre todo en la parte superior de la dentina (Almudena Estalrrich y Antonio Rosas, «Division of labor by sex and age in Neandertals: an approach through the study of activity-related dental wear», *Journal of Human Evolution*, vol. 80, 2015, pp. 51-63).

179. Fue descubierto por Louis Lartet en el abrigo de Cro-Magnon en Les Eyzies-de-Tayac (Dordoña). Louis Lartet también exhumó otros cuatro esqueletos: los de dos hombres, una mujer y un recién nacido. Este representante de la cultura graveriense data de hace unos 27.680 años. El nombre se extendió a todos los sapiens del Paleolítico superior europeo.

180. Charles Darwin, *El origen del hombre y la selección en relación al sexo, op. cit.*

181. A partir del material óseo de animales descubiertos en el yacimiento prehistórico de *Australopithecus* de Makapansgat (Sudáfrica) (Raymond Dart, «Australopithecus africanus: the man-ape of South Africa», *Nature*, vol. 115 [2884], 1925, pp. 195-199).

182. Charles K. Brain, *The Hunters or the Hunted?: An Introduction to African Cave Taphonomy*, Chicago, University of Chicago Press, 1981.

183. Lewis R. Binford, *Bones, Ancient Men and Modern Myths*, Cambridge, Massachusetts, Academic Press Inc., 1981; *In Pursuit of the Past. Decoding the Archaeological Record*, Londres, Thames and Hudson, 1983; «Human Ancestors: Changing Views of their Behavior», *Journal of Anthropological Archaeology*, vol. 4, 1985, pp. 292-327.

184. En el yacimiento de Lomekwi 3 en Kenia. Son más antiguos que los especímenes más antiguos atribuidos al género *Homo* (la mandíbula LD350-1 del de Ledi-Geraru en Etiopía) que datan de hace 2,8 millones de años. Este descubrimiento cuestiona el paradigma hasta entonces vigente de que las primeras herramientas habían sido fabricadas en exclusiva por representantes del género *Homo*. Muy pronto habrían fabricado también herramientas de hueso, en especial los *paranthropus*.

185. Los ocupantes del yacimiento de Gona, en Etiopía, hace unos 2 millones de años.

186. Henry T. Bunn, «Archaeological Evidence for Meat-Eating by Pleistocene Hominids from Koobi Fora and Olduvai Gorge», *Nature*, vol. 291, 1981, pp. 574-577; Manuel Domínguez Rodrigo, «Taphonomie des sites plio-pléistocènes d'Afrique orientale. Apport de l'expérimentation», *Les Nouvelles de l'Archéologie*, n.º 118, 2009, pp. 6-11.

187. La caza requiere aptitudes físicas y algunos conocimientos (del terreno —elaboración mental de mapas de los alrededores—, de la eco-etología del animal y de la anatomía de las presas —el cazador ha de apuntar a un órgano vital u ocasionar una fuerte hemorragia— y evaluación de las necesidades del grupo, con anticipación a veces de las necesidades futuras, para crear reservas) a fin de deducir las estrategias cinegéticas que hay que elaborar, y requiere también capacidades cognitivas (el dominio de las relaciones de causalidad, de consecuencia

y de condición, la toma de decisiones operacionales y la secuenciación de los actos: encadenamiento organizado de acciones para conseguir el objetivo).

188. La persistencia de la caza a lo largo del tiempo, en las sociedades productoras y después industriales, atestigua su enorme penetración en nuestro inconsciente, probablemente vinculada a lo que el psiquiatra suizo Carl Gustav Jung (1875-1961) denominó la «memoria colectiva y ancestral» (Carl Gustav Jung, *Psychologie de l'inconscient*, París, Librairie générale française, 1993). La caza tal vez sea una manifestación de este inconsciente colectivo, que habría modelado el espíritu humano en un continuum espacio-tiempo (Marylène Patou-Mathis, *Mangeurs de viande*, París, Perrin, «Tempus», 2017).

189. Glynn Isaac, «The Harvey Lecture Series, 1977-1978. Food Sharing and the Human Evolution: Archaeological Evidence from the Plio-Pleistocene of East Africa», *Journal of Anthropological Research*, vol. 34 (3), 1978, pp. 311-325.

190. Es lo que sostienen sobre todo Sherwood Washburn y muchos otros antropólogos estadounidenses (Richard B. Lee y Irven De Vore, *Man the Hunter*, Chicago, Aldine, 1968).

191. Sherwood Washburn, *Social Life of Early Man*, University of California, Berkeley, Viking Fund, 1961, p. 38.

192. Adrienne Zihlman, Nancy Tanner, Sally Slocum y Frances Dahlberg.

193. Adrienne Zihlman, «Women in Evolution. Part II: Subsistence and Social Organization among Early Hominids», *Signs*, 4 (1), University of Chicago Press, 1978, pp. 4-20; Nancy Tanner y Adrienne Zihlman, «Women in Evolution. Part I: Innovation and Selection in Human Origins», *Signs*, 1 (3), University of Chicago Press, 1976, pp. 585-608; Sally Slocum, «Women the Gatherer: Male Bias in Anthropology», en Rayna R. Reiter (ed.), *Toward an Anthropology of Women*, Nueva York, Monthly Review Press, 1975; Frances Dahl-

berg, *Women the Gatherer*, New Haven, Yale University Press, 1981. En los pueblos cazadores-recolectores, la recolección, actividad mucho menos aleatoria que la caza, proporciona, excepto en las regiones árticas, la alimentación esencial. El antropólogo canadiense Richard Lee, en sus trabajos sobre los san, pueblo cazador-recolector de África austral, ha demostrado que las mujeres aportaban más del 70 por ciento de los recursos alimentarios necesarios para el grupo (Richard Lee, *The !Kung San. Men, Women and Work in a Foraging Society*, Cambridge, Cambridge University Press, 1979).

194. Alain Testard, *Les fondements de la division sexuelle du travail chez les chasseurs-cueilleurs*, París, EHESS, n.º 25, 1986, p. 31.

195. Ya que no poseían el estatus normal de la mujer casada (Françoise Héritier, *De la violence I, séminaire de Françoise Héritier*, París, Odile Jacob, 1996, pp. 211-212).

196. Epicondilitis o «codo del tenista» (Olivier Dutour, «Enthesopathies (lesions of muscular insertions) as indicators of the activities of Neolithic Saharan populations», *American Journal of Physical Anthropology*, 71 (2), 1986, pp. 221-224; «Chasse et activités physiques dans la préhistoire: les marqueurs osseux d'activités chez l'homme fossile», *Anthropologie et Préhistoire*, n.º 111, 2000, pp. 156-165).

197. En su tesis, el paleoantropólogo Sébastien Villotte estudió a 74 sujetos —39 hombres y 35 mujeres— del Graveciense, del Tardiglaciar y del Mesolítico. Los cuatro hombres del Graveciense presentan lesiones que pueden asociarse a actividades de lanzamiento, mientras que los cuatro sujetos femeninos (esqueletos de Barma Grande, de Kostenki, de Cussac y de Vilhonneur) tienen pocas lesiones en el codo y ninguna en el epicóndilo medial (indicador de lanzamientos repetitivos) (Sébastien Villotte, *Enthésopathies et activités des hommes préhistoriques*, *op. cit.*).

198. Estos dos periodos no se distinguen ni por las frecuencias globales de las lesiones (que son similares), ni por la relación entre las

observadas en los huesos del miembro superior y del miembro inferior (Sébastien Villotte y Christopher J. Knüsel, «I Sing of Arms and of a Man: Medial Epicondylosis and the Sexual Division of Labour in Prehistoric Europe», *Journal of Archaeological Science*, vol. 43, 2014, pp. 168-174; Sébastien Villotte, Steven E. Churchill, Olivier Dutour y Dominique Henry-Gambier, «Subsistence Activities and the Sexual Division of Labor in the European Upper Paleolithic and Mesolithic: Evidence from Upper Limb Enthesopathies», *Journal of Human Evolution*, vol. 59, 2010, pp. 35-43).

199. Como sugiere el antropólogo estadounidense Steven Churchill, «The Upper Palaeolithic Population of Europe in an Evolutionary Perspective», en Wil Roebroeks, Margherita Mussi, Jiri Svoboda y Kelly Fennema, *Hunter of the Golden Age: the Mid Upper Palaeolithic of Eurasia (30,000-20,000 bp)*, Leiden, Leiden University, 2010, pp. 31-57.

200. Cesare Lombroso y Guglielmo Ferrero, *La Donna delinquente: la prostituta e la donna normale, op. cit.*

201. Jean-Pierre Duhard, Brigitte y Gilles Delluc, *Représentation de l'intimité féminine dans l'art paléolithique en France*, Lieja, Presses Universitaires de Liège, 2017. Este libro ofrece un inventario exhaustivo de las representaciones humanas sexuadas, femeninas y fálicas, en el Paleolítico superior en Francia.

202. Margaret W. Conkey, Olga Soffer, Déborah Stratmann y Nina G. Jablonski (eds.), *Beyond Art. Pleistocene Image and Symbol*, California, University of California Press, 1997.

203. Louis Figuier, *L'homme primitive, op. cit.*, p. 131, pie de la ilustración 67 (grabado de Delahaye).

204. Dualismo que encontramos, como hemos visto antes, en la interpretación que propone una representación gráfica basada en parejas de opuestos/complementarios con doble connotación, sexual y simbólica (Annette Laming-Emperaire, *La signification de l'art rupestre*

paléolithique, París, Éditions Picard, 1962; André Leroi-Gourhan, *Préhistoire de l'art occidental*, París, Éditions Mazenod, 1965, p. 73).

205. Por ejemplo, dieciséis manos en la cueva de El Castillo en Cantabria, seis en la cueva de Gargas en los Altos Pirineos y cinco en la cueva de Pech Merle, en Lot (Dean Snow, «Sexual dimorphism in Upper Palaeolithic hand stencils», *American Antiquity*, vol. 80 (308), 2006, pp. 390-404). Se atribuyen a la cultura gravetiense.

206. La estimación de 75 por ciento se apoya en cuatro medidas morfométricas y un algoritmo basado en el índice de Manning, según el cual el anular masculino es más largo que el índice, mientras que en la mujer son casi del mismo tamaño, en la longitud de las manos y de los dedos, y también en ratios calculadas entre las longitudes del índice, el anular y el meñique. Tres manos eran de hombres adultos y cinco de adolescentes (*ibid.*).

207. En la cueva, de una antigüedad aproximada de 27.000 años, hay 65 manos en negativo (44 sobre fondo negro y 21 sobre fondo rojo), mayoritariamente izquierdas y un 70 por ciento están incompletas (Jean Clottes, Jean Courtin y Luc Vanrell, «La grotte Cosquer à Marseille», en «Grottes ornées en France», *Les Dossiers d'Archéologie*, n.º 324, 2007, pp. 38-45).

208. Por supuesto, hay que ser prudente teniendo en cuenta el número relativamente escaso de manos estudiadas. Según el prehistoriador Jean-Michel Geneste, en la cueva Chauvet, en Ardèche, las manos serían más bien de hombres.

209. El etnoarqueólogo Jean-Michel Chazine y el informático Arnaud Noury crearon un programa informático que permite determinar el sexo del artista basándose, como Dean Snow, en el índice de Manning (Jean-Michel Chazine, «Grottes ornées: le sexe des mains négatives», *Archeologia*, vol. 429, 2006, pp. 8-11).

210. Jean-Michel Chazine, «Mixité dans les grottes de Bornéo: Découvertes et résultats récents», Congreso de Espeleología, Péri-

gueux, mayo de 2006, en T. Barritaud, «Mémoire Paléolithique», *Spelunca*, n.º 34, 2010, pp. 103-110.

211. Según la arqueóloga estadounidense Jeannine Davis-Kimball, hace unos 4.000 años en las civilizaciones mediterráneas llamadas «hipogeos» oficiaban sacerdotisas o mujeres chamanes (*Warrior Women. An Archaeologist's Search For History's Hidden Heroines*, Nueva York, Warner Book, 2002).

212. La reconstrucción de las prácticas funerarias se ve limitada por el número relativamente escaso de cuerpos inhumados y de sepulturas no alteradas, únicos testimonios fiables de aquellas, y por la dificultad en muchos casos de afirmar los vínculos entre el muerto y los restos arqueológicos que lo rodean. En efecto, un dispositivo (disposición de la sepultura) o un depósito funerario (ofrenda) pueden deberse a vestigios naturales (derrumbamiento del techo de la cueva, por ejemplo) o provenir de las actividades de los ocupantes del sitio o de su sucesor.

213. Se utilizan muchos criterios: edad, sexo, patología, traumatismo y posición del difunto, disposición de la sepultura, adornos, mobiliario asociado, que permiten determinar el estatus y la o las causas de la muerte de la persona enterrada. La arqueología funeraria hace posible igualmente documentar la organización y el funcionamiento, incluso las creencias, de esas sociedades paleolíticas.

214. La de la neandertal de Tabun, en Israel, es en la actualidad la más antigua.

215. En La Ferrassie (4 y 5), en Dordoña, por ejemplo.

216. Con la excepción de las de Hungría (el niño de Subaluyk, en Hungría), de Crimea (Kiik-Koba y Zaskalnaya VI) y de Uzbekistán (Teshik-Tash), el reparto geográfico de las sepulturas neandertales se circunscribe a Europa occidental (Francia, sobre todo el sudoeste, y Bélgica) y Oriente Próximo. En Europa, se han descubierto unas treinta sepulturas en diez yacimientos. Son más recientes que las de Oriente

Próximo, de entre hace 65.000 (La Ferrassie 8, Roc de Marsal, en Dordoña) y 39.000 años (las del recién nacido de Moustier, en Dordoña, y Zaskalnaya VI). En Oriente Próximo, al menos se han descubierto trece, fechadas entre hace 141.000 (Tabun) y 43.000 años (Shanidar I y Dederiyeh II), en cinco yacimientos: Amud, Tabun, Kebara, Shanidar y Dederiyeh. Los instrumentos de piedra descubiertos en la misma capa arqueológica que estas sepulturas pertenecen al Musteriense del Levante.

217. Solo la posición de la cabeza parece variar en función del sexo: la de los sujetos femeninos aparece mayoritariamente de lado y la de los hombres boca abajo.

218. En La Ferrassie (Dordoña), La Quina (Charente), Saint-Césaire (Charente Marítimo), Spy (Bélgica), Kiik-Koba (Crimea), Tabun (Israel) y Shanidar VI (Irak).

219. Skhul VII y Qafzeh 3 y 9, sepulturas fechadas respectivamente entre hace 135.000 y 100.000 años, y unos 94.000 años.

220. Por ejemplo, la magdaleniense del abrigo de Lafaye en Bruniquel en el Tarn y Garona, la magdaleniense del abrigo de Cap-Blanc y la graveteriense del abrigo de Cro-Magnon en Dordoña, una o las dos auriñacienses del abrigo de Duruthy en las Landas, y la magdaleniense de Saint-Germain-la-Rivière, en Gironde. En Italia, las gravetienses de Barma Grande, de la cueva de Cavillon y de la Cueva de los Niños en los Balzi Rossi, de Ostuni y de Paglicci. En la República Checa, las gravetienses de Brno III, Dolní Věstonice y las dos de Predmost 1. El esqueleto femenino identificado en Sungir, Rusia, se atribuye hoy en día a un hombre.

221. En el abrigo Lafaye, en Bruniquel, se descubrió una sepultura magdaleniense que contenía el cuerpo de una mujer, tumbada de espaldas, con las piernas sobre la cabeza, y el de un niño de siete años. En la sepultura III, llamada la Cueva de los Niños, en los Balzi Rossi, en Italia, sobre el cuerpo de un adolescente probablemente masculino, tumbado de espaldas y con una punta de flecha clavada

en la columna vertebral, reposaba el de una mujer anciana, en posición muy plegada boca abajo, adornada con un tocado hecho con conchas.

222. En la sepultura de Barma Grande, en los Balzi Rossi, yacían un adulto, tal vez una mujer, tumbada de espaldas, y a su derecha, dos adolescentes, probablemente varones, recostados sobre el lado izquierdo. Podrían tener un vínculo de parentesco (Dominique Henry-Gambier, *La sépulture des enfants de Grimaldi (Baoussé-Roussé, Italie). Anthropologie et Palethnologie funéraire*, CTHS/RMN, 2001).

223. De los cinco esqueletos gravetienses descubiertos en el abrigo de Cro-Magnon, en Dordoña, uno es de una mujer de más de cincuenta años, tres son de hombres adultos, uno de cincuenta años, y uno es de un recién nacido. Predmost I, en Moravia (República Checa) destaca por el número de individuos allí hallados: al menos tres o cuatro mujeres, cuatro hombres, dos adolescentes masculinos y diez niños de todas las edades. Probablemente los enterraron de forma sucesiva, en una fosa poco profunda cubierta luego con piedras. Estaban junto a omóplatos y cráneos de mamuts. Resulta poco habitual la postura en que se encuentran: la mayoría de los cuerpos están en cuclillas (tal vez por falta de sitio) y orientados en dirección norte-sur.

224. Julien Riel-Salvatore y Geoffrey Clark, «Grave Markers», *Current Anthropology*, vol. 42 (4), 2001, pp. 449-479.

225. Sobre los esqueletos de Saint-Germain-la-Rivière, de la cueva de Cavillon, y en la de los Niños (tocado), en los Balzi Rossi, de Ostuni 1.

226. En los esqueletos del abrigo Lafaye en Bruniquel y del abrigo Duruthy en las Landas (collares), de Saint-Germain-la-Rivière, de Cavillon, de Paglicci y de Ostuni 1.

227. Como en los esqueletos de Cavillon y de Paglicci en Italia.

228. Como en el esqueleto de Saint-Germain-la-Rivière.

229. A veces, dadas las condiciones de los descubrimientos (excavaciones antiguas) y/o de las reorganizaciones posteriores a la deposi-

ción, es difícil saber si el mobiliario funerario está relacionado con el cuerpo inhumado (como en Cro-Magnon o Predmost I, donde se ha detectado la presencia de una cabeza de zorro polar, omóplatos y cráneos de mamut), y también algunos elementos de adorno (como en Barma Grande 2, 3).

230. Un fémur de uro debajo de la cabeza de la mujer de Barma Grande 2, huesos y diez caninos de zorro polar en las manos de la mujer de Dolní Věstonice II y un fragmento quemado de costilla de caballo a la altura de la boca de la mujer de Dolní Věstonice III.

231. En Bruniquel, Saint-Germain-la-Rivière, Duruthy, Barma Grande 2, Ostuni 1, Cueva de los Niños 3, Cavillon, Paglicci, Dolní Věstonice II.

232. Punzón sobre metapodial vestigial (hueso de la pata) de caballo en Cavillon.

233. Un omóplato y una pelvis de mamut en Dolní Věstonice II y una plaqueta de esquisto en el abrigo Lafaye en Bruniquel.

234. En Cavillon, Paglicci, Ostuni, Dolní Věstonice III, Brno III.

235. En Bruniquel se encontraron huesos de reno, una mandíbula y clavijas óseas (cuernos) de íbice y dientes de caballo, así como un frontal con clavijas óseas de bisonte en Saint-Germain-la-Rivière.

236. Presencia de piedras quemadas en Bruniquel y en la Cueva de los Niños III, hogares sobre la losa en Saint-Germain-la-Rivière, en los alrededores y sobre las sepulturas de Barma Grande 2 y del Cavillon, y presencia de un hogar en la Cueva de los Niños III.

237. Ambos llevaban adornos hechos de hueso o dientes de ciervo (una diadema compuesta de siete caninos residuales).

238. Con excepción tal vez de las sepulturas de Dolní Věstonice, Barma Grande o Sungir (Dominique Henry-Gambier, «Comportement des populations d'Europe au Gravettien: pratiques funéraires et interprétations», *Paléo*, n.º 20, 2008, pp. 399-438).

239. No menciono las debidas a un conflicto, porque no están probadas arqueológicamente en el Paleolítico.

240. En especial, gravetienses (Dominique Henry-Gambier, «Comportement des populations d'Europe au Gravettien: pratiques funéraires et interprétations», *op. cit.*).

241. Sus descubridores han descrito esta sepultura como un «pequeño dolmen», con sus cuatro bloques de piedra dispuestos en cada una de las paredes de la fosa y las dos losas planas como cubierta, hipótesis hoy discutida.

242. Cerca del esqueleto se encontraron tres conchas de moluscos gasterópodos marinos (del género Trivia) y una perla alargada de esteatita (roca muy blanda). Estas cuatro piezas están agujereadas, probablemente iban cosidas a la ropa (Marian Vanhaeren y Francesco d'Errico, «Le mobilier funéraire de la Dame de Saint-Germain-la-Rivière et l'origine paléolithique des inégalités», *Paléo*, n.º 15, 2003, pp. 195-238).

243. *Ibid.*

244. Piotr Efimenko, *La société primitive* (1953), en Claudine Cohen, «La moitié "invisible" de l'humanité préhistorique», coloquio Mnemosyne, Lyon, IUFM, 2005.

245. Utilizado por la filósofa alemana Heide Götner-Abendroth (*Das Matriarchat, vol. I, History of Research on Matriarchy*, Stuttgart, Verlag Kohlhammer, 1988-1995; *Das Matriarchat, vol. II 1, Contemporary Matriarchal Societies in East Asia, Indonesia, Oceania*, Stuttgart, Verlag Kohlhammer, 1991 y 1999; *Das Matriarchat, vol. II 2, Contemporary Matriarchal Societies in America, India, Africa*, Stuttgart, Verlag Kohlhammer, 2000).

246. Cai Hua, *Une société sans père ni mari. Les Na de Chine, op. cit.*

247. Laurent S. Barry *et al.*, «Glossaire de la parenté», *L'Homme*, n.º 154-155, 2000, p. 728.

248. El derecho matrilineal existía (existe) en muchos pueblos, africanos, indios (kashi), indonesios (minangkabau, ngada), amerin-

dios (en el pueblo iroqués las mujeres poseían la tierra, organizaban el trabajo agrícola y formaban parte de los consejos, donde disponían del derecho de veto sobre todas las decisiones).

249. Ernest Borneman, *Das Patriarchat: Ursprung und Zukunft unseres Gesellschaftssystem*, Frankfurt, S. Fischer, 1976.

250. Sobre todo en las sociedades de agro-pastores, que veneraban a la «Diosa-Madre» (Bronislaw Malinowski, *The Father in Primitive Psychology, op. cit.*).

251. Si bien el novelista británico Robert Graves (1895-1985) (*The Greek Myths*, 1955 [trad. cast.: *Los mitos griegos*, Barcelona, Ariel, 2012]) acepta la hipótesis de Johann Bachofen de una sociedad matriarcal en la Grecia antigua anterior a la época clásica, Simon Pembroke («Women in Charge: The Function of Alternatives in Early Greek Tradition and the Ancient Idea of Matriarchy», *Journal of the Warburg and Courtauld Institutes*, vol. 30, 1967, pp. 1-35) la rechaza. Además, para Robert Graves, muchos elementos de la mitología tradicional y del folclore protoeuropeo solo pueden comprenderse como vestigios de un matriarcado original, dominante en Europa y Asia en la prehistoria (*The White Goddes*, Londres, Faber and Faber, 1948 [hay trad. cast.: *La diosa blanca*, Madrid, Alianza, 2014]).

252. Johann Bachofen se basa en relatos de viajes, en especial los del jesuita Joseph François Lafitau (1681-1746), misionero en Nueva Francia (actual Canadá).

253. El estadounidense Lewis Morgan se basa en sus investigaciones sobre los sistemas de parentesco del pueblo iroqués, con el que convivió (*Systems of Consanguinity and Affinity of the Human Family, op. cit.*). Según este autor, los iroqueses encarnaban un estadio por el que han pasado todas las sociedades (*Ancient Society, or Researches in the Line of Human Progress from Savagery, through Barbarism to Civilization, op. cit.*).

254. En su obra *El origen de la familia, la propiedad privada y el Estado* (1884), Friedrich Engels se basa en los trabajos de Lewis Morgan y en las notas de su amigo Karl Marx.

255. Después del estadio de «salvajismo» (cazadores-recolectores) y antes del de la «civilización» (aparición de las clases sociales y de las instituciones de Estado). Esos términos fueron definidos por Lewis Morgan para diferenciar los distintos estadios de desarrollo de las sociedades con el paso del tiempo (Lewis H. Morgan, *Systems of Consanguinity and Affinity of the Human Family*, *op. cit.*).

256. Como el francés Robert Briffault (*The Mothers. A Study of the Origins of Sentiments and Institutions*, 1927 [hay trad. cast.: *Las madres*, Buenos Aires, Siglo XX, 1974]) y el escocés James Frazer (*The Golden Bough*, 1906-1915 [hay trad. cast.: *La rama dorada*, Madrid, Fondo de Cultura Económica, 1981]).

257. En el Musteriense, una de las culturas de los neandertales (Piotr Efimenko, *La société primitive*, en Claudine Cohen, «La moitié "invisible" de l'humanité préhistorique», *op. cit.*, p. 402).

258. En el Gravetiense. Piotr Efimenko se basa en los descubrimientos de series de estatuillas femeninas en los hábitats gravetienses (Kostienki, Gagarino, Avdeevo, Brassempouy, Menton, Willendorf). De su realismo, este autor deduce que representarían a las mujeres de la época. Sus formas corporales atestiguan la abundancia de la alimentación (rica en carne y grasa) y, por tanto, de un modo de vida sedentario durante ese periodo (*ibid.*).

259. En el Magdaleniense (*ibid.*).

260. Por ejemplo, las sociedades gravetienses no eran sedentarias, sino nómadas.

261. Piotr Efimenko, *La société primitive*, en Claudine Cohen, «La moitié "invisible" de l'humanité préhistorique», *op. cit.* A este autor también se debe un artículo dedicado a la mujer en la época auriña-

ciense (*Significación de la mujer en la época auriñaciense* [en ruso], Leningrado, Izviestia, vol. XI, 1931).

262. Utiliza este término, que considera menos discriminatorio que «matriarcales» (Marija Gimbutas, *Bronze Age Cultures of Central and Eastern Europe*, La Haya, Mouton & Co., 1965).

263. Según ella, desde el Auriñaciense hasta comienzos de la Edad del Bronce, o sea, unos 27.000 años.

264. En 1956 Marija Gimbutas propone «la hipótesis de los kurganes» basándose en una síntesis de datos arqueológicos procedentes de excavaciones de túmulos de la cultura kurgana de los pueblos de las estepas de Asia Central, y de un análisis lingüístico comparativo. Gimbutas constata una expansión progresiva de esta cultura, que se advierte sobre todo a través de la difusión de la metalurgia del bronce, desde su cuenca original de las regiones del Dniéper, el Don y el Volga hasta abarcar la totalidad de la estepa póntica durante la Edad del Bronce (Marija Gimbutas, *The Prehistory of Eastern Europe. Part I: Mesolithic, Neolithic and Copper Age Cultures in Russia and the Baltic Area*, Cambridge, MA, Peabody Museum, 1956).

265. Según los trabajos de Jeannine Davis-Kimball, que excavó entre 1992 y 1995 muchos kurganes (nombre ruso de los túmulos) situados en la frontera entre Rusia y Kazajistán (Jeannine Davis-Kimball, *Warrior Women: An Archaeologist's Search For History's Hidden Heroines*, op. cit.).

266. Prueba de ello serían los restos de incendios, saqueos y actos de violencia diversos observados en los hipogeos (*ibid.*).

267. Jean-Paul Demoule, arqueólogo especialista en el Neolítico, cuestiona este modelo «kurgano», que considera «reductor y simplista»: «Los europeos necesitan un mito sobre sus orígenes y los indoeuropeos son ese mito». Los estudios genéticos llevados a cabo estos últimos años sobre esqueletos fósiles europeos (fechados entre 1800 a. C. y el principio de nuestra era) y las poblaciones actuales muestran que

se produjo una migración muy importante desde las estepas pónticas hacia el centro de Europa (cultura Yamna, de la cerámica cordada) y después a otras partes hace unos 3.000 años (*Mais où sont passés les Indo-Européens? Le mhyte d'origine de l'Occident*, París, Seuil, 2014). Demoule cita a Wolfgang Haak *et al.* («Massive Migration from the Steppe is a Source for Indo-European Languages in Europe», *Nature*, vol. 522, 2015, pp. 207-211) y a Ewen Callaway («DNA Data Explosion Lights Up the Bronze Age. Population-scale Studies Suggest that Migrants Spread Steppe Language and Technology», *Nature*, vol. 522, 2015, pp. 140-141).

268. James P. Mallory y Douglas Q. Adams, *The Oxford Introduction to Pro-Indo-European and the Pro-Indo-European World* (2006), en Jean-Paul Demoule, *Mais où sont passés les Indo-Européens?*, op. cit., p. 423.

269. Se basan en la constatación de que a lo largo de la historia las mujeres raramente practicaron la guerra, con algunas excepciones, como las amazonas del Dahomey y algunos grupos de Borneo.

270. Gerda Lerner, *The Creation of Patriarchy*, Oxford, Oxford University Press, 1986; Riane Eisler, *The Chalice and The Blade. Our History, Our Future*, San Francisco, Harper & Row, 1989; Carol P. Christ, *Rebirth of the Goddess Finding Meaning in Feminist Spirituality*, Nueva York, Routledge, 1997; Max Dashù, «Knocking Down Straw Dolls: A Critique of Cynthia Eller's The Myth of Matriarchal Prehistory», *Feminist Theology*, vol. 13, 2005, pp. 185-216.

271. Como Ian Hodder, el arqueólogo que excavó el yacimiento de Çatalhöyük y reinterpretó los trabajos de Marija Gimbutas (Ian Hodder, *Religion in the Emergence of Civilization. Çatalhöyük as a Case Study*, California, Stanford University, 2010).

272. Roberta Gilchrist, *Gender and Archaeology. Contesting the Past*, op. cit.; Cynthia Eller, *The Myth of Matriarchal Prehistory. Why an Invented Past Will not Give Women a Future*, Boston, Beacon Press, 2000.

273. Emmanuel Todd, *L'origine des systèmes familiaux*, vol. I: *L'Eurasie, op. cit.*

274. Jean-Loïc Le Quellec y Bernard Sergent, «Femmes maîtresses de la culture», en *Dictionnaire critique de mythologie, op. cit.*, pp. 481-483.

275. Alain Testart, *La déesse et le grain. Trois essais sur les religions néolithiques, op. cit.*

276. Según Johann Bachofen, inspirado por *Lisístrata* y *La asamblea de las mujeres* de Aristófanes (*Le droit maternel, recherche sur la gynécocratie de l'Antiquité dans sa nature religieuse et juridique*, Lausana, L'Âge de l'homme, I-LVI, 1996).

277. Alexis Giraud-Teulon, hijo, *Les origines du mariage et de la famille*, Ginebra, A. Cherbuliez, 1884 (1.ª ed., 1874).

278. Sobre todo por Jacques Lacan («La significación del falo», en *Escritos 2*, Madrid, Biblioteca Nueva, 2013, pp. 653-663).

279. Sigmund Freud, «Moisés y la religión monoteísta» (1939), en *Obras completas, op. cit.*, vol. III, p. 267.

280. Evelyn Reed, *Woman's Evolution from Matriarchal Clan to Patriarchal Family*, Nueva York, Pathfinder Books, 1975.

281. Stella Georgoudi, «Le matriarcat n'a jamais existé», *L'Histoire*, n.º 160, 1992, pp. 40-48.

282. Colin Spencer, *Homosexuality: A History*, Londres, Fourth Estate, 1995.

283. Claude Lévi-Strauss, *Les structures élémentaires de la parenté, op. cit.*, p. 136.

284. Olivia Gazalé, *Le mythe de la virilité*, París, Robert Laffont, 2017.

285. Friedrich Engels, *El origen de la familia, la propiedad privada y el Estado, op. cit.*

286. Emmanuel Todd, *L'origine des systèmes familiaux*, vol. I: *L'Eurasie, op. cit.*

287. Olivia Gazalé, *Le mythe de la virilité, op. cit.*

288. Simone de Beauvoir, *Le deuxième sexe*, vol. I: *Les faits et les mythes*, *op. cit.*, pp. 114-115 [trad. cast. cit., p. 94].

289. Françoise Héritier, *Masculin/Feminin. La pensée de la différence*, *op. cit.*, p. 26.

290. Olivia Gazalé, *Le mythe de la virilité*, *op. cit.*

291. Según Engels, que se basa, entre otras, en las observaciones de Arthur Wright, misionero entre los iroqueses seneca en el estado de Nueva York, cuyos escritos cita: «[...] generalmente, la parte femenina gobernaba la casa [...] Las mujeres eran la gran potencia en los clanes (*gentes*) así como en todas partes. Llegado el caso, no dudaban en destituir a un jefe y en degradarlo al rango de simple guerrero» (Friedrich Engels, *El origen de la familia, la propiedad privada y el Estado*, *op. cit.*).

292. Este periodo es muy conocido gracias al gran número de hábitats y de necrópolis excavadas.

293. Andrew Sherratt, *Economy and Society in Prehistoric Europe: Changing Perspectives*, Edinburgh University Press, 1997.

294. Esther López Montalvo, «Violence et mort dans l'art rupestre du Levant: groups humains et territoires», en Luc Baray, Matthieu Honegger y Marie-Hélène Dias-Meirinho (eds.), *L'armement et l'image du guerrier dans les sociétés anciennes: de l'objet à la tombe*, Dijon, Éditions Universitaires de Dijon, «Art, Archéologie & Patrimoine», 2011, pp. 19-42.

295. Alison Macintosh, Ron Pinhasi y Jay Stock han comparado el húmero y la tibia (escaneando estos huesos) de cuarenta y cinco mujeres actuales de unos veinte años que juegan al fútbol, practican atletismo y remo, con los de un grupo de mujeres que vivían en el Neolítico y en la Edad de los Metales. Aunque la fuerza ósea de las tibias de esas mujeres es similar (incluso inferior en los esqueletos más recientes), la de los húmeros es sin duda superior. Para establecer la importancia del desarrollo muscular y las patologías vinculadas a actividades repetidas, algunos antropólogos han estudiado su huella sobre

el hueso: «El impacto físico y la actividad muscular ejercen una presión sobre el hueso llamada "carga", que reacciona cambiando de forma, de curvatura, de espesor y de densidad con el paso del tiempo para adaptarse a los esfuerzos repetidos» («Prehistoric Women's Manual Labor Exceeded that of Athletes Trough the First 5500 years of Farming in Central Europe», *Sciences Advances*, vol. 3 [11], 2017, p. eaao3893).

296. Según las lesiones (entesopatías) producidas por la repetición de movimientos precisos de la mano que se han observado en los esqueletos femeninos (Vered Eshed *et al.*, «Musculoskeletal Stress Markers in Natufian Hunter-Gatherers and Neolithic Farmers in the Levant: the Upper Limb», *American Journal of Physical Anthropology*, vol. 123 [4], 2004, pp. 308-315).

297. Sobre todo las lesiones se han observado en esqueletos de hombres descubiertos en la isla sueca de Gotland (Petra Molnar, «Tracing Prehistoric Activities: Musculoskeletal Stress Marker Analysis of a Stone-Age Population on the Island of Gotland in the Baltic Sea», *American Journal of Physical Anthropology*, vol. 129 [1], 2006, pp. 12-23).

298. Jacques Cauvin, *Naissance des divinités, naissance de l'agriculture: la révolution des symboles au néolithique*, París, Flammarion, 1998.

299. *Ibid.*

300. Hasta hace poco, en las regiones sahelianas de África, las mujeres todavía segaban las plantas salvajes con un cesto muy estrecho para recoger granos pequeños como el fonio o el mijo salvaje.

301. Como sostiene Colin Spencer (*Histoire de l'homosexualité. De l'Antiquité à nos jours*, París, Pocket, 1999, p. 30).

302. Andrew Sherratt, *Economy and Society in Prehistoric Europe: Changing Perspectives, op. cit.*

303. Penny Bickle y Alasdair Whittle (eds.), *The First Farmers of Central Europe: Diversity in LBK Lifeways*, Oxford, Oxbow Books, 2013.

304. Por ejemplo, durante la cultura de la cerámica de bandas, en la Alta Alsacia y en la cuenca parisina (Anne Augereau, *La condition des femmes aux néolithiques. Pour une approche du genre dans le Néolithique européen*, París, CNRS Éditions, 2018).

305. Descubierta en la Alta Alsacia (en Mulhouse-Este), pertenece al final de la cultura de la cerámica de bandas, de 5600 a 4900 a. C. (*ibid.*).

306. A poca distancia del talud de la muralla de piedra, cincuenta y seis fosas, dispuestas en un amplio círculo, contenían restos humanos (Mike Pitts, «Stonehenge», *British Archaeology*, vol. 102, 2008, pp. 12-17; Mike P. Pearson *et al.*, «Who Was Buried at Stonehenge?, *Antiquity*, vol. 83 (319), 2009, pp. 23-39).

307. Llamada el «agujero de Aubrey 7», excavada en 2008.

308. Christie Willis *et al.*, «The Dead of Stonehenge», *Antiquity*, vol. 90 (350), 2016, pp. 337-356.

309. A diferencia de lo que se había observado en los túmulos funerarios neolíticos más antiguos (Mike Pitts, «Stonehenge», *op. cit.*).

310. Marie Louise Sørensen, *Gender Archaeology, op. cit.*; Liv Helga Dommasnes, «Late Iron Age in western Norway: Female Roles and Ranks as Deduced from an Analysis of Burial Customs», *Norwegian Archaeological Review*, 15, 1-2, 1982, pp. 70-84; Caroline Trémeaud, *Genre et hiérarchisation dans le monde nord-alpin, aux âges du Bronze et du Fer, op. cit.*

311. Azar Gat, «The Pattern of Fighting in Simple, Small-Scale, Prestate Societies», *Journal of Anthropological Research*, vol. 55 (4), 1999, pp. 563-583; Phillip L. Walter, «A Bioarchaeological Perspective on the History of Violence», *Annual Review of Anthropology*, 30, 2001, pp. 573-596.

312. Chloé Belard, *Pour une archéologie du genre. Les femmes en Champagne à l'âge du Fer, op. cit.*, pp. 269-270.

313. Realizado por Anna Kjellström.

314. Dirigidas por la arqueóloga sueca Charlotte Hedenstierna-Jonson.

315. Charlotte Hedenstierna-Jonson *et al.*, «A female Viking warrior confirmed by genomics», *American Journal of Physical Anthropology*, 164 (4), 2017, pp. 853-860.

316. *Ibid.*

317. Neil Price *et al.*, «Viking warrior women? Reassessing Birka chamber grave Bj.581», *Antiquity*, vol. 93 (367), 2019, pp. 181-198.

318. Aunque se reclutaran mujeres griegas cuando la patria estaba en peligro (Violaine Sebillotte Cuchet, «Les Amazones ont-elles existé?», *L'Histoire*, n.º 374, 2012, p. 70).

319. Como el griego Estrabón (*ca.* 60 a. C.-*ca.* 20 d. C.), para quien es un grupo étnico con un modo de vida pastoral y seminómada, y en el que los hombres y las mujeres podían elegir entre cazar y hacer campaña juntos o en grupos separados (*Geográfica*, libro XI, 5) (Adrienne Mayor, *Les Amazones. Quand les femmes étaient les égales des hommes [VIIIe siècle av. J.-C. – Ier siècle apr. J.-C.]*, París, La Découverte, 2017). [Hay trad. cast.: *Amazonas. Guerreras del mundo antiguo*, Madrid, Desperta Ferro, 2017.]

320. El historiador griego Diodoro de Sicilia (90-30 a. C.).

321. Como Arriano (85-146), que refiere que «el jefe de los corasmios, un pueblo a orillas del Aral, propone a Alejandro que luchen contra las amazonas» (*Anabásis*, IV, 15, 1-6) y que «Atropates, el sátrapa de Media, obsequia a Alejandro con cien mujeres escitas de las que dice que serían amazonas» (*ibid.*, VII, 13, 2), el historiador romano Quinto Curcio (siglo I) (*Historia de Alejandro Magno*, VIII, 1, 7-9) o el historiador de lengua latina Jordanes (siglo VI) (Adrienne Mayor, *Les Amazones. Quand les femmes étaient les égales des hommes, op. cit.*).

322. Heródoto, *Historias*, IV, 110-117.

323. Adrienne Mayor, *Les Amazones. Quand les femmes étaient les égales des hommes, op. cit.*

324. *Ibid.*

325. El territorio de los escitas y los sármatas correspondería a las actuales Ucrania, Rusia meridional, Kazajistán y Azerbaiyán (Iaroslav Lebedynsky, *Scythes, Sarmates et Slaves*, París, L'Harmattan, «Présence Ukrainienne», 2009).

326. Jeannine Davis-Kimball, *Warrior Women: An Archaeologist's Search for History's Hidden Heroines, op. cit.*

327. En varias obras del poeta griego Aristófanes (siglo V a. C.), aparecen mujeres que se rebelan contra la dominación de los hombres y toman el poder, alusiones más o menos explícitas a las amazonas (*La asamblea de las mujeres* —las que se sientan en la asamblea—, comedia compuesta hacia 392 a. C.; *Las Tesmoforiantes* —las que celebran el festival de Tesmoforias—, comedia escrita hacia 412 a. C., y *Lisístrata*, en la que las mujeres toman la Acrópolis, cosa que, según la mitología, intentaron hacer las amazonas sin éxito).

328. En la *Eneida* (canto I, 491) del poeta Virgilio, por ejemplo.

329. Que narra la guerra de Troya, sobre todo la *Ilíada* de Homero, (siglo VIII a. C.) y la *Etiópida*, compuesta tal vez en el siglo VII a. C., pero atribuida al poeta griego Arctino de Mileto, que vivió hacia 650 a. C.

330. Hipólita, Antíope o Pentesilea son las reinas de las amazonas más famosas. En la *Vulgata de Alejandro* (del historiador griego Diodoro de Sicilia —siglo I a. C.— y de los historiadores romanos Quinto Curcio y Justino), libro que tuvo una gran difusión en la Europa medieval (*Novela de Alejandro*), el rey de Macedonia Alejandro Magno (356-323 a. C.) conoció a la reina de las amazonas Talestris (o Mirina), que habría deseado tener un hijo con él: «Por sus proezas, era el más valiente de todos los hombres, y ella destacaba del resto de las mujeres por su fuerza y arrojo. El que naciera de padres tan excelentes superaría, pues, al resto de la humanidad» (Diodoro de Sicilia, *Biblio-*

teca Histórica, libro XVII, 77, 3, Madrid, Gredos, 2012): «Trece días se dedicaron a satisfacer la pasión de la reina» (Quinto Curcio, *Historia de Alejandro Magno*, VI, 5, 32, Madrid, Gredos, 2002). En realidad, este encuentro no se habría celebrado nunca, según varios filósofos antiguos, como los griegos Plutarco (45-125; *Vidas paralelas*, VI, 46, 1, Madrid, Gredos, 2007) y Arriano (85-146; *Anábasis de Alejandro Magno*, VII, 13, 2, Madrid, Gredos, 2001).

331. Según el historiador romano Justino (*Historiae Phillippicae ex Trogo Pompeio*, vol. Liber II, p. 4). [Hay trad. cast.: *Epítome de las historias filípicas de Pompeyo Trogus*, Madrid, Gredos, 1995.]

332. Adrienne Mayor, *The Amazons: Lives and Legends of Warrior Women Across the Ancient World*, Princeton University Press, 2014.

333. Quinto de Esmirna, *Posthoméricas*, canto I, siglo III o IV, Madrid, Akal/Clásica, 1997, pp. 29 y 30-31.

334. Violaine Sebillotte Cuchet, «Les Amazones ont-elles existé?», *op. cit.*

335. El 26 de agosto de 1542, tras un viaje por río de 4.800 kilómetros a través de la región ecuatorial de América, Francisco de Orellana llega a la desembocadura de un gran río al que bautiza como «río de las Amazonas» (el actual Amazonas).

336. Gaspar de Carvajal, *Descubrimiento del río de las Amazonas*, Bogotá, Prensas de la Biblioteca Nacional, 1942.

337. En *Singularités de la France antarctique* (1557), que escribe a su regreso de un viaje a Brasil (sobre todo entre los indios tupinamba), las describe como seres crueles y caníbales (véanse los dos grabados espantosos que acompañan al texto): «Luchan generalmente contra otras naciones y tratan con gran inhumanidad a los prisioneros. Para matarlos, los cuelgan de una pierna a una rama alta de un árbol; tras haber dejado pasar un tiempo, si el prisionero no ha muerto, disparan diez mil flechas; y no se lo comen como los otros salvajes, sino que lo ponen al fuego hasta reducirlo a cenizas» (Frank Lestringant, *Le Brésil*

d'André Thevet. Les singularités de la France antarctique (1557), París, Chandeigne, 1997, p. 243).

338. *Ibid.*

339. Aunque durante el siglo XVIII, el rey entrena a algunas mujeres del grupo de cazadores de elefantes (los «gheto», creado en el siglo XVII) para ser guardias de corps, es la reina Tasi Hangbé (o Nan Hangbe), entre 1708 y 1711, la que crea el cuerpo de las amazonas en el seno de los ejércitos profesionales del reino de Dahomey). En la primera mitad del siglo XIX, bajo el reinado de Ghezo, son entre 4.000 y 6.000 (aproximadamente la tercera parte del ejército de Dahomey). El regimiento, compuesto por varios batallones con funciones específicas, posee un estatus semisagrado, que está muy vinculado a la creencia en el vudú de la etnia fon. Como su deber es matar sin preocuparse de su propia vida, se emborrachan antes del combate y decapitan a sus prisioneros. El nuevo rey Agoli-Agbo, que reina ya bajo el protectorado francés, disuelve el regimiento de las amazonas a finales de 1894 (Stanley B. Alpern, *Amazons of Black Sparta: The Women Warriors of Dahomey*, Nueva York, New York University Press, 1999).

340. Abel Etienne, *Le R.P. Dorgère, ancien missionnaire au Dahomey: Récit et souvenirs* (conquista de Dahomey), Toulon, J. Alté, 1909.

341. Jeannine Davis-Kimball, *Warrior Women. An Archaeologist's Search For History's Hidden Heroines, op. cit.*; Jeannine Davis-Kimball *et al.*, *Kurgans, Ritual Sites, and Settlements: Eurasian Bronze and Iron Age*, Oxford, BAR International Series 890, Archeopress, 2000.

342. Aunque la existencia del túmulo funerario de Devitsa V (que data del siglo IV a. C.) se conocía desde 2000, las excavaciones, dirigidas por Valerii Guliaev, no empiezan hasta 2010. Este túmulo, número 9, corresponde a una pequeña elevación de un metro de altura y cuarenta metros de diámetro.

343. Una tumba de hace 2.500 años que contiene cuatro guerreras descubiertas en Rusia por Emeline Férard, publicado en la revista *GEO*, el 3 de enero de 2020.

344. Valerii Guliaev, «Amazons in the Scythia: New Finds at the Middle Don, Southern Russia», *World Archaeology*, vol. 35 (1), 2003, pp. 112-125.

345. Anahit Khudaverdyan *et al.*, «An Early Armenian Female Warrior of the 8-6 Century BC from Bover I site (Armenia)», *Journal of Osteoarchaeology*, vol. 30 (1), 2020, pp. 119-128.

346. Esta joven pertenecía a la sociedad del reino de Urartu que, entre los siglos IX y VI a. C., se extendía sobre todo por las actuales Turquía y Armenia. Durante ese periodo, debía hacer frente a numerosos ataques en los que aparentemente se movilizaba a todos los miembros: hombres, muchachos de más de diez años y mujeres.

347. Eileen Murphy, *Iron Age Archaeology and Trauma from Aymyrlyg, South Siberia*, BAR International Series 1152, Archaeopress, 2003; Bryan Hanks, «Reconsidering Warfare, Status, and Gender in the Eurasian Steppe Iron Age», en Katheryn M. Linduff y Karen S. Rubinson, *Are All Warriors Male? Gender Roles on the Ancient Eurasian Steppe*, Lanham, AltaMira Press, 2008, pp. 15-34.

348. Como los romanos Tácito y Plutarco (*Vida de Mario*, XIX-10).

349. Por ejemplo, la reina Boudica en el siglo I, Veleda y la mítica Mebd o Maeve y, probablemente, la «Dama de Vix».

350. Especialmente el historiador y senador romano Tácito y el filósofo Plutarco (*Vida de Mario*, XIX-10).

351. Jean Markale, *La femme celte: mythe et sociologie*, París, Payot, 1972. [Hay trad. cast.: *La Mujer celta: mito y sociología*, Barcelona, MRA, 2005.]

352. Primera aparición en el n.º 8 de la revista BD *All Star Comics*.

353. Odile Roynette, «La construction du masculin. De la fin du 19ᵉ siècle aux années 1930», *Vingtième siècle. Revue d'Histoire*, n.º 75, 2002, pp. 85-96.

354. Sylvie Steinberg, *La confusion des sexes. Le travestissement de la Renaissance à la Révolution*, París, Fayard, 2001, p. 76, citado en Odile Roynette, «La construction du masculin. De la fin du 19ᵉ siècle aux années 1930», *op. cit.*

355. Las cantineras, tan célebres en 1870, desaparecen en 1914 (Gil Mihaely, «L'effacement de la cantinière ou la virilisation de l'armée française au XIXᵉ siècle», *Revue d'Histoire du XIXᵉ siècle*, n.º 30, 2005, pp. 21-43).

356. Édouard de La Barre Duparcq, *Histoire militaire des femmes* [1873], París, Hachette Livre BNF, 2012.

357. Véanse, entre otras, las publicaciones de las arqueólogas estadounidenses Ruth Tringham, especialista en el Neolítico europeo y del Sudeste Asiático, y Margaret Conkey, especialista en el Paleolítico superior de los Pirineos franceses («Rethinking figurines: a critical view from archaeology of Gimbutas, the "Goddess" and Popular Culture», en Lucy Goodison y Christine Morris (eds.), *Ancient Goddesses: The Myths and Evidence*, Londres, British Museum Press, 1998, pp. 12-45); de la arqueóloga inglesa Ruth Whitehouse («Gender Archaeology in Europe», en Sarah Milledge Nelson, *Handbook of Gender in Archaeology*, Lanham, AltaMira Press, 2006, pp. 733-783) y del etnólogo Alain Testart (*La déesse et le grain. Trois essais sur les religions néolithiques*, *op. cit.*).

358. Concretamente, en los trabajos del antropólogo escocés James Frazer. En 1890, publica la primera edición en dos volúmenes de su obra capital *The Golden Bough* [hay trad. cast.: *La rama dorada: magia y religión: nueva edición a partir de la versión original en 12 vols.*, Madrid, Fondo de Cultura Económica, 2011], en la que hace un inventario de mitos y ritos. Su obra ha sido reeditada en

francés varias veces, la edición más reciente la ha publicado en cuatro volúmenes (dos en 1998 y dos en 2010) Robert Laffont en la colección «Bouquins».

359. Los nombres de 1.038 personalidades femeninas, míticas o históricas de distintas épocas y distintos ámbitos, aparecen inscritos tanto sobre el mantel (39 nombres), como sobre la base de la obra (los 999 restantes). Tiene la forma de una gran mesa triangular en cuyos tres lados están dispuestos 39 cubiertos con platos estilizados (13 en cada lado), que descansan sobre un mantel donde está escrito el nombre de una mujer célebre.

360. Jacques Blot, *Archéologie et montagne basque*, San Sebastián, Elkar, 1993.

361. Como para el abad Henri Breuil, André Leroi-Gourhan, Jean Clottes, Michel Lorblanchet o Denis Vialou.

362. Suzanne de Saint-Mathurin y Dorothy Garrod, «Nouvelles découvertes dans l'abri du Roc-aux-Sorciers en Angles-sur-l'Anglin (Vienne): "Vénus paléolithiques"», *Comptes rendus des séances de l'Académie des inscriptions et belles-lettres*, 95 (1), 1951, pp. 52-57.

363. Este friso, esculpido, grabado y pintado por magdalenienses, incluye también animales (bisontes, caballos, íbices, felinos...) y rostros humanos.

364. Shahrukh Husain, *The Goddess: Power, Sexuality, and the Feminine Divine*, University of Michigan Press, 1995. [Hay trad. cast.: *La Diosa: creación, fertilidad y abundancia: mitos y arquetipos femeninos*, Barcelona, Debate, 1997.]

365. Waldemar Deonna, *Les lois et les rythmes dans l'art*, París, Flammarion, 1914.

366. Jean-Pierre Duhard, *Le réalisme physiologique des figurations féminines du paléolithique supérieur en France*, Grenoble, Atelier National de Reproduction des Thèses, 1989.

367. Swend Hansen, «Neolithic Sculpture. Some Remarks on an Old Problem», en Peter Biehl y François Bertemes, *The Archaeology of Cult and Religion*, Budapest, Archeoliungua, 2001, pp. 37-52.

368. Por ejemplo, en las capas más recientes de Göbekli Tepe, santuario construido, según el excavador Klaus Schmidt, por cazadores-recolectores del Mesolítico (Klaus Schmidt, *Le premier temple, Göbekli Tepe, op. cit.*).

369. Por ejemplo, para Klaus Schmidt la «venus» de terracota de Dolní Věstonice «anticipa, no solo desde el punto de vista formal sino también conceptual, las esculturas del Neolítico» (*ibid.*).

370. La cámara del templo de Hagar Qim, situado cerca del poblado de Qrendi, al sur de Malta y fechado entre 3600 y 2500 a. C., contenía mobiliario y objetos decorados, como una estatuilla femenina de terracota llamada la «Venus de Malta», en la actualidad sin cabeza ni pies, pero probablemente entera en origen.

371. Descubiertas sobre todo en los niveles recientes del tell este.

372. Esta figurilla es la representación más antigua que conocemos de un humano que domina animales (Alain Testard, «Interprétation symbolique et interprétation religieuse en archéologie. L'exemple du taureau à Çatal Höyük», *Paléorient*, n.º 32 (2), 2006, pp. 23-57).

373. James Mellaart, *Çatal Hüyük: A Neolithic Town in Anatolia, op. cit.*

374. Cuarenta figurillas femeninas de las mil ochocientas descubiertas en Çatalhöyük.

375. Ian Hodder, «Çatalhöyük in the Context of the Middle Eastern Neolithic», *Annual Revue of Anthropology*, vol. 36, 2007, pp. 105-120; Lynn Meskell, «Refiguring the Corpus at Çatalhöyük», en Colin Renfrew y Ian Morley, *Image and Imagination*, Cambridge, McDonald Institute for Archaeological Research, XXII-346, 2007, pp. 137-149.

376. Alain Testart, *La déesse et le grain. Trois essais sur les religions néolithiques*, op. cit.

377. Llamada también «Gran Diosa» o «Gran Madre». El psicólogo analítico Pierre Solié (1930-1993) desarrolla en su libro el amplio conjunto de motivos articulados en torno al arquetipo de la «Gran Madre», que sería el estadio último de madurez afectiva del *anima* definido por Jung (*La Femme essentielle: mythanalyse de la grande-mère et de ses fils-amants*, París, Seghers, 1980).

378. Shahrukh Husain, *La Diosa: creación, fertilidad y abundancia: mitos y arquetipos femeninos*, op. cit.

379. Marylène Patou-Mathis, *Préhistoire de la violence et de la guerre*, op. cit.

380. Edwin O. James, *Le culte de la déesse-mère dans l'histoire des religions*, Éditions du Rocher, 1989, p. 247. Según Joseph Campbell (1904-1987), especialista en mitos y uno de los que más apoyaron los trabajos de Marija Gimbutas (poco antes de morir escribió el prefacio de la reedición de *El lenguaje de la diosa*), la diosa-madre, vinculada a los símbolos de fertilidad y de reproducción, se asocia principalmente a la agricultura y las sociedades agrícolas (Joseph Campbell, *The Power of Myth*, Harmony, 1988, pp. 166-167 [hay trad. cast.: *El poder del mito*, Madrid, Capitán Swing, 2016]).

381. El arqueólogo británico Andrew Fleming rechaza la identificación de algunas figurillas femeninas y su atribución a representaciones de una diosa («The Myth of the Mother Goddess», *World Archaeology*, 1 [2], 1969, pp. 247-261).

382. Marija Gimbutas, *The Gods and Goddesses of Old Europe: 7000 to 3500 BC, Myths, Legends and Cult Images*, Londres, Thames and Hudson, 1974 [hay trad. cast.: *Diosas y dioses de la vieja Europa: (7000-3500 a. C.)*, Madrid, Siruela, 2013]; *The Language of the Goddess: Unearthing the Hidden Symbols of Western Civilization*, Londres, Thames and Hudson, 1989 [hay trad. cast.: *El lenguaje de la diosa*, Madrid, Dove, 1996].

383. Marija Gimbutas, *The Civilization of the Goddess. The World of Old Europe*, San Francisco, Harper, 1991.

384. Señalemos que para el antropólogo inglés Ashley Montagu, autor de *The Natural Superiority of Women*, Marija Gimbutas proporcionó una auténtica «piedra de Rosetta» de gran valor heurístico para los futuros trabajos de arqueología (Ashley Montagu, *The Natural Superiority of Women*, Nueva York, The Macmillan Company, 1953 [hay trad. cast.: *La mujer, sexo fuerte: la superioridad natural de la mujer*, Madrid, Guadarrama 1970]).

385. Fundadora en 1986 de la International Academy for Modern Matriarchal Studies and Matriarchal Spirituality.

386. Unos 5.000 años a. C., en muchas regiones los cultos a las diosas-madre habrían cedido progresivamente el paso a los cultos a las divinidades masculinas (Heide Göttner-Abendroth, *Les Sociétés matriarcales. Recherches sur les cultures autochtones à travers le monde*, París, Des Femmes-Antoinette Fouque, 2019 [hay trad. cast.: *Sociedades matriarcales. Estudios en torno a las culturas indígenas alrededor del mundo*, Guadalajara (México), Taller editorial La Casa del Mago, 2017]).

387. Merlin Stone, *When God Was a Woman*, Nueva York, Harcourt Brace Jovanovich, 1978 (este ensayo apareció por primera vez en 1976 con el título *The Paradise Papers: The Suppression of Women's Rites*, Londres, Virago Press).

388. Por la presencia en las habitaciones decoradas de Çatalhöyük, consideradas lugares de culto, de bucráneos de bovinos que simbolizan la fuerza masculina (James Mellaart, *Çatal Hüyük. A Neolithic Town in Anatolia, op. cit.*). En Creta, el par de cuernos de toro, cuarto creciente asimilado a la cuna en forma de luna, estaba representado en los palacios minoicos para simbolizar a la diosa-madre. El arqueólogo alemán Klaus Schmidt retoma la tesis de este doble culto (Klaus Schmidt, *Le premier temple, Göbekli Tepe, op. cit.*).

389. En el XI milenio a. C. aparecen en Oriente Próximo figuras femeninas y cornamentas de bueyes (Jacques Cauvin, *Naissance des divinités, naissance de l'agriculture: la révolution des symboles au Néolithique, op. cit.*).

390. Alain Testart, *La déesse et le grain. Trois essais sur les religions néolithiques, op. cit.*

391. *Ibid.*

392. Edwin O. James, *The Cult of the Mother Goddess: An Archaeological and Documentary Study, op. cit.*

393. Margaret Conkey y Ruth Tringham, «Archaeology and the Goddess: Exploring the Contours of Feminist Archaeology», en Abigail Stewart y Domna Stanton, *Feminisms in the Academy*, Michigan, University of Michigan Press, 1995, pp. 199-247; Ruth Tringham y Margaret Conkey, «Rethinking figurines: a critical view from archaeology of Gimbutas, The "Goddess" and Popular Culture», en Lucy Goodison y Christine Morris (eds.), *Ancient Goddesses: The Myths and Evidence, op. cit.*

394. Como la historiadora estadounidense Max Dashu, que funda en 1970 el Archivo de Historias Suprimidas (Max Dashu, *Witches and Pagans: Womem in European Folk Religion, 700-1100*, Richmond, Veleda Press, 2016).

395. Alain Testart, *La déesse et le grain. Trois essais sur les religions néolithiques, op. cit.*

396. Jean-Pierre Hammel, *L'Home et les Mythes*, París, Hatier, 1994, p. 59.

397. Nadine Guilhou y Janice Peyré, *Mythologie égypcienne, op. cit.*

398. Pierre Jovanovic, *Le mensonge universel*, París, Le Jardin des Livres, 2013.

399. Como Ishtar (en Mesopotamia), Ninhursag (en Sumeria), Neith e Isis (en el antiguo Egipto), Deméter (en Grecia), Nerthus (entre los pueblos germánicos), Cibeles (de origen frigio, fue adoptada por

griegos y romanos, que la llaman *Magna Mater*, diosa madre o madre de los dioses), etcétera. En los cultos nórdicos, era conocida bajo la forma de tres avatares: Freyja, Skadi y Frigg, considerada la mujer de Odín, el dios principal (Régis Boyer, *La Grande Déesse du Nord*, París, Berg, 1995, y *Les Vikings: histoire, mythes, dictionnaire*, París, Robert Laffont, 2008). En la poesía islandesa, la expresión «mujer de Odín» designa la Tierra (Rudolf Simek, *Dictionary of Northern Mythology*, D. S. Brewer, 1996). En el hinduismo del periodo védico, se veneraba especialmente la potencia femenina Mahimata —«tierra-madre» (Rig-Veda 1.164.33)—. En algunos textos, la Gran Diosa es llamada Viraj, la madre universal, o Aditi, la madre de los dioses, o también Ambhrini, la nacida del océano primordial. Durga representa la naturaleza protectora de la maternidad. Yaganmatri es otro nombre que significa «madre del universo» en sánscrito. Entre los pueblos mongoles, se la llamaba Umai (Ymai o Mai), que significa «útero» o «matriz» en mongol.

400. Pierre Jovanovic, *Le mensonge universel, op. cit.*

401. Llamada Tellus entre los romanos, asimilada entre los antiguos egipcios a Geb, dios de la tierra, es una divinidad ctónica o telúrica (de la tierra, del mundo subterráneo, incluso de los infiernos) a la que se invocaba o se le sacrificaban víctimas. Podía predecir el futuro, sobre todo en Delfos, donde se le consultaba. Como divinidad primordial, Gea es ambivalente. Representa los dos aspectos de la naturaleza: es capaz de crear la belleza armoniosa, pero también de hacer resurgir el caos original (asimismo dirige a sus hijos, los Gigantes y Tifón, contra Zeus).

402. Urano (cielo, creador del universo físico), Pontos (mar) y Ourea (montes y elevaciones).

403. Con Pontos divinidades marinas y con Urano la primera generación de los Titanes, y también tres hecatónquiros (criaturas dotadas de cien brazos y cincuenta cabezas) y los cíclopes.

404. Doce, seis femeninas o Titánides y seis masculinos, entre

ellos Cronos, que con una hoz de bronce que le entregó su madre, Gea, emasculó a su padre para liberar a sus hermanos y hermanas prisioneros de Urano en el Tártaro —el hermano de Gea—, una especie de infierno o purgatorio, y se comió a sus cinco hijos por miedo a perder su trono.

405. Está representada en numerosos objetos —en busto sobre el contorno exterior del caldero de Gundestrup (siglo I a. C., hallado en 1891 en una turbera de Jutlandia, en Dinamarca) y de pie en el centro del carro de culto de Strettweg (hacia 600 a. C.)— o monumentos —en una de las caras del Arco de Germánico (monumento galo-romano en Saintes, del año 18 o 19), donde se la representa con un cuerno de la abundancia entre las manos—. Se observan rasgos recurrentes: es más grande que otras representaciones, con la cabellera marcada, las manos en el pecho, va adornada con un collar, a menudo un torque (Yann Brekilien, *La Mythologie celtique*, Mónaco, Éditions du Rocher, 1993, pp. 14, 65-69 y 148-149). También está presente en la mitología oral y literaria. En el cuento tradicional bretón *La grotte des Korrigans*, la diosa-madre, encarnada por su avatar Katell —joven y seductora o vieja e ingrata— aparece omnipotente y domina a su pueblo y a su propio esposo; es el personaje que pronuncia el juicio final. En otro relato bretón, *Gwrac'h de l'île de Loch*, se percibe la innegable autoridad matriarcal en el poder casi absoluto de Gwrac'h, el avatar de la diosa-madre (*ibid.*, pp. 69-78). También adopta la forma de Epona (diosa-asno) entre los galos, Rigantona (o Rhiannon) en la cultura bretona insular o Brigit (*ibid.*, pp. 78-83). Esas tres matronas celtas son como la santa trinidad de la cultura celta.

406. A menudo se la sitúa al lado de Cernunnos que, al igual que el ciervo, encarnaría el ciclo biológico de la naturaleza, la vida y la muerte (*ibid.*, pp. 148-149).

407. El túmulo Saint-Michel en Carnac y del Griguen en Plouhinec (asociado a un animal con cuernos), el dolmen de Luffang en

Crach en el Morbihan, estatuas-menhir de Saint-Sernin (Aveyron) y de la isla de Guernesey. Los grabados de hachas y las esculturas de serpientes que aparecen en numerosos megalitos están asociados generalmente a la diosa. En el menhir de Manio, en Carnac, expuesto en el museo de Toulouse, una serpiente se introduce en la vulva de la diosa-madre, al parecer con la intención de aparearse (*ibid.*, pp. 67-68).

408. Para Yann Brekilien, en la era cristiana puede rastrearse una parte importante de este culto, sobre todo en la veneración a santa Ana y a santa Brígida (*ibid.*, pp. 65-67 y 82-84).

409. Además, uno de los veinte Cánones prohíbe a todos los miembros del clero tener cerca a «una hermana-compañera».

410. Merlin Stone, *When God Was a Woman*, op. cit.

411. Trad. francesa cit., p. 15.

412. *Ibid.*

413. Françoise Gange, *Avant les dieux, la Mère universelle*, Mónaco, Alphée, 2006, p. 15.

414. No nos convence, en cambio, la tesis citada a menudo, denominada la «huelga de sexo», del antropólogo británico Chris Knight, según la cual las mujeres del Paleolítico habrían rechazado toda relación sexual durante la regla, incluso en ocasiones la habrían fingido cubriéndose el sexo con pigmentos rojos. Y al contrario, habrían estado disponibles durante el periodo fértil para los cazadores, para los que aportan alimento, sobre todo carne (Chris Knight, *Blood Relations: Menstruation and the Origins of Culture*, New Haven, Yale University Press, 1991).

415. Evelyn Reed, *Féminisme et anthropologie*, París, Denoël-Gontier, 1979, p. 56.

416. Sarah Blaffer Hrdy, *Mother Nature: A History of Mothers, Infants, and Natural Selection*, Nueva York, Pantheon Books, 1999.

417. Simone de Beauvoir, *Le deuxième sexe*, vol. I, *op. cit.*

418. *Ibid.*, p. 113 [trad. cast. cit., p. 93].

419. «[...] engendrar, amamantar no constituyen actividades, son funciones naturales; ningún proyecto les afecta; por esta razón, no sirven a la mujer para una afirmación altiva de su existencia; sufre pasivamente su destino biológico» (*ibid.*, p. 114 [trad. cast. cit., p. 93]).

420. «El caso del hombre es radicalmente distinto: no alimenta al grupo como las abejas obreras mediante un simple proceso vital, sino mediante actos que trascienden su condición animal. [...] Para apropiarse de las riquezas del mundo se incauta del mundo mismo. En esta acción experimenta su poder; plantea unos fines, proyecta caminos hacia ellos: se realiza como existente. Para mantener, crea; desborda el presente, abre el futuro. Por esta razón, las expediciones de caza y pesca tienen un carácter sagrado. Se acogen sus triunfos con fiestas y celebraciones; el hombre reconoce así su humanidad. [...] La peor maldición que pesa sobre la mujer es estar excluida de esas expediciones guerreras» (*ibid.*, pp. 114-115 [trad. cast. cit., p. 94]).

421. Françoise Héritier, *De la violence I, séminaire de Françoise Héritier, op. cit.*

422. Simone de Beauvoir, *Le deuxième sexe*, vol. I, *op. cit.*, p. 115 [trad. cast. cit., p. 94].

423. «[La mujer] Se asocia a los hombres en las fiestas que celebran el éxito y las victorias de los machos. Su desgracia es haber estado biológicamente condenada a repetir la Vida, cuando a sus ojos la Vida no lleva en sí sus razones de ser, y estas razones son más importantes que la vida misma» (*ibid.*, p. 116 [trad. cast. cit., pp. 94-95].

424. Friedrich Engels, *El origen de la familia, la propiedad privada y el Estado, op. cit.*

425. «Cuando los nómadas se fijan a la tierra y se convierten en agricultores vemos aparecer las instituciones y el derecho. [...] en las comunidades agrícolas la mujer está a menudo revestida de un prestigio inmenso. Este prestigio se explica básicamente por la nueva importan-

cia que toma el hijo en una civilización basada en el trabajo de la tierra; al instalarse en un territorio, los hombres se lo apropian; en una forma colectiva, aparece la propiedad; exige de sus poseedores una posteridad; la maternidad pasa a ser una función sagrada» (Simone de Beauvoir, *Le deuxième sexe*, vol. I, *op. cit.*, pp. 118-119 [trad. cast. cit., p. 96]).

426. *Ibid.*, pp. 99 y 101 [trad. cast. cit., p. 92].

4. ETERNAS REBELDES

1. Cristina de Pizán, *L'Épistre au Dieu d'amours* (1399), adaptación del francés medio de Bruno Rigolt (brunorigolt.org).

2. Código de leyes babilónico fechado hacia 1750 a. C.

3. Conocemos las leyes hititas gracias a las sentencias de justicia grabadas en varias tabletas de arcilla fechadas entre 1500 y 1200 a. C. Ejemplo 192 (Fr 78): «Si el marido de una mujer muere, su esposa toma su parte».

4. Aristóteles, *Política*, III, 1, en *Obras completas, op. cit.*

5. Este legislador es considerado por lo general como el instaurador de la democracia en Atenas.

6. Gerasimos Santas, «Légalité, justice et femmes dans la *République* et les *Lois* de Platon», *Revue Française d'Histoire des Idées Politiques*, n.º 16, 2002, pp. 309-330.

7. Eurípides, *Ifigenia en Áulide*, 1395, *Tragedias*, III, Madrid, Gredos, p. 313.

8. En *Historia natural*, Plinio el Viejo, menciona otras cinco mujeres pintoras.

9. Olivia Gazalé, *Le mythe de la virilité, op. cit.*

10. «Ella me ama, lo que es prueba de su fidelidad. Posee interés por la literatura, el cual recibió de mi cariño. Copia mis trabajos para leerlos una y otra vez, hasta aprenderlos de memoria. [...] Si yo canto mis versos

se sienta cerca, tras una cortina, y escucha con atención los elogios que me prodigan. Compone música para mis versos y los canta acompañada de una cítara, aunque ningún profesor le ha enseñado, tan solo ha sido el amor. Tengo, pues, la firme esperanza de que nuestra buena relación se mantendrá y crecerá con el tiempo» (Plinio el Joven, *Cartas*, 4-19).

11. Extracto del discurso de Catón el Viejo reproducido por Tito Livio, *Historia de Roma desde su fundación*, XXXIV, 1, 8, Madrid, Gredos, 1990.

12. Apiano de Alejandría (siglo II), *Historia romana*, Madrid, Gredos, 3 vols., 1985-1994.

13. Juvenal, *Sátira VI* (escrita entre 90 y 127 d. C.), *op. cit.*

14. Sócrates de Constantinopla (*c.* 440 d. C.), *Historia eclesiástica*, 2 vols., Madrid, Ciudad Nueva, 2017. Citado por Charlotte Booth en *Hypatia: Mathematician, Philosopher, Myth*, Stroud, Gloucestershire, Fonthill Media, 2017.

15. Mary R. Lefkowitz y Maureen B. Fant, *Women's Life in Greece And Rome*, Baltimore, Johns Hopkins University Press, 1992.

16. Según la teóloga Élisabeth Parmentier, con «una primera etapa en ciertas epístolas del apóstol Pablo, y una segunda en las Epístolas llamadas "pastorales", que establecen los fundamentos de la primera Iglesia» (en Evelyne Martini, *La femme. Ce qu'en disent les religions*, París, Éditions de l'Atelier, 2002, p. 59).

17. *Ibid.*, p. 58.

18. Las fechas varían según las fuentes: la de Hipona de 570 se cita a menudo, pero también se cita el siglo VIII.

19. El sobrenombre de «Dama de las piernas de Oro» se debe a las espuelas y los adornos dorados de su pantalón; se ignora su verdadero nombre. Claude Merle, «Histoire de guerre», <www.histoire-de-guerre.net>.

20. Boccaccio, *De mulieribus Claris*, 1374 (escrito entre 1361 y 1362). Fue reeditado en 1551 con el título *Sur les femmes célèbres* o

Des dames de renom. [Hay trad. cast.: *De las mujeres illustres en romance*, Zaragoza, Paulo Hurus, Alemán de Constancia, 1494.]

21. Pierre Grimal, *Rome et l'Amour. À propos des femmes*, París, Robert Laffont, 2007, pp. 498-506.

22. La mayoría de los historiadores de la segunda mitad del siglo XIX la considerarán sobre todo por su lealtad al reino. Por haber defendido la figura de Juana de Arco, la Resistencia utilizará la figura de Cristina de Pizán durante la Segunda Guerra Mundial.

23. Este poema, compuesto hacia 1237, es una sátira de las instituciones de la época y sobre todo de las mujeres y del matrimonio. Jean de Meung expone en él los defectos de las mujeres, sus trampas y la manera de desbaratarlas. La primera parte del *Roman de la Rose* había sido escrita por Guillaume de Lorris, hacia 1270. [Hay trad. cast.: *El libro de la Rosa*, Madrid, Siruela, 2003.]

24. Betsy McCormick, «Building the Ideal City: Female Memorial Praxis in Christine de Pisan's Cité des Dames», *Studies in the Literary Imagination*, 36 (1), 2003, pp. 149-171.

25. La diosa de la Justicia le pide a Cristina de Pizán (la narradora) que construya con la Razón una ciudad metafórica donde podrán residir las *Damas*. Para excavar los cimientos, primero debe quitar las piedras que corresponden a una opinión errónea sobre las mujeres de un escritor masculino, «todos estos negros y sucios pedruscos» (643), para edificar un nuevo paradigma con la ayuda de «grandes y hermosas piedras» (787), representadas por mujeres ilustres de la Antigüedad. Las piedras de los cimientos y luego las de la base, que requieren fuerza, las montan mujeres fuertes. De este modo responde Cristina de Pizán a las críticas sobre la inferioridad física y moral de las mujeres. Con la ayuda de la rectitud, se construyen los edificios que albergarán las virtudes (prudencia, caridad...). La Justicia se encargará de los acabados, en especial de recubrir los edificios con oro fino. Las mujeres elegidas para poblar la ciudad son virtuosas (esposas

ejemplares, castas y constantes). La última etapa de la construcción de la Ciudad es la llegada del «jefe del sexo femenino» (977), la Virgen María, fuente mística a la que las mujeres pueden acudir para beber de ella todas las virtudes (siendo la más importante la fe), que le entrega las llaves (*ibid.*).

26. A fin de continuar con su tarea para la educación de las mujeres, escribe ese mismo año la continuación de su libro, que lleva el título de *Le libre des trois vertus à l'enseignement des dames* (o *Le trésor de la cité des dames*, y en el que propone las lecciones aprendidas de esas damas célebres a las mujeres «de todos los estados» (Prudence Allen, *The Concept of Woman: The Early Humanist Reformation, 1250-1500*, vol. 2, Michigan, Eerdmans Publishing, 2002).

27. *Le livre des faits d'armes et de chevalerie, Le livre du corps de Policie* (1406-1407), *Oraison à Nostre Dame* (1402/1403), *Les heures de contemplation sur la Passion de Nostre Seigneur, Épître à la reine Isabeau, Le libre des faits et bonnes meurs du sage Roy Charles V* (1404).

28. Claire Le Brun-Gouanvic, «Mademoiselle de Keralio, commentatrice de Christine de Pisan au XVIIIe siècle, ou la rencontre de deux femmes savants», en Juliette Dor y Marie-Elisabeth Henneau (eds.), *Christine de Pisan. Une femme de science, une femme de lettres*, París, Honoré Champion, 2008, pp. 325-341.

29. Gustave Lanson, *Histoire de la littérature française*, París, Hachette, 1894, p. 167, Wikisource.org, Hachette, 1920, cap. 2, siglo XV.

30. Marie-Joseph Pinet, *Christine de Pisan, 1364-1430, étude biographique et littéraire* [1972], París, Honoré Champion, 2011.

31. Tesis defendidas por William Minto (*Christine de Pisan, a Medieval Champion of Her Sex. MacMillan's Magazine*, vol. LIII, 1886, pp. 264-267) y, más tarde, por la medievalista Régine Pernoud (*Christine de Pisan*, París, Calmann-Lévy, 1982).

32. Por ejemplo, para Mathilde Laigle (1865-1950), *Le livre des trois vertus de Christine de Pisan et son milieu historique et littéraire*, París, Ho-

noré Champion, 1912; Juliette Dor y Marie-Elisabeth Henneau (eds.), *Christine de Pisan. Une femme de science, une femme de lettres, op. cit.*

33. Marie de Gournay, «Égalité des hommes et des femmes», en Mario Schiff, *La fille d'alliance de Montaigne, Marie de Gournay*, París, Honoré Champion, 1910 [1622], p. 70.

34. Véase *El nacimiento de Venus*, de Botticelli.

35. Como en La *dama del armiño*, de Leonardo da Vinci.

36. *De nobilitate et praecellentia feminei sexus*, escrito en 1509 pero publicado en 1529. [Hay trad. cast.: *De la nobleza y preexcelencia del sexo femenino*, Zamora, Indigo, 1999.

37. Como la de Juan Luis Vives, ya citada.

38. Christiane Klapisch-Zuber, «Moderata Fonte [Modesta Pozzo], *Le mérite des femmes*», *Clio. Histoire' Femmes et Sociétés*, 18 (9), 2003, pp. 286-288.

39. Jean-Claude Zancarini, «Moderata Fonte, *Le mérite des femmes*», *Laboratoire Italien*, 4, 2003, pp. 197-198.

40. En los siglos XVI y XVII, en Inglaterra —Isabel I, María II, Ana— y en Suecia —Cristina—. Luego, en el siglo XVIII, en Rusia, las emperatrices Catalina I y Catalina II.

41. Como Luisa de Saboya (en 1515 y en 1525-1526), Catalina de Médicis (de 1560 a 1563); luego, en el siglo XVII, María de Médicis (de 1610 a 1614) y Ana de Austria (de 1643 a 1651).

42. Marie Dentière, *Epistre tres utile, faicte ey composee par une femme chrestienne de Tornay, envoyee a la Royne de Navarre soeur du Roy de France, Contre les Turcz, Iuifz, Infideles, faulx chrestiens, Anabaptistes, et Lutheriens* (1539). Extracto, citado por Cynthia Skenazi, «Marie Dentière et la prédication des femmes», *Renaissance and Reformation*, 21 (1), 1997, pp. 5-18.

43. «Bienaventurado eres tú, lector, si no perteneces al sexo al que se le prohíben todos los bienes, privándole de la libertad; al que incluso se le prohíben casi todas las virtudes, alejándolo de cargos, ofi-

cios y funciones públicas. En una palabra, al que se le sustrae el poder —en cuyo ejercicio moderado se conforma la mayoría de las virtudes— con el fin de darle como única felicidad y como virtudes únicas y soberanas la ignorancia, la servidumbre y la facultad de hacer el necio» (Marie de Gournay, *Grief des dames dans l'Ombre de la damoiselle de Gournay*, 1626).

44. «La mayoría de quienes defienden la causa de las mujeres contra esta orgullosa preferencia que se atribuyen los hombres les pagan con la misma moneda: vuelven la preferencia hacia ellas. Yo, que huyo de todos los extremos, me contento con igualarlas a los hombres, ya que la naturaleza se opone tanto a la superioridad como a la inferioridad. Qué digo, no les basta a algunos con preferir el sexo masculino a ellas, sino que además las confinan de forma inevitable y necesaria a la rueca, sí, a la rueca solamente. Pero lo que puede consolarlas de este desprecio es que solo lo hacen aquellos hombres a los que menos querrían parecerse: personas que dan credibilidad a los reproches que podrían proferirse contra el sexo femenino, si los hubiera, y que sienten en su corazón que solo pueden valer la pena por el crédito del otro» (Marie de Gournay, «Égalité des hommes et des femmes», en Mario Schiff, *La fille d'alliance de Montaigne, Marie de Gournay*, op. cit.

45. Por ejemplo, Teano, esposa de Pitágoras, la alquimista María la Judía (inventora del Baño María), la física Antioquis de Tlos y, por supuesto, Hipatia.

46. En el prefacio, leemos: «Yo misma me objeto que enseñar no es una profesión de mujeres, que deben permanecer en silencio, escuchar y aprender, sin dar muestras de que saben: que está por encima de ellas dar una obra al público y que no suele proporcionar buena fama, ya que los hombres desprecian y censuran siempre las producciones que salen del espíritu de una mujer» (Marie Meurdrac, *Chymie charitable et facile en faveur les femmes*, 1660).

47. «[...] Los Espíritus no tienen sexo, y si los de las mujeres fuesen cultivados como los de los hombres, y se emplease tanto tiempo en instruirlos, podrían igualarlos: nuestro siglo ha visto nacer a mujeres que en la Prosa, la Poesía, las Lenguas, la Filosofía y el gobierno mismo del Estado en nada son inferiores a la suficiencia y a la capacidad de los hombres» (*ibid.*).

48. Martine de Bertereau, *Véritable déclaration de la descouverte des mines et minières de France*, 1632, texto completo, en *Anciens Minéralogistes du Royaume de France*, t. 1, p. 291.

49. Dos obras publicadas al amparo del anonimato: *De l'égalité des deux sexes, discours physique et moral ou l'on voit l'importance de se défaire des préjugez* (1763) [hay trad. cast.: *La igualdad de los sexos. Discurso físico y moral en el que se destaca la importancia de deshacerse de los prejuicios*, México, Universidad Nacional Autónoma de México, 2007] y *De l'éducation des dames pour la conduite de l'esprit des sciences et dans les mœurs* (1674).

50. «El espíritu no tiene sexo... Si se considera en sí mismo, se ve que es igual y de la misma naturaleza en todos los hombres, y capaz de toda clase de pensamientos: tanto lo ocupan los más pequeños como los más grandes: se necesita el mismo para conocer un ácaro y un elefante» (*De l'égalité entre les deux sexes*, citado en Maïté Albistur y Daniel Armogathe, *Histoire du féminisme français*, París, Des femmes-Antoinette Fouque, 1977, pp. 158-165).

51. La frase original escrita por Poulain de la Barre es: «Todo lo que de las mujeres han dicho y dicen los hombres debe verse con reserva, porque los hombres son juez y parte a la vez» (*De l'égalité entre les deux sexes, op. cit.* [trad. cast. cit., p. 67)].

52. Réplica de Crisalio en el acto II, escena VII: Molière, *Las preciosas ridículas; Las mujeres sabias*, Madrid, Cátedra, 1995.

53. *Lettre à sa fille*, 24 de octubre de 1808, en *Œuvres complètes*, Ginebra, Slatkine reprints, vol. XI, 1979, p. 144.

54. Daniel Bonnefon, *Les écrivains célèbres de la France, ou Histoire de la littérature française depuis l'origine de la langue, e jusqu'au XIXᵉ siècle*, 7.ª ed., París, Fischbacher, 1895. Sobre el *Traité de l'éducation des filles* (1687) [trad. cast.: *Tratado de la educación de las hijas*, Sevilla, Extramuros, 2007].

55. *Caractères*, cap. III. [Hay trad. cast.: *Caracteres*, Buenos Aires, Sopena, 1948, p. 40.]

56. Como la enunciada en *Tratado sobre el gobierno civil*, del filósofo inglés John Locke (*Some Reflections Upon Marriage*, 1700).

57. Creados en el siglo XVII —salones de la marquesa de Rambouillet, de Madeleine de Scudéry, de la marquesa de Sablé, de la condesa de Verrue, de Ninon de Lenclos...—, se convirtieron en el siglo posterior, ya menos frívolos y afectados, en auténticos centros de debates literarios, artísticos, científicos y, en las décadas de 1780-1790, políticos —el salón de la duquesa du Maine, organizado por Marguerite de Sully, el de la marquesa du Deffand, el de Marie-Thérèse Geoffrin, el de Louise d'Épinay, el de Anne-Catherine Helvétius y el de Fanny de Beauharnais.

58. Es el caso de Anne-Catherine Helvétius y Émilie du Châtelet. Esta última, muy cercana a Voltaire, contribuyó a la difusión de las ideas de Newton en Francia. Publica varias obras, entre ellas las *Institutions de physique* (1740), *Dissertation sur la nature et la propagation du feu* (1744) y *Doutes sur la religión révélée*, que vio la luz después de su muerte, en 1792. Sin embargo, aunque traducidos por ella, los *Principia* de Newton fueron publicados con el nombre de Voltaire. A este filósofo le sorprendió que una mujer pudiera realizar ese tipo de trabajos, según se dice en la *Épitre à Uranie* que le dirigió.

59. Denis Diderot, *Sur les femmes*, 1722.

60. *Über die Ehe*, 1774.

61. *Über die bürgerliche Verbesserung der Weiber*, 1792.

62. Laurent Versini, *Baroque Montesquieu*, Ginebra, Droz, 2004, pp. 15 y 22.

63. Jacques Le Goff, *Patrimoine et passions identitaires*, París, Fayard, 1998, p. 82.

64. Tras una estancia en la isla Mauricio, regresa a Francia en 1775. Su talento como botánica no será reconocido hasta 2012; el botánico norteamericano Eric Tepe pone en su honor el nombre de *Solanum baretiae* a una nueva especie descubierta en América del Sur.

65. Diderot, Helvétius, D'Alembert, Beaumarchais... El pensamiento de Voltaire es ciertamente complejo. Aunque en el *Diccionario filosófico* escribe que por lo general la mujer es inferior al hombre en cuerpo y espíritu, en muchas ocasiones, influido sin duda por su amiga Émilie du Châtelet, eleva su voz contra su sometimiento («Mujeres, ¡no seáis sumisas a vuestros maridos!») y las leyes inicuas, y afirma que «las mujeres son capaces de lo mismo de lo que nosotros somos capaces».

66. *Declaración de los Derechos de la Mujer y la Ciudadana*, extracto del artículo 10.

67. Véase, por ejemplo, el cuadro de Jacques-Louis David, pintor oficial, en el que las mujeres están ausentes.

68. Es el término utilizado por el diputado del Tercer Estado, el abad Sieyès (1748-1836) en su discurso titulado: «Preliminar de la Constitución. Reconocimiento y exposición razonada de los derechos del hombre y del ciudadano», ante el Comité de la Constitución, reunido el 20 y el 21 de julio de 1789. Leamos un extracto: «Todos los habitantes de un país han de gozar de los derechos de ciudadano pasivo; todos tienen derecho a la protección de su persona, de su propiedad, de su libertad, etcétera, pero no todos tienen derecho a participar de forma activa en la formación de los poderes públicos; no todos son ciudadanos activos. Las mujeres, al menos en el estado actual, los niños, los extranjeros, también aquellos que no

contribuirían en nada a sostener las instituciones públicas no han de influir en la cosa pública. Todos pueden gozar de las ventajas de la sociedad, pero solo los que contribuyen a las instituciones públicas son como los verdaderos accionistas de la gran empresa social. Solo ellos son los verdaderos ciudadanos activos, los verdaderos miembros de la asociación».

69. Dominique Godineau, «De la guerrière à la citoyenne. Porter les armes pendant l'Ancien Régime et la Révolution française», *Clio. Femmes, Genre, Histoire*, 20, 2004.

70. *Les Révolutions de Paris*, número del 5-12 de enero de 1793.

71. «Que en los primeros arrebatos de la libertad, las mujeres, cediendo al impulso general, hayan querido unirse a la revolución de una manera brillante, y como signo de entrega cívica exhibir la escarapela junto a sus padres o esposos me parece algo loable; pero si queremos dar a las palabras su significado auténtico, a las cosas su verdadero valor, si queremos hacer del uso de la escarapela una institución respetable, no confundamos más el destino de los sexos...» (*Gazette Nationale, ou le Moniteur Universel*, n.º 24, 1799, p. 886).

72. Extracto de *Juris Association*, n.º 277 del 15 de abril de 2003, que hace referencia a colecciones de leyes recogidas en 1834 y 1843.

73. *Émile ou De l'éducation*, 1762, reedición de GF, 1966 - *OC*, IV, p. 768.

74. En 1791 crea la Sociedad Patriótica y de Beneficencia de las Amigas de la Verdad, vinculada al club masculino de los Amigos de la Verdad, que defiende los derechos de las mujeres, y el 1 de abril de 1792 presenta ante la Asamblea sus reivindicaciones principales.

75. En mayo de 1793, funda, junto con la actriz Claire Lacombe, la Sociedad de las Ciudadanas Republicanas Revolucionarias de París en la biblioteca del Club de los Jacobinos, rue Saint-Honoré, en París. De ideología radical, se opone a los girondinos y se aproxima durante un tiempo a los *enragés*.

76. En un contexto de monarquía absoluta y de colonización basada en el «Code Noir», redactado durante el reinado de Luis XIV. Esta obra fue representada en la Comédie Française en 1785. Su otro libro, *Réflexions sur les hommes nègres* (1788), la puso en contacto con la Sociedad de los Amigos de los Negros, creada en 1788 por el diputado girondino Jacques Pierre Brissot (1754-1793), cuyo objetivo era conseguir la igualdad entre blancos y hombres de color libres en las colonias, la prohibición inmediata de la trata de negros y progresivamente de la esclavitud. A finales de 1790, Olympe de Gouges escribe otra obra sobre el mismo tema, *Le Marché des Noirs*: «La especie de hombres negros —escribía antes de la Revolución— siempre me ha interesado por su deplorable suerte. Aquellos a quienes pude preguntar jamás satisficieron mi curiosidad ni mi razonamiento. Trataban a esas personas de brutos, de seres que el Cielo había maldecido; pero con el paso del tiempo, vi claramente que era la fuerza y el prejuicio lo que los había condenado a esa horrible esclavitud, que la Naturaleza nada tenía que ver en ello y que el injusto y poderoso interés de los blancos era responsable de todo» (Olympe de Gouges, *L'Esclavage des Nègres*: versión inédita del 28 de diciembre de 1789 seguida de *Réflexions sur les hommes nègres*, estudio y presentación de Sylvie Chalaye y Jacqueline Razgonnikoff, París, L'Harmattan, 2006).

77. Art. I: La mujer nace, permanece y muere libre al igual que el hombre en derechos. Las distinciones sociales solo pueden estar basadas en la utilidad común.

Art. II: El objetivo de toda asociación política es la conservación de los derechos naturales e imprescriptibles de la mujer y del hombre; estos derechos son la libertad, la propiedad, la seguridad y, sobre todo, la resistencia a la opresión.

Art. IV: La libertad y la justicia consisten en devolver todo lo que pertenece a los otros; así, el ejercicio de los derechos naturales de la mujer solo tiene por límites la tiranía perpetua que el hombre le opone; estos límites deben ser corregidos por las leyes de la naturaleza y de la razón.

Art. V: Las leyes de la naturaleza y de la razón prohíben todas las acciones perjudiciales para la sociedad: cuanto no esté prohibido por estas leyes, prudentes y divinas, no puede ser impedido y a nadie se le puede obligar a hacer lo que ellas no ordenan.

Art. VI: La ley debe ser la expresión de la voluntad general; todas las ciudadanas y los ciudadanos deben participar en su formación personalmente o por medio de sus representantes. Debe ser la misma para todos; todas las ciudadanas y todos los ciudadanos, por ser iguales a sus ojos, deben ser igualmente admisibles a todas las dignidades, puestos y empleos públicos, según sus capacidades y sin más distinción que la de sus virtudes y sus talentos.

Art. X: Nadie debe ser amenazado por sus opiniones incluso fundamentales; si la mujer tiene el derecho de subir al cadalso, debe tener también igualmente el de subir a la tribuna, con tal que sus manifestaciones no alteren el orden público establecido por la Ley.

Art. XIV: Las ciudadanas y ciudadanos tienen el derecho de comprobar, por sí mismos o por medio de sus representantes, la necesidad de la contribución pública...

Art. XV: La masa de las mujeres, agrupada con la de los hombres para la contribución, tiene el derecho de pedir cuentas de su administración a todo agente público (Olympe de Gouges, *Déclaration des droits de la femme et de la citoyenne*, París, 1001 Nuits, 2003; citado en Paule-Marie Duhet, *Les femmes et la Révolution*, París, Gallimard, 1973).

78. Se publica en un folleto de veinticuatro páginas titulado *Les droits de la femme*, con un prefacio dirigido a la reina María Antonieta y un posfacio.

79. *Lettre au roi, lettre à la reine*, 1792, p. 8.

80. «Avis aux Françaises», aparecido en el *Moniteur* del 19 de noviembre de 1793.

81. Discurso pronunciado en la Sociedad Fraternal de los Mínimos el 25 de marzo de 1792, año cuarto de la Libertad, por Anne-Josèphe Théroigne, pp. 5-6. Impreso en París en 1799 por encargo de la Sociedad Fraternal de los Patriotas, de ambos sexos, de todas las edades y de todas las condiciones, sesión en el Club los Jacobinos, rue Saint-Honoré.

82. Citado por Pierre Darmon, *Misogynes et féministes dans l'ancienne France. XVIᵉ-XIXᵉ siècles*, París, Librinova, 2012.

83. Fuente: gallica.bnf.fr.

84. En *Les lettres d'un bourgeois de New Haven à un citoyen de Virginie, sur l'inutilité de partager le pouvoir législatif entre plusieurs corps*, 1787.

85. En *Sur l'admission des femmes au droit de cité*, 1790.

86. Nicolas de Condorcet, *Sur l'admission des femmes au droit de cité*, París, Didot, vol. X, 1847 (1790), pp. 121-130.

87. Titulado *Le partisan de l'égalité politique entre les individus*.

88. Adoptado el 20 de septiembre de 1792 por la Asamblea Nacional, se derogará durante la Restauración (ley del 8 de mayo de 1816) y se restablecerá con la Tercera República (ley del 27 de julio de 1884).

89. La virulencia del discurso misógino del diputado Pierre-Joseph Proudhon provoca indignación, «este representante del pueblo es el aliado de los políticos más reaccionarios», como escribe la militante feminista Henriette (Hortense Wild). Rebate la célebre diatriba de ese «gran hombre»: «Mal cristiano, socialista rencoroso, usted persigue el monopolio en su forma material y especialmente tangible, cosa que está bien: pero cuando se pretende atacar en su forma afectiva, ¡usted lo impide y pone el grito en el cielo! ¿Usted quiere la dignidad y la igualdad de los hombres y rechaza la dignidad e igualdad de los sexos? Dice que la mujer no debe esperar nada más y que su deber es permanecer en el retiro para el que la naturaleza la ha creado. ¡Sus sofismas

me dan pena y sus ideas de resignación me causan vergüenza! [...] Nuestro misticismo le disgusta, ¡oh, san Proudhon! Dentro de poco nacerá, estoy segura, una santa Proudhonne [...]. Santa Proudhonne descubrirá sin esfuerzo esta otra propiedad que escapa a la corta vista de su patrón [...]. Santa Proudhonne verá que el amor, regulado por usted y convertido en el derecho del más fuerte, constituye la más injusta de las propiedades y, segura de sus convicciones y apoderándose de vuestra propuesta más audaz, santa Proudhonne demostrará claramente al mundo que la propiedad es la violación» (*Le Dictionnaire biographique, mouvement ouvrier, mouvement social*, reseña bibliográfica).

90. Michel Winock, *Les voix de la liberté*, París, Seuil, 2001, pp. 222-233. [Hay trad. cast.: *Las voces de la libertad*, Barcelona, Edhasa, 2004.]

91. Flora Tristán, *L'Union ouvrière* [1843], Éditions des Femmes, 1986, Daniel Armogathe y Jacques Grandjonc (eds.). Flora Tristán (1803-1844), escritora socialista y feminista, también es autora de *L'Émancipation de la femme ou le Testament de la paria* [hay trad. cast.: *La emancipación de la mujer o Historia de una paria*, Madrid, Menades, 2019], publicado después de su muerte por su amigo Éliphas Lévi.

92. *Théorie des quatre mouvements et des destinées générales, Prospectus et annonce de la découverte*, Leipzig, Librairie de l'école sociétaire, 1808. [Hay trad. cast.: *Teoría de los cuatro movimientos y de los destinos generales*, Barcelona, Barral Editores, 1974.]

93. Vuelve a insistir en *La femme de trente ans* (1834) [hay trad. cast.: *La mujer de treinta años*, Barcelona, Sirmio, 1996], donde defiende que las mujeres tengan una vida sentimental y sexual al margen de las imposiciones del matrimonio.

94. Honoré de Balzac, *Physiologie du mariage*, París, Club Français du Livre, pp. 1018-1022. [Hay trad. cast.: *Fisiología del matrimonio*, Madrid, Imprenta de Diego Valero, 1829, pp. 182-187.]

95. *Appel d'une femme au peuple sur l'affranchissement de la femme*, publicado en *La Femme Libre*.

96. En él Claire Démar califica el matrimonio de prostitución por ley, solo «la revolución en las costumbres conyugales» podrá detener «la lucha de una mitad de la sociedad contra la otra» (*Revue de Paris*, Bureau de la *Revue de Paris*, 1834, p. 7).

97. Étienne de Neufville, *Physiologie de la femme*, cap. VIII, «La Condition de la Femme en France», 1842.

98. Étienne de Neufville, *op. cit.*, cap. IX, citado en Philippe Perrot, *Le Corps féminin*, París, Points, 1984.

99. «Un día abrí el libro de la ley y leí estas palabras: "El marido ha de proteger a su mujer, la mujer ha de obedecer a su marido", y sentí una profunda indignación. Jamás, me dije entonces, compraré la felicidad al precio de la esclavitud, quiero vivir y sufrir sola, ignorante, inútil, olvidada pero libre, jamás reconoceré el derecho del más fuerte, jamás daré mi adhesión a principios que mi conciencia reprueba...» (Profesión de fe de Jeanne Deroin, 21 de febrero de 1831, en Paulette Bascou-Bance, *La Mémoire des femmes, Anthologie*, Burdeos, Elytis, 2002).

100. Con el lema «Publication de la Société mutuelle des femmes», que se publicará hasta agosto de 1849.

101. Citado en Sylvie Chaperon y Christine Bard, *Dictionnaire des féministes. France – XVIIIe-XXIe siècle*, París, Presses Universitaires de France, 2017.

102. Citado en Michèle Riot-Sarcey, «L'utopie de Jeanne Deroin, *Revue d'Historie du XIXe siècle*, 1848, 9, 1993, pp. 29-36, 33.

103. Véanse las diferentes series consagradas a las mujeres por Honoré Daumier (1808-1879), *Les Bas-bleus, Les Divorceuses* o *Les Femmes socialistes*.

104. «Al regresar victorioso, ¿sufriría al encontrar un hogar abandonado, donde su autoridad adquirida a tan alto precio ya no sería reconocida? ¿Se le diría a su regreso que ya no existen, desde el punto de vista cívico, ni hombre ni mujer, sino dos seres iguales en derechos, dos

unidades sociales? Privado de su papel secular de protector en el momento en que acababa de merecer una vez más ese título, ¿soportaría compartir con las mujeres la lucha social y política? ¿Encontrarla en todas partes como rival, compitiendo por los empleos que él ambiciona, y en los que ella ya ha adquirido una notable ventaja?... Devolver a la mujer al hogar, apartarla de la lucha política, ese es el programa que hay que seguir, si no queremos que dentro de unos veinte años Francia cuente con cientos de miles de franceses menos» (*L'Horizon*, diciembre de 1918, citado en Christine Bard, *Un siècle d'antiféminisme*, París, Fayard, 1999).

105. En Alemania, con la escritora Louise Otto-Peters, en Polonia, con la novelista Narcyza Żmichowska a la cabeza de las Entusiastas, en Inglaterra, con el filósofo John Stuart Mill y la sufragista Millicent Fawcet, en Dinamarca, con la pacifista Matilde Bajer.

106. Entre las cabecillas, están la cuáquera Lucretia Mott, la afroamericana Lucy Stanton y Fanny Wright, de origen escocés, las tres abolicionistas. El 20 de julio de 1848, la Convención por los Derechos de las Mujeres de Seneca Falls (Nueva York) acaba con la firma de la «declaración de sentimientos», considerada el acta fundacional del movimiento feminista estadounidense.

107. Isabelle Ernot, «Des femmes écrivent l'histoire des femmes au milieu du XIXe siècle: representations, interpretations», *Genre et Histoire* 4, 2009. Disponible en: <http://genrehistoire.revues.org/742>.

108. Jenny d'Héricourt, «M. Proudhon et la question des femmes», *La Revue Philosophique et Religieuse*, vol. VI, diciembre de 1856, pp. 5-15.

109. A George Sand, por ejemplo, en *De la justice dans la Révolution et dans l'Église, op. cit.*, vol. I, con tintes paternalistas y conservadores.

110. Jenny d'Héricourt, *La Femme affranchie: réponse à MM. Michelet, Proudhon, É de Girardin, Legouvé, Comte et autres novateurs modernes*, A. Lacroix, Van Meenen y Ci^e, 2 vols. in-8, 1860.

111. Joan W. Scott, «L'ouvrière, mot impie, sordid», *Actes de la Recherche en Sciences Sociales*, n.º 83, 1990, pp. 2-15.

112. Como el escritor anarquista Joseph Déjacque (*De l'être humain mâle et femelle. Lettre à P.-J. Proudhon. Le Libertaire*, 1857) y el teórico socialista Pierre Leroux, que escribe que, «debido a sus ideas sobre las mujeres, Proudhon ya no puede ser considerado el icono del sector libertario del socialismo» («Lettre au docteur Deville», en Miguel Abensour, *Le procès des maîtres rêveurs*, pp. 119-167, Arlés, Sulliver, 2001, pp. 138-139).

113. «El principio que rige las relaciones sociales entre los dos sexos —la subordinación legal de un sexo al otro— es malo en sí mismo y constituye uno de los principales obstáculos para el progreso del género humano» (John Stuart Mill, *The Subjection of Women*, 1869 [hay trad. cast.: *El sometimiento de la mujer*, Madrid, Alianza, 2010]).

114. Séverine, citada en mayo de 1910 por el periodista Léon Aumeran, en el diario *Le Progrès de Bel-Abbès*.

115. Louise Michel, *Mémoires de Louise Michel écrits par elle-même*, vol. I, cap. «La cause des femmes», París, F. Roy, 1886.

116. *Ibid.*

117. Para reivindicar su derecho al trabajo, algunas mujeres se pondrán en huelga, como en Gran Bretaña, donde las obreras de una fábrica de cerillas provocarán el primer conflicto social importante. Por la misma época, en Estados Unidos, obreras de Nueva York interrumpen el trabajo para obtener, sobre todo, la reducción de la jornada laboral y la prohibición del trabajo infantil (Sara M. Evans, *Les Américaines. Histoire des femmes aux États-Unis*, París, Belin, 1992, pp. 269-273).

116. «La femme et son droit au travail», *Le Socialiste*, 9 de octubre de 1898, citado en Christiane Menasseyre, *Les Françaises aujourd'hui*, París, Hatier, 1978.

119. France Culture, «Le temps des écrivains», invitadas: Léonora Miano y Bérangère Cournut, 7 de septiembre de 2019.

120. Fue miembro de La Unión Francesa por el Sufragio de las Mujeres, creada en 1909.

121. Léon Abensour, *Histoire générale du féminisme. Des origines à nos jours*, 1921.

122. En Inglaterra, Millicent Fawcett (1847-1929) funda en 1897 el movimiento de lucha por los derechos de las mujeres llamado «de las Sufragistas» (National Union of Women's Suffrage Societies, NUWSS), que también se dedica a promover la educación de las mujeres. Seis años más tarde, Emmeline Pankhurst (1858-1928) y sus dos hijas Christabel y Sylvia crean el movimiento de las Suffragettes (Women's Social and Political Union, WSPU) en oposición a las Sufragistas, a las que consideran demasiado moderadas; este movimiento será disuelto en 1917. En 1904, la periodista estadounidense Carrie Chapmann Catt (1859-1947) funda la International Woman Suffrage Alliance (Alianza Internacional para el Sufragio de las Mujeres, actualmente Alianza Internacional de las Mujeres). En Francia, la Unión Francesa para el Sufragio de las Mujeres (UFSF), cuyo objetivo es su eligibilidad en los comicios locales, fue fundada en 1909 por la matrona Jeanne Schmahl (1846-1915) con el apoyo de la periodista Jane Misme (1865-1935), directora del semanario *La Française*. Reunió hasta setenta y cinco federaciones regionales y, bajo la dirección de su presidenta, Marguerite de Witt (1853-1924), organiza en abril de 1914 un plebiscito femenino que obtiene 505.972 «síes» a favor del voto de las mujeres (página web de la Asamblea Nacional). Cécile Brunschvicg es una de las más fervientes militantes francesas. Desde 1908 milita en la sección de trabajo del CNFF (Consejo Nacional de las Mujeres Francesas), y un año más tarde en la UFSF (Unión Francesa para el Sufragio de las Mujeres), de la que primero será secretaria general (1910) y luego presidenta entre 1924 y 1946 (esta asociación contará con más de 100.000 miembros en 1928). En 1914, crea L'Œuvre Parisienne para el realojamiento de los refugiados de la Primera Guerra Mundial.

Ayudó a la creación de centros sociales y de la Escuela de Superintendentes de Fábrica (precursora de los asistentes sociales). En 1926, sucede a la periodista Jane Misme en la dirección del semanario *La Française*. Ardiente defensora de la escuela mixta, en 1936 es nombrada subsecretaria de Estado para la Educación con el gobierno Blum.

123. El Consejo Internacional de las Mujeres tiene actualmente setenta consejos nacionales, como el Consejo Nacional de las Mujeres Francesas (CNFF), que fue creado en abril de 1901.

124. En 1908 y 1914, las Suffragettes se manifiestan en París por el derecho al voto de las mujeres.

125. El estado de Wyoming (Estados Unidos, en 1879), Nueva Zelanda (1893), Australia (1902), Finlandia (1907), Noruega (1913), Islandia (1914), Dinamarca (1915), Canadá, Gran Bretaña, Alemania, la Rusia soviética y Polonia (1918), Quebec, Países Bajos, Luxemburgo y Suecia (1919), Estados Unidos, Checoslovaquia y Austria (1920), Turquía (1934) y Filipinas (1935). En 1931, La Segunda República española instaura el voto femenino, que será suprimido, como otros derechos civiles y profesionales, en los primeros años de la dictadura del general Franco, y no se restablecerá hasta 1961. Las mujeres españolas no recuperarán todos sus derechos cívicos hasta 1975 (fuente: página web de la Asamblea Nacional).

126. Las mujeres tienen ya derecho al voto en todos los países de Europa, excepto en Francia, Suiza, Italia y los Estados balcánicos.

127. La primera proposición de ley que otorga el derecho al voto a las mujeres («mayores de edad, solteras, viudas o divorciadas») la presenta en 1901 el diputado Fernand Gautret (1862-1912). Cinco años más tarde, el abogado Paul Dussaussoy (1860-1909) presenta una segunda, pero esta solo afecta a las elecciones locales (municipales, de distrito y a los consejos generales). Después de su muerte, la comisión del sufragio universal presenta el 6 de julio de 1909 el informe de Ferdinand Buisson (1841-1932), favorable a la reforma del derecho al

voto. En 1916, Maurice Barrès (1862-1923) propone el «sufragio de los muertos», para permitir que voten las viudas y madres de soldados muertos en la guerra. A partir de 1919, la Cámara de los Diputados aprobará en varias ocasiones —el 20 de mayo de 1919, el 7 de abril de 1925— una proposición de ley que instaura el voto de las mujeres, pero solo para las elecciones municipales y cantonales. Estas proposiciones serán rechazadas en su totalidad por los senadores. A partir de 1925, contrariados por su actitud, la UFSF y otros movimientos sufragistas, como la Unión Nacional para el Voto de las Mujeres (UNVF), de inspiración conservadora y católica creada en 1925, organizarán manifestaciones. Ante la nueva negativa del Senado a examinar los artículos, la Cámara de los Diputados aprobará el 12 de julio de 1927 una resolución «invitando al Gobierno a acelerar, ante el Senado, la discusión del proyecto de ley sobre el voto de las mujeres en las elecciones municipales».

128. Tras haber participado en muchas manifestaciones por el derecho al voto femenino, esta abogada será detenida por la policía en noviembre de 1928, y liberada cuatro horas más tarde.

129. «Les femmes et les élections», *Le Populaire de Paris*, 11 de mayo de 1924, p. 4.

130. Será elegida diputada por Bocas del Ródano por el Movimiento Republicano Popular (MRP), de inspiración centrista cristiano-demócrata.

131. *Cahiers de la Démocratie Populaire*, n.º 12, 1931, citado en Pierre Milza, *Sources de la France du XXe siècle*, París, Larousse, 1997.

132. El 1 de marzo de 1935, por quinta vez, y el 30 de julio de 1936, por sexta y última vez, la Cámara de los Diputados se pronuncia a favor del voto femenino (495 a favor, 0 en contra). El gobierno se abstiene y el Senado nunca anotará este texto en su orden del día. Algunos diputados, alcaldes o partidos políticos harán caso omiso y admitirán a mujeres en sus listas electorales. Como en mayo de 1925

el Partido Comunista, que sitúa a mujeres en posiciones elegibles en sus listas para las elecciones municipales en todos los ayuntamientos del extrarradio parisino. Las elegidas ocuparán su escaño hasta la anulación de su elección por parte de los tribunales. En 1934, el Congreso de Alcaldes se pronuncia a favor del voto femenino en las elecciones municipales y, en 1935-1936, muchos ayuntamientos organizan elecciones paralelas mixtas, cuyo objetivo es que sean elegidas concejalas municipales adicionales (fuente: página web de la Asamblea Nacional).

133. El 23 de junio de 1942, declara que «una vez expulsado el enemigo del territorio, todos los hombres y todas las mujeres de nuestro país nos elegirán en la Asamblea Nacional». Lucie Aubrac (1912-2007), elegida en noviembre de 1943 miembro de la Asamblea Consultiva provisional, no entrará en ella hasta noviembre de 1944. Marthe Simard ocupa un escaño desde su creación. El programa del Consejo Nacional de la Resistencia de marzo de 1944 no se pronuncia sobre la cuestión del voto femenino (fuente: página web de la Asamblea Nacional).

134. Artículo 17 de la orden de Argelia del 21 de abril de 1944, dictada por el general De Gaulle, sobre la organización de los poderes públicos en Francia tras la Liberación. El 7 de noviembre de 1944, en la apertura de su sesión en París, en la Asamblea Consultiva provisional hay diez mujeres (fuente: página web de la Asamblea Nacional).

135. Un año antes, las mujeres acudían a las urnas para las elecciones municipales (29 de abril-13 de mayo), y luego para las de la Asamblea Constituyente y un referéndum (21 de octubre). Se elige a treinta y tres mujeres como miembros de la Asamblea Nacional constituyente: diecisiete comunistas, seis socialistas, nueve del MRP, una del PRL (fuente: página web de la Asamblea Nacional).

136. De Sanidad y de Población, cargo que ocupará hasta 1948.

137. Entre otros, el Movimiento Francés para la Planificación Familiar (MFPF). Surgido de la asociación La Maternidad Feliz, funda-

da en 1956 por la ginecóloga Marie-Andrée Lagroua Weill-Hallé (1916-1994) y la socióloga Évelyne Sullerot (1924-2017), fue creado en 1960. Ese movimiento de educación popular reivindicará, entre otras cosas, el derecho a la contracepción y al aborto.

138. Aunque la ley Neuwirth, de 28 de diciembre de 1967, autoriza el uso de anticonceptivos, no se aplicará hasta cinco años después. El 4 de junio de 1970, se sustituye la noción de «jefe de familia» por la de autoridad parental. A partir de 1971, comienza la lucha por la abolición de las leyes contra el aborto, con el lema: «Un hijo, si quiero, cuando quiero, como quiero».

139. Diario oficial, debates parlamentarios del 27 de noviembre de 1974. El 17 de enero de 1975, la ley Veil instituye la interrupción voluntaria del embarazo en determinados supuestos. Ese mismo año, el presidente Valéry Giscard d'Estaing establece el divorcio por mutuo acuerdo y la enseñanza mixta se convierte en obligatoria. En diciembre de 1979, la Organización de las Naciones Unidas aprueba un acuerdo sobre la eliminación de todas las formas de discriminación respecto a las mujeres, pero Francia no lo ratifica hasta cuatro años más tarde.

140. Estas leyes se modificarán varias veces para ampliar el campo de aplicación y las penas impuestas.

141. En agosto de 2018, el Gobierno francés reacciona promulgando una nueva ley que endurece las sanciones.

142. Olivia Gazalé, *Le Mythe de la virilité*, op. cit.

143. Término utilizado por Raphaël Liogier, una de las pocas voces masculinas que se unió al movimiento #MeToo, en el que «no hay deseo de venganza, sino una voluntad de cambiar las cosas por interés colectivo» (artículo firmado por el autor en *Le Journal de Dimanche*).

144. Simone de Beauvoir apoya el Movimiento de Liberación de las Mujeres (MLF) y, junto con la abogada Gisèle Halimi, funda en 1971 el movimiento feminista Choisir («Elegir»).

145. Simone de Beauvoir, *Le deuxième sexe, op. cit.*, pp. 222 y 226-228. [Hay trad. cast. cit., pp. 160 y 162-163.]

146. Michelle Perrot, *Une histoire des femmes est-elle posible?*, Marsella, Rivages, 1984.

147. En el artículo «Femme» de la *Encyclopaedia Universalis*.

148. Michelle Perrot, *Mon histoire des femmes*, París, Seuil, 2008, p. 22 [hay trad. cast.: *Mi historia de las mujeres*, México, Fondo de Cultura Económica, 2008]; Fabrice Virgili, «L'histoire des femmes et l'histoire des genres aujourd'hui», *Vingtième Siècle. Revue d'Histoire*, n.º 75, 2002, p. 6.

149. Eliane Gubin, *Choisir l'histoire des femmes*, Bruselas, Éditions de l'Université de Bruxelles, 2007.

150. Joan W. Scott, «Dix ans d'histoire des femmes aux États-Unis», *Le Débat*, n.º 17, 1981, p. 130.

151. Como Sherry Ortner (Sherry Ortner y Harriet Whitehead, *Sexual Meanings: The Cultural Construction of Gender and Sexuality*, Cambridge, Cambridge University Press, 1981), Joan W. Scott (*Only Paradoxes to Offer. French Feminists and the Rights of Man*, Cambridge, Massachusetts, Harvard University Press, 1996), Christine Delphy (*L'ennemi principal*, vol. I: *Économie politique du patriarcat, op. cit.*; *L'ennemi principal*, vol. II: *Penser le genre*, París, Éditions Syllepse, 2002) y Judith Butler (Judith Butler *et al.*, «Pour ne pas en finir avec le "genre"... Table ronde», *Sociétés & Représentations*, n.º 24, 2007, pp. 285-306).

152. Joan W. Scott, «Le genre: une catégorie utile d'analyse historique», *Les Cahiers du GRIF*, n.º 37, 1988, p. 141.

153. La historia del género todavía obtiene menos consenso, incluso entre las feministas (Sylviane Agacinski, *Femme entre sexe et genre*, París, Seuil, 2012), sin embargo, permite incluir a los hombres como categoría sexuada (Alain Corbin, Jean-Jacques Courtine y Georges Vigarello (eds.), *Histoire de la virilité*, París, Seuil, 3 vols., 2011, 2012, 2016). La teoría *queer*, que tiene en Judith Butler una de sus

principales defensoras, postula que la sexualidad y el género de un individuo no están solo determinados por su sexo biológico, sino también por su entorno sociocultural y su historia. Diferencia entre el tipo sexual (varón o hembra) y el género (masculino/femenino).

154. La historiadora Cécile Beghin, miembro de la asociación Mnémosyne, que trabaja en el desarrollo de la historia de las mujeres y del género, constata un retroceso de treinta años en los nuevos programas de historia en los institutos (concebido por el CSP, el Consejo Superior de Programas), que está dominada por el retorno de la «novela nacional» (sobre todo, una historia política y militar), en que las pocas mujeres que aparecen son personajes «pretexto» («Les femmes ne font-elles jamais l'histoire?», *Le Monde* del 15 de diciembre de 2018).

155. En 1984 se celebró en Saint-Maximin (Oise) el coloquio «Une histoire des femmes est-elle posible?», que dio lugar a la aparición de la obra, dirigida por Georges Duby y Michelle Perrot, *Histoire des femmes en Occident. De l'Antiquité à nos jours*, 5 vols., París, Perrin, 1991-1992. [Hay trad. cast.: *Historia de las mujeres en Occidente*, Madrid, Taurus, 5 vols., 1991-1993.]

156. Michelle Perrot, «Histoire des femmes et féminisme», *Journal Français de Psychiatrie*, 1 (40), 2011, pp. 6-9.

157. Pierre Bourdieu, *La domination masculine*, París, Seuil, 1998. [Hay trad. cast.: *La dominación masculina*, Barcelona, Anagrama, 2006.]

158. Ivan Jablonka, *Des hommes justes*, París Seuil, 2019. [Hay trad. cast.: *Hombres justos*, Barcelona, Anagrama, 2020.]

159. Nicole-Claude Mathieu, *L'Anatomie politique. Catégorisation et idéologies du sexe*. V. «Quand céder n'est pas consentir. Des déterminants matériels et psychiques de la conscience dominée des femmes, et de quelques-unes de leurs interprétations en ethnologie» [1991], Donnemarie-Dontilly, iXe, 2013.

160. Manon Garcia, *On ne naît pas soumise, on le devient*, París, Flammarion, Climats, 2018.

161. Después del de Françoise Blum, Colette Chambelland y Michel Dreyfus, aparecido en 1984, *Les mouvements de femmes (1919-1940): Guide des sources documentaires*, Vie Sociale, pp. 11-12.

162. Entre ellos, Annick Tillier (ed.), *Des sources pour l'histoire des femmes: guide*, París, BNF, 2004; Florence Rochefort, Christine Bard, Annie Metz y Valérie Neveu (eds.), *Guide des sources de l'histoire du féminisme*, Rennes, Presses Universitaires de Rennes, 2006.

163. Isabelle Ernot, «Des femmes écrivent l'histoire des femmes au milieu du XIXe siècle: représentations, interprétations», *Genre et Histoire*, n.º 4, 2009.

164. *Ibid.*

Epílogo. Mujeres y feminismo de ayer y de hoy

1. Para Mona Chollet, la caza de brujas corresponde a un feminicidio (Mona Chollet, *Sorcières. La puissance invaincue des femmes*, París, Zones, 2018. [Hay trad. cast.: *Brujas. ¿Estigma o la fuerza invencible de las mujeres?*, Barcelona, Ediciones B, 2020.]

2. Página web *#NousToutes*, observatorio regional de la violencia de género, marchas blancas, desde 2005 gracias a la iniciativa de la infatigable Ernestine Ronai, manifestaciones...

3. Florence Rochefort, *Histoire mondiale des féminismes*, París, PUF, 2018.

4. En 2019, solo un libro de SVT (Ciencias de la Vida y de la Tierra), el de la editorial Magnard, integró el clítoris en el diagrama; en los otros siete, la vulva y la parte interna del clítoris no aparecen (*Le Monde*, «Nous devons lutter contre l'analphabetisme sexual», 8 de marzo de 2019).

5. Heide Goettner-Abendroth, *Les Sociétés matriarcales. Recherches sur les cultures autochtones à travers le monde*, op. cit., pp. 14-15. Según esta antropóloga alemana, las sociedades matriarcales nunca han sido estudiadas en su especificidad por historiadores y antropólogos. Por esta razón, en 1986 funda la HAGIA (Academia Internacional de Estudios Matriarcales Modernos y Espiritualidad Matriarcal), que sigue dirigiendo.

6. *Le Monde*, 23 de marzo de 2019.

7. La matemática Sophie Germain, alias Antoine Auguste Leblanc (1776-1831).

8. La matemática Émilie du Châtelet (1706-1749), la anatomista Marie-Geneviève-Charlotte Thiroux d'Arconville (1720-1805) o la botánica Jeanne Baret (1740-1807).

9. «Antes de la creación del Instituto Nacional de Investigaciones de Arqueologías Preventivas (INRAP), la Asociación para las Excavaciones Arqueológicas Nacionales (AFAN) solo empleaba a un 40 por ciento de mujeres de las mil trescientas personas que contrataba anualmente, cuando eran más las mujeres que estudiaban arqueología, se formaban y salían de la universidad» (Anick Coudart, «Longtemps durant... le Genre ne fut pas un genre français sinon qu'il était du genre masculin... *E pur si muove*», en *Les Nouvelles de l'Archéologie*, 140, 2015, pp. 9-15).

10. La realizadora británica Laura Mulvey es la inventora del concepto *male gaze*, forjado en 1975 («Visual Pleasure and Narrative Cinema», *Oxford Journals*, 16 (3), pp. 6-18 [hay trad. cast.: *Placer visual y cine narrativo*, Valencia, Centro de Semiótica y Teoría del Espectáculo, Documentos de Trabajo Eutopías, 2.ª época, 1988]).

11. Estos estereotipos sexuados fueron confirmados en 2017 por el estudio individual sobre los consumos alimentarios de la ANSER (Agencia Nacional de Seguridad Sanitaria en la Alimentación, el Entorno y el Trabajo).

12. Para deconstruir este sexismo alimentario, la chef Céline de

Sousa creó en 2018 el colectivo Les Filles à Côtelettes («Las chicas de las Chuletas»).

13. Priscille Touraille, *Hommes grands, femmes petites: une évolution coûteuse. Les régimes de genre comme force sélective de l'évolution biologique*, París, Éditions de la Maison des Sciences de l'Homme, 2008.

14. Carol Gilligan, *Why Does Patriarchy Persist?*, Cambridge, Reino Unido, Polity Press, 2018.

15. Judy Y. Chu, *When Boys Become Boys, Development, Relationships, and Masculinity*, Nueva York, New York University Press, 2014.

16. Carol Gilligan, *Why Does Patriarchy Persist?*, op. cit.

17. *Ibid.*

18. Scipion Dupleix, *Liberté de la langue française dans sa pureté*, 1651.

19. Por parte del gramático miembro de la Academia Francesa Nicolas Beauzée en 1767 en *Grammaire générale, ou Exposition raisonnée des éléments nécessaires du langage*, vol. I, París, Imprimerie J. Barbou.

20. Éliane Viennot, *Non, le masculin ne l'emporte pas sur le féminin! Petite histoire des résistances de la langue française*, Donnemarie-Dontilly, Éditions iXe, 2014.

21. Entre los que están en contra: Danièle Manesse y Gilles Siouffi (eds.), *Le féminin et le masculin dans la langue. L'écriture inclusive en question*, París, ESF y Cahiers Pédagogiques, 2019. Entre los que están a favor: Éliane Viennot, *Le langage inclusif: Pourquoi? Comment? Petit précis historique et pratique*, Donnemarie-Dontilly, Éditions iXe, 2016.